Fred Warnke · *Was Hänschen nicht hört ...*
Elternratgeber Lese-Rechtschreib-Schwäche

Fred Warnke

Was Hänschen nicht hört . . .

Elternratgeber Lese-Rechtschreib-Schwäche

VAK Verlags GmbH
Kirchzarten bei Freiburg

Hinweise des Verlags

Dieses Buch dient der Information über Test- und Trainingsverfahren zur Früherkennung und Überwindung der Lese-Rechtschreib-Schwäche. Die dargestellten Methoden haben sich in der Praxis als sicher und effektiv bewährt. Wer sie anwendet, tut dies in eigener Verantwortung. Autor und Verlag beabsichtigen mit diesem Buch nicht, Diagnosen zu stellen oder Therapieempfehlungen zu geben.

Brain-Boy® ist ein eingetragenes Warenzeichen der MediTECH Electronic GmbH, Langer Acker 7, D-30900 Wedemark.

Zur vorliegenden, vollständig überarbeiteten Neuauflage des bereits eingeführten Buches *Was Hänschen nicht hört* ... ist eine ebenfalls völlig neu gestaltete Audio-CD erschienen: *Einsicht in das Warnke-Verfahren.* Sie bietet – eingebettet in eine knappe Erläuterung des Vorgehens bei Automatisierungsstörungen als Ursache von Lernproblemen – zahlreiche Hörbeispiele aus den Warnke-Seminaren, zum Beispiel: den Höreindruck des Fötus im Mutterleib, Demonstrationen internationaler Untersuchungen zum Sprachaufbau in den beiden ersten Lebensjahren, den bekannten ETI-EPI-Test der phonematischen Diskrimination, ein Hörbeispiel aus der Diktat-CD-ROM „Diktate spielerisch vorbereiten" sowie Ausschnitte aus dem Warnke-Training mit dem lateralisierten Synchron-Lesen und Synchron-Singen. Die CD ist unter der ISBN 3-932098-93-5 im Buchhandel erhältlich.

Die Deutsche Bibliothek – CIP-Einheitsaufnahme

Was Hänschen nicht hört ... [Medienkombination] : Elternratgeber Lese-Rechtschreib-Schwäche / Fred Warnke.
– Kirchzarten bei Freiburg : VAK-Verl.-GmbH

Buch. – 5., vollst. überarb. Aufl. – 2001

ISBN 3-932098-89-7

5., vollständig überarbeitete Auflage 2001

(Frühere Auflagen: ISBN 3-924077-56-8 und 3-924077-42-8)
Graphiken und Tabellen: Fred Warnke
Lektorat: Norbert Gehlen
Umschlag: Hugo Waschkowski
Gesamtherstellung: Himmer, Augsburg
Printed in Germany
ISBN 3-932098-89-7

Inhalt

Vorwort zur 1. Auflage

Rund 750.000 Jungen und Mädchen werden allein in der Bundesrepublik Deutschland alljährlich eingeschult. Die meisten von ihnen haben keine Schwierigkeiten, das Rechnen, Lesen und Schreiben zu erlernen. Aber zehn Prozent jedes Jahrganges werden in der zweiten Hälfte des zweiten Schuljahres im Lesen und Schreiben einen erheblichen Rückstand gegenüber ihren Mitschülern zeigen, obwohl sie in allen anderen Fächern gute Leistungen erbringen. Nur konnte man bislang nicht vorher feststellen, ob ein bestimmtes Kind zu diesen zehn Prozent gehören würde. Für diese „Teilleistungsschwäche auf dem Gebiete des Lesens und der Rechtschreibung", wie die „Legasthenie" heute im amtlichen Schuldeutsch zumeist genannt wird, gab es bis vor kurzem keine befriedigende Erklärung, sondern nur viele widersprüchliche Erklärungsversuche. Dementsprechend konnten bisher auch nicht die Ursachen beseitigt werden – es wurde nur an den Symptomen kuriert.

In zwei Aufsehen erregenden Pilotstudien hat der Autor dieses Buches einen neuen Weg gesucht und gefunden, den meisten diese „legasthenen" Kinder durch neuartige, fast spielerische Trainingsverfahren zu gutem Lesen und richtigem Schreiben zu verhelfen. Außerdem hat er eine Methode zur Früherkennung entwickelt, die jede Familie daheim durchführen kann.

Das Buch wendet sich an die Eltern und vermeidet deshalb nach Möglichkeit die Fachsprache. Wo Fachausdrücke unvermeidlich sind, werden sie allgemein verständlich erklärt.

Vorwort zur 2. Auflage

An der New Yorker Akademie der Wissenschaften fand vom 12. bis 15. September 1992 ein internationales Symposium unter der Leitung der Professorin Paula Tallal statt. Unter dem Titel „Temporal Processing in the Nervous System – Special Reference to Dyslexia and Dysphasia“ berichteten mehr als hundert Wissenschaftler über ihre jüngsten Erkenntnisse auf diesem Gebiet. Zu diesem Zeitpunkt befand sich die Erstauflage dieses Buches schon in den Druckmaschinen. Als im August 1993, rund zehn Monate nach dem Erscheinen der Erstauflage von *Was Hänschen nicht hört ...*, der Berichtsband über dieses Symposium erschien, wurde eines offenkundig:

Die grundlegende Hypothese aus dem Hänschen-Buch über den engen und ursächlichen Zusammenhang zwischen zentraler Hörverarbeitung und LRS war nun wissenschaftlich abgesichert. Um vor allem den Wissenschaftlern, Ärzten und Therapeuten unter den Lesern dieser Zweitauflage, aber auch möglichen Skeptikern das Erkennen dieser Verknüpfung zu erleichtern, möchte ich (in deutscher Übersetzung) das Vorwort von Frau Prof. Tallal zu dem erwähnten Berichtsband zitieren:

> „Traditionsgemäß sind Entwicklungsauffälligkeiten der Lautsprache (Dysphasie) und der Schriftsprache (Dyslexie) als getrennte klinische Erscheinungsbilder angesehen worden. Jüngere Forschungsergebnisse haben aber zu der Annahme einer engen Verbindung zwischen diesen beiden Entwicklungsstörungen geführt. Erstens haben Längsschnittstudien nachgewiesen, dass Kinder mit lautsprachlichen Auffälligkeiten auch ein hohes Risiko tragen, schriftsprachliche Störungen zu entwickeln. Zweitens scheinen die neuropsychologischen Profile, insbesondere auf dem Gebiete der phonologischen Auffälligkeiten und spezifischer zeitlicher Verarbeitungsdefizite, bei Kindern mit lautsprachlichen und mit schriftsprachlichen Auffälligkeiten sehr ähnlich zu sein.
>
> Laut- und schriftsprachliche Auffälligkeiten sind sowohl aus linguistischer als auch aus neuropsychologischer Sicht untersucht worden. Die Ergebnisse der linguistischen Untersuchungen haben gezeigt, dass die Defizite zu einer Verdichtung auf der phonologischen Ebene neigen, mit spezifischen Problemen in der phonologischen Verarbeitung und Wahrnehmung. Neuropsychologische und neurophysiologische Untersuchungen haben bei diesen Kindern eine offenkundige Vielfalt von Auffälligkeiten erkennen lassen, die von auditiven und visuellen Verarbeitungsschwierigkeiten bis zu feinmotorischen Problemen reichen. In jüngster Zeit jedoch wird angenommen, dass sprachbehinderte Kinder eine spezifische

zeitliche Verarbeitungsstörung aufweisen, die ursächlich sowohl für ihre phonologischen als auch für ihre neuropsychologischen Defizite sein dürfte und so den kleinsten Nenner für die Vielschichtigkeit ihrer Verhaltenssymptomatik darstellen dürfte.

Zeitliche Mechanismen im Nervensystem spielen eine zentrale Rolle in grundlegenden Aspekten der Informationsverarbeitung und -produktion und dürften besonders kritisch für die normale Entwicklung und Aufrechterhaltung sowohl der sensomotorischen Integrationssysteme als auch der phonologischen Systeme sein. Das Ziel dieser Konferenz war die Integration der Forschungsergebnisse zur zeitlichen Informationsverarbeitung in unserem Nervensystem auf den verschiedensten Gebieten und das Zusammenführen von Wissenschaftlern, deren Forschung sich auf die grundlegenden neuralen Wirkungsmechanismen der zeitlichen Integration, auf die grundlegenden Mechanismen der phonologischen Verarbeitung und auf Untersuchungen an laut- und schriftsprachlich behinderten Kindern konzentrieren. Wir hoffen, dass diese Druckschrift der Integration aller wichtigen anatomischen, physiologischen und verhaltensmäßigen Daten bezüglich der zeitlichen Informationsverarbeitung in unserem Nervensystem dienen wird, und zwar mit besonderer Betonung der zeitlichen Fehlfunktionen bei Kindern mit laut- und schriftsprachlichen Auffälligkeiten." (Übersetzung: F. Warnke – dies gilt für alle Zitate aus englischen Büchern, soweit keine deutschen Buchausgaben vorliegen.)

Von diesen Forschungsergebnissen angeregt, wurden in dieser zweiten Auflage viele der inzwischen gesammelten Erfahrungen verarbeitet. So konnten der Katalog der Anzeichen zur frühen Erkennung einer möglichen Veranlagung zur zentralen Fehlhörigkeit ebenso wie die daraus abzuleitenden, flankierenden Maßnahmen zum Abbau dieser Auffälligkeiten ganz wesentlich erweitert werden. Ferner wurde die neu gewonnene Erkenntnis der bei LRS-Kindern besonders häufigen zusätzlichen Störung der binokularen Fusion, das heißt des räumlichen Sehens, in einem ganz neu aufgenommenen Kapitel berücksichtigt. Schließlich wurden die eigens für den therapeutischen Einsatz des Lateraltrainings neu entwickelten Geräte in den Bezugsquellennachweis aufgenommen.

So bin ich sehr zuversichtlich, dass diese Neuauflage von *Was Hänschen nicht hört ...* einen noch zufriedeneren Leserkreis finden wird als die Erstauflage. Für weitere Anregungen von Eltern, Therapeuten, Ärzten und Wissenschaftlern zu den hier behandelten Themen werde ich unverändert dankbar sein.

Wedemark, Juni 1995

Fred Warnke

Vorwort zur 3. Auflage

Für den Autor eines Buches, das bei seinem Erscheinen nicht gleich die ungeteilte Zustimmung der Wissenschaftler auf diesem Arbeitsgebiet gefunden hat, ist es eine gewisse Genugtuung zu erleben, dass ungefähr seit dem Erscheinen der Zweitauflage dieses Buches – mehr oder weniger offen – HNO-Ärzte, Kinderärzte sowie phoniatrisch-pädaudiologische Institutionen zunehmend einen gehörigen Teil der darin beschriebenen Prüfabläufe und Vorschläge für das Lateral- und Ordnungsschwellen-Training in ihre Arbeit einbezogen haben.

So gibt es beispielsweise ein Modell, in dem eine phoniatrisch-pädaudiologische Klinik für einkommensschwächere Familien einen Fundus an Audio-Video-Trainern eingerichtet hat, aus dem leihweise auf Zeit nach der Diagnose einer zentralen Hörstörung als wesentlicher Ursache von LRS eines Kindes an die betroffenen Familien ein Gerät ausgegeben wird. Als Ergebnis entstand allein bei dieser Institution eine Warteliste von mehreren Dutzend betroffener Familien.

Aber auch in den schulischen Bereich findet das Verfahren zunehmend Eingang. So wurde beispielsweise an Grundschulen in Hamburg, in Espelkamp, in Hachmühlen und in Obernkirchen der Förderunterricht bestimmter Klassenstufen auf das Lateral- und Ordnungsschwellen-Training umgestellt. Einen ausführlichen Erfahrungsbericht hat der Rektor einer dieser Schulen in Heft 10/1997 der Zeitschrift *Die Grundschule* (Braunschweig: Westermann) veröffentlicht.

Die Zahl der zweitägigen Seminare, in denen Ärzte, Therapeuten der verschiedensten Fachrichtungen, Pädagogen, Erzieher und Eltern sich noch gründlicher über diese Möglichkeiten informieren können, hat ebenfalls erheblich zugenommen. Unter den Veranstaltern finden sich die Deutsche Akademie für Entwicklungs-Rehabilitation (München), das Institut für Kindesentwicklung von Frau Dr. Inge Flehmig (Hamburg), verschiedene Landesgruppen der Deutschen Gesellschaft für Sprachheilpädagogik, Lehrerfortbildungsinstitute sowie zahlreiche Elterninitiativen auf diesem Gebiet.

Eine weitere Bestärkung erfuhr dieses Training unlängst durch ein in England erschienenes Buch einer Forschergruppe an der Universität Sheffield. Es greift den Gedanken auf, der in der Zweitauflage dieses Buches so formuliert wurde:

> „... dass sowohl das verzögerte Verstehen als auch die Konzentrationsschwäche – ähnlich der Lese-Rechtschreib-Schwäche – gewissermaßen die Spitze des Eisberges, also ein Symptom, darstellen, das sich nach erfolgreicher Arbeit an der basalen Beeinträchtigung der zentralen Hörverarbeitungsschwäche ganz von selbst mildern oder völlig abbauen lassen müsste."

In ihrem Buch *Dyslexia in Children* vertreten Frau Dr. Angela Fawcett und Dr. Rod Nicolson die Auffassung: Legasthenie ist nur *ein* Symptom, und zwar für eine von uns bisher nicht entdeckte neurologische Auffälligkeit, die sich unter anderem in den oben aufgelisteten Symptomen äußert, von denen aber viele durch die betroffenen Kinder geschickt – jedoch mit hohem Aufwand – kompensiert werden. Fawcett und Nicolson formulieren das so:

> „Wir meinen dagegen, dass die beeinträchtigten Lesefähigkeiten nur die Spitze eines Eisberges sind und dass fast alle einfachen Fähigkeiten (wie die Verarbeitungsgeschwindigkeit und die motorische Geschicklichkeit) wahrscheinlich beeinträchtigt sind. Der Grund, so glauben wir, für die offenkundige Spezifität der beeinträchtigten Fähigkeiten besteht darin, dass es dyslektischen Kindern gelingt, ihre Defizite bei vielen Fähigkeiten und Gelegenheiten zu verbergen, indem sie bewusst durch größere Anstrengung ihre unvollständige Automatisierung kompensieren." (Übersetzung: F. W.)

Dem ließe sich vordergründig leicht entgegenhalten, dass unmöglich Generationen von Wissenschaftlern an dieser Möglichkeit vorbeigegangen sein können. Ich meine dagegen, dass die jahrzehntelange Beschäftigung so vieler kompetenter Forscher mit der Suche nach einer einzigen ursächlichen Erklärung für die Legasthenie und ihre Betriebsblindheit gegenüber der obigen Möglichkeit schlicht auf die folgende Erklärung zurückzuführen ist:

Die Fähigkeit des Lesens und Schreibens ist in unserer Kultur so hoch angesiedelt, dass es für viele Wissenschaftler der verschiedensten Fachrichtungen eine hehre Aufgabe war, nun endlich *die monokausale* Erklärung der Legasthenie zu entdecken – und berühmt zu werden. Oder würden Sie sich dafür interessieren, dass es jemandem gelungen ist, beispielsweise die Ursachen für Winkelfehlsichtigkeit, beeinträchtigte Blicktüchtigkeit, verlangsamte Ordnungsschwelle, gehemmte auditiv-motorische Koordination oder verringerten Querschnitt des *Corpus callosum* zu finden, wenn dies nicht zugleich eine wesentliche Ursache für eine Ihnen wichtige Fähigkeit wie Schreiben und Lesen wäre? Ich fürchte wirklich, dass sich die internationale Wissenschaft auf dem Gebiete der LRS-Forschung so selbst jahrzehntelang im Wege gestanden hat und noch steht.

Ich bin sicher, wir täten uns in Zukunft wesentlich leichter, wenn wir uns von diesen vordergründigen Auffälligkeiten und der Edelkonkurrenz lösen könnten, welche Ursache die am meisten bestimmende für Legasthenie ist, und die *gemeinsamen basalen Ursachen* des Eisberges zu trainieren beginnen würden – wie es auch Frau Dr. Fawcett und Professor Nicolson angeregt haben.

Wedemark, Februar 1998

Fred Warnke

Vorwort zur 5., vollständig überarbeiteten Auflage

Seit der letzten Aktualisierung des vorliegenden Buches hat sich auf diesem Arbeitsgebiet eine hoch interessante Entwicklung vollzogen, die es erforderlich macht, die Neuauflage weitestgehend neu zu gestalten. Mit dieser Entwicklung meine ich das Umschwenken nun auch namhafter deutscher Wissenschaftler zu dem Bekenntnis einer Trainierbarkeit basaler Defizite mit Hilfe von Geräten, die einigen der von mir entwickelten und von der *Medi*TECH Electronic GmbH gefertigten Geräte sehr nahe kommen. Dies erlebe ich nicht als den Versuch eines Plagiates – ganz im Gegenteil kann ich mich der japanischen Philosophie gut anschließen, wonach es den Meister ehrt, wenn andere seine Ideen und deren Früchte nachvollziehen. Lassen Sie mich aus einer Druckschrift aus der Feder dieser Wissenschaftler wörtlich einige Passagen zitieren, die auch aus einem meiner Bücher stammen könnten:

> „Das Institut für Biophysik der Universität Freiburg hat in Zusammenarbeit mit der Abt. Pädaudiologie und Phoniatrie der Medizinischen Hochschule Hannover fünf sprachfreie Hörtests entwickelt, die im FonoFix verwirklicht sind. ... Kinder mit Legasthenie bestehen diese Tests signifikant schlechter als gleichaltrige Kontrollkinder. ... Eine wesentliche Voraussetzung für richtiges Hören und Verstehen, insbesondere von gesprochener Sprache, ist die Fähigkeit, Unterschiede in der Lautstärke und der Tonhöhe sowie zeitliche Eigenschaften des akustischen Signals zu erkennen. ... Wissenschaftliche Untersuchungen haben gezeigt, dass Kinder mit auffälliger Sprachentwicklung oder mit besonderen Problemen beim Erlernen des Lesens und des Rechtschreibens Störungen in der Hörverarbeitung aufweisen können. ...“[1]

Allerdings bemerken Sie, dass sich diese Ausführungen auf Automatisierungsdefizite im *Hörbereich* und bedingt auch im Sehbereich beschränken. Der nächste wünschenswerte Schritt, der hier und da auch in Deutschland schon zu erkennen ist, wäre die *vollständige* Übernahme des britischen Modells von Professor Nicolson und Frau Dr. Fawcett, wonach sich die Automatisierungsdefizite von LRS-Kindern wirklich nicht auf einen oder zwei Sinneskanäle beschränken, sondern praktisch *alle Modalitäten* betreffen können. Vor allem die mehreren tausend Therapeuten, die inzwischen nach meinem Verfahren arbeiten, bestätigen mir immer wieder, dass sie kaum ein Kind oder einen Jugendlichen mit Lese-Rechtschreib-Problemen

---

[1] Quelle: *Zur sprachfreien Prüfung der Hörwahrnehmung*, AG Hirnforschung, Prof. B. Fischer, Universität Freiburg, 2000

in ihren Praxen erlebt haben, bei dem nicht daneben umfängliche Auffälligkeiten in der zentralen Hörverarbeitung, in der Motorik, in der Eigenwahrnehmung, im Gleichgewichtssinn, in der Auge-Hand-Koordination und in der auditiv-motorischen Koordination vorhanden waren.

Wedemark, Juni 2001

Fred Warnke

1. Was ist überhaupt „Legasthenie“?

Da Sie diesen Text lesen können, haben Sie irgendwann das Lesen erlernt. Bei den meisten von uns geschah das während der vier Grundschuljahre, also im Alter von ungefähr sechs bis zehn Jahren. Je länger Lesen- und Schreibenlernen zurückliegen, umso mehr verklärt sich bei vielen Menschen diese Zeit. Vor allem neigen wir dazu, die Ängste zu vergessen, denen wir durch den mehrstündigen täglichen Aufenthalt in fremder Umgebung und durch die neuartigen Anforderungen an uns ausgesetzt waren. So haben wir meist Mühe zu verstehen, wenn unseren Kindern das Lesen- und das Schreibenlernen schwer fallen.

Das mag bei Ihnen anders sein; denn weshalb hätten Sie sich sonst dieses Buch besorgen sollen? Vielleicht hat Ihr Kind Ihnen schon Anlass zu der Vermutung gegeben, dass ihm das Lesen und die Rechtschreibung schwerer fallen als anderen Kindern? Vielleicht hat Sie auch das für viele bedrohlich klingende Wort „Legasthenie“ schon getroffen. Vielleicht wollen Sie aber nur frühzeitig feststellen, ob auch Ihr Kind zu den rund 10 bis 15 Prozent jedes heranwachsenden Jahrganges gehört, die trotz sonst mindestens durchschnittlicher Intelligenz kaum erklärbare Schwierigkeiten auf dem Gebiete des Lesens und Schreibens zeigen.

Für diese Erscheinung gibt es die unterschiedlichsten Bezeichnungen. International ist der Begriff „Dyslexie“ gebräuchlich, dessen erste Silbe aus dem Griechischen stammt, während der Rest des Wortes dem Lateinischen entlehnt wurde. Dyslexie bedeutet so viel wie Lesestörung. Deutsche Pädagogen und Wissenschaftler benutzen eher den Begriff „Legasthenie“ (dessen erste Silbe „Leg-“ aus dem Lateinischen und dessen Restwort „-asthenie“ aus dem Griechischen stammt), der wörtlich etwa mit „Leseschwäche“ zu übersetzen wäre. Schulamtlich wird die Formulierung „Teilleistungsschwäche auf dem Gebiete des Lesens und der Rechtschreibung“ vorgezogen. Ich werde in diesem Buche die Bezeichnung „Lese-Recht-schreib-Schwäche“ (Abkürzung LRS) benutzen.

Auch an der Philipps-Universität zu Marburg befasst sich seit vielen Jahren eine Reihe von Wissenschaftlern mit diesem Fragenkreis. Die dort erschienenen wissenschaftlichen Arbeiten über LRS zeichnen sich durch Ideenreichtum und ein hohes Maß an Verständlichkeit auch für Nichtwissenschaftler aus. Dort versteht man unter LRS „ Störungen, deren Hauptmerkmal eine ausgeprägte Beeinträchtigung der Entwicklung der Lese- und Rechtschreibfähigkeit ist, die nicht durch eine allgemeine intellektuelle Behinderung oder inadäquate schulische Betreuung erklärt werden kann“. In diesem Satz sind drei Kernfeststellungen enthalten, die ich noch einmal beleuchten will:

a) Beeinträchtigte Entwicklung der Lese- und Rechtschreibfähigkeit

Tatsächlich entwickelt sich die Fähigkeit, zu lesen und zu schreiben, langsam und normalerweise stetig während der vier Grundschuljahre. Bleibt ein Kind in dieser Entwicklung deutlich hinter seinen Mitschülern zurück, so ist der Sachverhalt der beeinträchtigten Entwicklung erfüllt. Das bedeutet aber zugleich, dass diese Entwicklung erst eine Weile angedauert haben muss, damit ein derartiger Rückstand eines einzelnen Schülers gegenüber seinen Mitschülern überhaupt erkennbar wird. Tatsächlich wird LRS meist erst in der zweiten Hälfte der zweiten Grundschulklasse erkannt, weil die betroffenen Kinder bestimmte innere Ersatzstrategien – beispielsweise das Ganzwortlesen, oft als Auswendiglernen missdeutet – benutzen, um ihren Entwicklungsrückstand auf diesem Gebiet nicht offenkundig werden zu lassen.

b) Keine allgemeine intellektuelle Behinderung

Auch diese Einzelheit ist äußerst wichtig. LRS-Kinder müssen also mindestens durchschnittlich intelligent sein. Viele von ihnen sind sogar überdurchschnittlich intelligent, können dadurch ihre LRS oft lange kompensieren und bringen in anderen Fächern erstaunliche und erfreuliche Leistungen. Ein deutlich unterdurchschnittlich intelligentes Kind mit Lese-Rechtschreib-Problemen kann also nicht als LRS-Kind bezeichnet und gefördert werden. Es wäre vielmehr als allgemein lernschwaches Kind einzustufen, vielleicht weil es zu früh eingeschult wurde. In Abstimmung mit der Schule wäre festzustellen, ob eine Wiederholung des Schuljahres sinnvoll sein dürfte.

c) Keine inadäquate schulische Betreuung

Als weitere Ursache von LRS wird also eindeutig eine unzureichende schulische Betreuung ausgeschlossen. Zwar dürften zumindest im deutschsprachigen Teil Europas die Fälle äußerst selten sein, in denen eine ungeeignete Lehrkraft oder eine verfehlte Lehrmethode in einer Grundschule eingesetzt werden. Es gibt allerdings inzwischen deutliche Anzeichen, dass die Methode „Schreib, wie du sprichst“ zu einem deutlich erhöhten Auftreten von LRS führt, weil diese Kinder in den Glauben geführt werden, alle Wörter der deutschen Sprache würden lautgleich geschrieben. Für diejenigen Fälle, in denen tatsächlich eine unzureichende oder gar falsche Lehrmethode benutzt wird, ist es aber wichtig, dies als mögliche Ursache von LRS auszuschließen. Sollte dieser Fall wirklich irgendwo eintreten, so wäre er auch schon daran erkennbar, dass dann ja ein großer Teil der Schulklasse (und nicht nur die üblichen 10 bis 15 Prozent, also drei bis fünf Schüler pro Klasse) einen deutlichen Entwicklungsrückstand der Lese- und Rechtschreibfähigkeit aufweisen müsste.

Nachdem wir nun wissen, was sich hinter LRS verbirgt, was also „Legasthenie überhaupt ist“, können wir uns den bisher üblichen und möglichen Verfahren der Erkennung, der Diagnose zuwenden. Wenn ein Grundschulkind nach den Feststellungen seiner Eltern oder seines Deutschlehrers eine beeinträchtigte Entwicklung der Lese- und Rechtschreibfähigkeit zeigt, obwohl es nach Meinung dieser Stellen keine allgemeine intellektuelle Behinderung hat und auch die schulische Betreuung einwandfrei ist, sind in den verschiedenen Bundesländern unterschiedliche Einrichtungen für die verbindliche LRS-Feststellung zuständig. Dabei kann es sich beispielsweise um das Gesundheitsamt, den Schulpsychologischen Dienst, pädaudiologische Beratungsstellen, Sozial-Pädiatrische Zentren (SPZ) oder freiberufliche Psychologen mit Zusatzausbildung handeln. Welche Einrichtung an Ihrem Wohnort anzusprechen ist, wird der Deutschlehrer oder der Beratungslehrer des Kindes im Regelfalle wissen oder kurzfristig feststellen können.

Wenn sich Eltern – möglichst im Einvernehmen mit dem Deutschlehrer – entschließen, dass ihr Kind einen solchen LRS-Test durchlaufen soll, sind nach meinen Erfahrungen viel Behutsamkeit und völlige Offenheit zugleich geboten, denn das Kind selbst ist sich in praktisch allen Fällen seiner Schwierigkeiten durchaus bewusst. Beispielsweise könnten Vater oder Mutter dem Kind rechtzeitig vor dem LRS-Test Folgendes erklären:

> „Du gibst dir in der Schule und auch bei deinen Hausaufgaben viel Mühe, das wissen deine Lehrer und auch wir. Aber es sieht so aus, als ob du beim Lesen und Schreiben nicht ganz so gut vorankommst wie die meisten deiner Mitschüler. An deiner Mühe kann das nicht liegen. Und wir glauben auch nicht, dass du weniger klug bist als deine Mitschüler. Wir wissen aber inzwischen, dass gerade kluge Kinder manchmal langsamer lesen und schreiben lernen, weil sie mit Buchstaben und Wörtern anders umgehen als diejenigen Kinder, denen Lesen und Schreiben leichter fallen. Deshalb möchten wir mit dir zusammen einen Fachmann / eine Fachfrau besuchen, der / die mit dir ein paar Übungen und Tests machen wird. Danach können wir uns dann gemeinsam entscheiden, ob du ein besonderes Training beginnen willst, damit du schneller lesen und schreiben lernst.“

Bei diesem Test zur Feststellung, ob bei Ihrem Kind tatsächlich LRS vorliegt, wird es sicher von einem Elternteil zu begleiten sein. Am besten übernimmt das die Mutter, und zwar vor allem deshalb, weil vor Beginn des eigentlichen Tests wohl durchweg die so genannte „Anamnese“ aufgenommen wird. Dieses Fachwort stammt aus dem Griechischen und Lateinischen, bedeutet wörtlich „Erinnerung“ und wird hier für die Aufzeichnung der Vorgeschichte einer Krankheit aus der Erinnerung des Patienten benutzt. Dabei zeigt sich übrigens erstmals ein wichtiger Unterschied in der öffentlichen Betrachtung und Beurteilung von LRS:

Aus der Sicht der Krankenkassen ist nämlich LRS bis heute keine Krankheit. Kosten für die Feststellung oder für die spätere Behandlung von LRS werden deshalb auch fast nie von den Krankenkassen übernommen. Zeigt ein Kind dagegen, wie es verhältnismäßig oft vorkommt, neben der LRS auch Sprachauffälligkeiten, so werden die *dafür* anfallenden Behandlungskosten von den meisten Krankenkassen getragen. Deshalb sei hier schon gleich die Empfehlung ausgesprochen, bei der kleinsten erkennbaren Sprachauffälligkeit frühzeitig Ihren Kinder- oder Ihren Hals-Nasen-Ohren-Arzt (HNO-Arzt) zu bitten, dass er einen Logopäden oder einen Sprachheiltherapeuten hinzuziehen möge. Damit wird häufig die Wahrscheinlichkeit des Eintretens von LRS vermindert beziehungsweise eine später vielleicht doch noch notwendig werdende LRS-Behandlung erleichtert.

Doch wieder zurück zur LRS-Erkennung durch eine geeignete Fachkraft und zur Anamnese: Um gewissenhaft aussagen zu können, ob wirklich LRS vorliegt, muss die Fachkraft viele Fragen stellen, deren Beantwortung teilweise nicht ganz leicht fallen wird. Das gilt besonders für solche Eltern, die sich selbst gegenüber nicht gerne zugeben, dass ausgerechnet *ihr* Kind irgendeinen Mangel hat, für den sie sich möglicherweise sogar selbst verantwortlich fühlen. Vielleicht hilft hier die Überlegung, dass sicher keine Mutter und kein Vater ihr heranwachsendes Kind *bewusst* geschädigt haben. Und bei einer unbeabsichtigten Schädigung ist dem Kind bestimmt am besten gedient, wenn sie erkannt und fachgerecht behandelt wird. Da LRS also offiziell keine Krankheit darstellt, kann eigentlich auch keine Anamnese erhoben werden. Deshalb bezeichnen manche Fachkräfte ihren Fragenkatalog auch gern als „Exploration" – ein Wort, das aus dem Lateinischen stammt und wörtlich „Erkundung" oder „Erforschung" bedeutet. Hier nun einige typische Fragen:

Ist die Schwangerschaft ohne Komplikationen verlaufen? War die Geburt normal? Wie viele Geschwister hat das vorgestellte Kind? Wie alt sind diese Geschwister? Wie lange wurde das Kind gestillt? Gab es im ersten Lebensjahr irgendwelche Krämpfe? Gab es in den ersten Lebensjahren Ernährungs- oder Schlafprobleme? Wann hat das Kind laufen gelernt? Gab es in der Motorik, also in seiner Bewegungsfähigkeit, irgendwelche Auffälligkeiten? Wie sah es mit der Sauberkeitserziehung aus? Spielte es gut mit anderen Kindern? Welche Kinderkrankheiten hat es in welchem Alter gehabt? Gab es insbesondere Ohrenerkrankungen, zum Beispiel Mittelohrentzündungen? Ist es gern in den Kindergarten gegangen? Hat es Unfälle erlitten? In welchem Alter genau ist es eingeschult worden? Welche Leselernmethode ist benutzt worden? Wie alt war die Lehrkraft der beiden ersten Grundschuljahre? Wann sind die ersten Hinweise auf Lese-Rechtschreib-Probleme aufgetaucht? Wie weit sitzt das Kind von der Lehrkraft entfernt? Wie heißen seine Lieblingsfächer? Und wie seine ungeliebten Fächer? Wie sieht es mit seiner Konzentrationsfähigkeit aus? Sind zuvor andere Untersuchungen, zum Beispiel beim Kinderarzt, durchlaufen worden?

Nach der Klärung dieser Fragen können sich die Eltern beruhigt zurücklehnen um zu sehen und zu hören, wie ihr Kind mit den nun folgenden Tests umgeht. Manche Fachkräfte legen auch Wert darauf, dass das Kind durch die Anwesenheit seiner

Eltern nicht abgelenkt wird. Einen solchen Wunsch sollten Sie ohne Diskussion erfüllen; denn die Fachkraft verspricht sich davon wahrscheinlich ein besser zutreffendes Testergebnis. Im Sinne der drei oben erläuterten Kernfeststellungen der LRS hat die Fachkraft in der Exploration oder Anamnese ja auch schon einiges über die „adäquate schulische Betreuung“ in Erfahrung gebracht. Um die allgemeine Intelligenz des Kindes festzustellen, gibt es genormte Begabungstests. Falls es Gelegenheit gibt, sich mit der Fachkraft vorher über Testmethoden zu unterhalten, sollten Sie sich vergewissern, dass ein „kulturfreier“ Test eingesetzt wird, wie es heute die Regel ist. Darunter versteht man schlicht einen Test, der dem Kind eines Journalisten oder eines Professors keine Fehlbeurteilung wegen seiner meist hohen sprachlichen Gewandtheit beschert.

Damit ist dann auch die zweite Kernfeststellung abgeklärt, nämlich ob eine allgemeine intellektuelle Behinderung vorliegt oder nicht. Nun fehlt noch die entscheidende dritte Kernfeststellung, ob die Lese- und Rechtschreibfähigkeit wirklich beeinträchtigt ist. Dazu reicht kaum die persönliche Überzeugung des Kindes, seiner Eltern oder der Lehrkraft für Deutsch. Vielmehr gibt es mehrere genormte Lese- und Rechtschreibtests, die altersgerecht die Feststellung erlauben, wie es um die Entwicklung des Lesens und der Rechtschreibung bei einem bestimmten Kinde steht. Als Ergebnis des Rechtschreibtests werden Sie – spätestens auf eine gezielte Frage – eine so genannte Prozentrangstufe genannt bekommen. Damit hat es folgende Bewandtnis:

Bei keinem Rechtschreibtest würde die absolute Fehlerzahl allein bereits eine brauchbare Aussage ergeben; vielmehr muss ein Vergleich mit möglichst vielen gleichaltrigen Kindern angestellt werden. Dieser Vergleich wird als „Prozentrangstufe“ dargestellt. Hinter diesem Fachwort verbirgt sich folgender Gedanke: Die Zahl sagt aus, wie viel Prozent aller Kinder aus derselben Jahrgangsstufe gleiche oder schwächere Rechtschreibleistungen erbringen. Hat also zum Beispiel ein Kind die Prozentrangstufe 14, so bedeutet dies, dass 14 Prozent aller Kinder aus seiner Jahrgangsstufe gleich oder schwächer, dagegen 86 Prozent stärker in Rechtschreibung sind.

Aus allen drei Teilergebnissen, die der Fachkraft nun vorliegen, werden Sie eine verantwortliche Aussage erhalten, ob Ihr Kind ein LRS-Schüler ist. Erwarten Sie aber bitte nicht von der Fachkraft eine zutreffende Erklärung der Ursachen. Es gibt nämlich seit vielen Jahrzehnten eine ständig zunehmende Zahl verschiedenster Annahmen über das Zustandekommen von Lese-Rechtschreib-Schwäche. Im Folgenden skizziere ich einige der häufigsten Vermutungen mit kurzer Erläuterung und mit jeweils einer typischen Quellenangabe, damit sich vor allem solche Leser weiterführende Informationen verschaffen können, die an einer eigenständigen Vertiefung meines Modells der „Spitze des Eisberges“ interessiert sind (das ich erstmals in der zweiten Auflage dieses Buches, also im August 1995, eingebracht hatte). Im Verlaufe dieses Buches komme ich auf viele dieser Arbeiten und ihre nützliche Vorarbeit für mein Trainingsverfahren zurück. Sie müssen die verschiedenen Fachausdrücke und die hier zunächst bewusst kurz gefassten Darstellungen also jetzt noch nicht voll verstehen:

1. Winkelfehlsichtigkeit[2] = Heterophorie mit Fixationsdisparation

Wenn die beiden Abbildungen auf der *Fovea centralis*, dem scharf abbildenden Teil der Netzhaut, in der zentralen Sehverarbeitung nicht zur Deckung gebracht werden können, wird dort das „schlechtere" Bild im günstigsten Falle unterdrückt; im ungünstigsten Falle entsteht eine doppelte Abbildung, so dass hierdurch vor allem die Lesefähigkeit beeinträchtigt wird. Hierzu finden Sie ausführliche weitere Informationen im Kapitel „Wie steht es um das Sehvermögen Ihres Kindes?"

2. Sustained transient response[3] = Gestörte visuelle Transientenverarbeitung

Wenn das Verhältnis zwischen den Verweilzeiten des Auges auf einer Buchstabengruppe, also die „sustained response", und den raschen Blicksprüngen (= Sakkaden) von einer Buchstabengruppe zur nächsten, der „transient response", zeitlich nicht ausgewogen ist, so dass eine Art „Nachbild" der vorigen Buchstabengruppe stehen bleibt, verschwimmen die zu lesenden Buchstaben miteinander und beeinträchtigen die Lesefähigkeit. Auch dies wird im Kapitel „Wie steht es um das Sehvermögen Ihres Kindes?" vertieft werden.

3. Blicktüchtigkeit[4]

Wenn die Sakkaden, also das unter 2 erwähnte rasche Hinüberschwenken von einer Buchstabengruppe zur nächsten, nicht präzise genug den neuen, angestrebten Sehort treffen, sondern sich erst „einschießen" müssen, vergeht unnötige Zeit für das Erkennen der nächsten Buchstabengruppe. Hierzu finden Sie ebenfalls weitere Informationen im Kapitel „Wie steht es um das Sehvermögen Ihres Kindes?"

4. Defizite in der auditiven Transientendekodierung[5]

Wenn die Übergänge vor allem von Plosivlauten auf nachfolgende Vokale mit ihren rasch wechselnden Frequenzanteilen nicht präzise dekodiert werden können, ent-

---

[2] Pestalozzi, D.: „Über die Behandlung von heterophoren Legasthenikern mit Fixationsdisparation mittels Prismenvollkorrektion", in: *Klinisches Mitteilungsblatt für Augenheilkunde*, 188 (1988), S. 471-473

[3] Breitmeyer, B. G.: „The Roles of Sustained (P) and Transient (M) Channels in Reading and Reading Disablity", in: *Facets of Dyslexia and its Remediation,* Elsevier Science Publishers, Amsterdam, S. 13-31

[4] Biscaldi, M., et al.: „Saccadic Eye Movements of Dyslexic and Normal Reading Children", in: *Perception* 23 (1994), S. 45-64

[5] Tallal, P., et al.: „Language Comprehension in Language-Learning Impaired Children Improved with Acoustically Modified Speech", in: *Science* 271 (1996), S. 81-84

stehen Fehldeutungen bestimmter Laute, die ebenfalls die Entwicklung automatisierten Lesens behindern.

5. Verlangsamte Segmentierung bei jeglicher Sprachdekodierung und -kodierung[6]

Wenn die auditive Ordnungsschwelle[7], das heißt die Taktfrequenz, mit der das Gehirn sowohl die gehörte als auch die selbstproduzierte Sprache abtastet, nicht altersgerecht entwickelt, sondern verlangsamt ist, gehen wichtige Feinheiten der Phonemstruktur verloren und es kommt aus diesem Grunde zu Verwechslungen vor allem zwischen ähnlichen Plosiven.

6. Verzögerter Zugriff auf lexikalischen Wortschatz[8]

Wenn die für das rasche Benennen von gesehenen Gegenständen erforderliche Zeit auffällig verzögert ist (*rapid automized naming deficit*), wird davon ausgegangen, dass die Fähigkeit des automatischen Zugriffs auf den lexikalischen Wortschatz beeinträchtigt ist.

7. Beeinträchtigte auditiv-motorische Koordination[9]

Wenn die Fähigkeit zum synchronen „Fingertapping“ in Übereinstimmung mit einem auditiv vorgegebenen, regelmäßigen Metronomrhythmus nicht altersgerecht entwickelt ist, wird von einem Automatisierungsdefizit in der zeitgerechten Umsetzung des auditiven Reizmusters zwischen den beiden Gehirnhälften über das *Corpus callosum* ausgegangen.

8. Verlangsamte Reaktionszeit bei Wahlmöglichkeiten[10]

Wenn trotz Vorhandenseins einer altersgerechten Reaktionszeit auf einfache Reize die Reaktionszeit bei Wahlmöglichkeiten zwischen zwei oder mehr Reizen, die so genannte *choice reaction time*, verlangsamt ist, wird von einer Automatisierungsschwäche im Entscheidungsprozess ausgegangen. Diese Entscheidungsschwäche erstreckt sich von nonverbalen Tonsignalen bis zur Unterscheidung zwischen sinnfreien und sinnlosen Wörtern.

---

[6] Veit, S. E.: „Sprachentwicklung, Sprachauffälligkeit und Zeitverarbeitung eine Longitudinalstudie“, 1992, Dissertation an der Ludwig-Maximilians-Universität zu München

[7] Die Ordnungsschwelle ist diejenige Zeitspanne, die zwischen zwei Sinnesreizen mindestens verstreichen muss, damit wir diese getrennt wahrnehmen *und* in eine Reihenfolge, also eine Ordnung, bringen können.

[8] Fawcett, A. J., et al.: „Naming Speed in Children with Dyslexia“, in: *Journal of Learning Disabilities*, 27 (Dez. 1994), S. 641-646

[9] Klicpera, C., et al.: „Bimanual co-ordination in adolescent boys with reading retardation“, in: *Developmental Medicine and Child Neurology*, 23 (5), S. 617-625 (Okt. 1981)

[10] Nicolson, R. I.: „Reaction Times and Dyslexia“, in: *Quarterly Journal of Experimental Psychology*, 47(1), (Febr. 1994), S. 29-48

9. Beeinträchtigte Tonhöhenunterscheidung[11]

Sprachauffällige Kinder haben erhebliche Schwierigkeiten beim Unterscheiden von Tonhöhenintervallen, die bei der Enkodierung und Dekodierung der Sprechmelodie wichtig sind, um sinngebend zu sprechen und sinnentnehmend zu hören. Dies wird vor allem auf ein Automatisierungsdefizit in der vorbewussten Frequenzunterscheidung zurückgeführt.

* * *

Für alle diese Erklärungsansätze liegen die im Einzelnen angegebenen und zahlreiche weitere überzeugende Studien von international anerkannten Wissenschaftlern vor. Als Versuchsgruppen haben sie stets eine hinreichend große Zahl sprachauffälliger Kinder im Vergleich zu einer sorgfältig parallelisierten Kontrollgruppe unauffälliger Kinder untersucht. Dabei haben sie – soweit erkennbar ausnahmslos – die betreffenden Gruppen stets nur im Sinne *ihrer* Hypothese untersucht. Wir können wohl nicht gut annehmen, dass diese Wissenschaftler bei ihren Untersuchungen mit traumwandlerischer Sicherheit immer *ausschließlich* diejenigen sprachauffälligen Kinder herausgegriffen haben, die *genau* diese und *nur* diese Defizite aufwiesen. Statistisch betrachtet kann dies als unwahrscheinlich bis ausgeschlossen gelten. Praktiker bestätigen, dass bei vielen der von ihnen geprüften Kinder eine große Zahl der oben aufgelisteten Auffälligkeiten *gleichzeitig* feststellbar waren.

Den weltweiten Interessenvertretungen der LRS-Kinder und -Erwachsenen und auch vielen von ihnen lebenden Therapeuten hat dieses Chaos der vermeintlichen Ursachen Anlass zu einer kernigen Aussage gegeben, die bei Tagungen und in Einzelgesprächen immer wieder zu hören ist: „Es gibt so viele Ursachen von LRS, wie es Legastheniker gibt. Keine Legasthenie gleicht der anderen.“ Diese Auffassung verschafft diesen Verbänden alljährlich immer neue Gelegenheit, auf Teilgebieten tätige Wissenschaftler einzuladen, um neu entdeckte Teilaspekte von LRS-Ursachen vortragen zu lassen und damit die Notwendigkeit finanzieller Mittel für weiteres Forschen nach noch mehr Teilursachen zu rechtfertigen.

---

[11] Holopainen, I. E., et al.: „Attenuated Auditory Event-Related Potential (MMN) in Children with Developmental Dysphasia“, in: *Neuropediatrics* 28 (1997), S. 254-256

2. Ohne Sprache kein Denken

Seit mehr als hunderttausend Jahren, so meinen unsere Wissenschaftler, verständigen sich Menschen durch das gesprochene Wort. War der Wortschatz ganz zu Beginn noch sehr gering, so wuchs er im Laufe der Jahrtausende stetig in Anpassung an die immer vielfältiger werdenden Bedürfnisse und Möglichkeiten des Menschen. Welche Macht die Sprache dem Menschen verleiht, welchen Missbrauch skrupellose Menschen aber auch damit treiben können, dafür überliefert uns die Geschichte genügend Beispiele bis in die jüngste Zeit. Doch erst der Entzug der Sprache rückt deren Wichtigkeit ins rechte Licht:

Von jeweils tausend Kindern, die in irgendeinem Land unserer Erde geboren werden, weisen zwei eine so starke Beeinträchtigung ihres Hörvermögens auf, dass sie das Sprechen ohne technische Hilfen überhaupt nicht erlernen würden. Früher wurden diese Kinder taubstumm. Sie konnten sich allenfalls lallend äußern. Das lag aber nicht etwa daran, dass ihre Sprechwerkzeuge nicht in Ordnung waren. Ihre Sprache entwickelte sich deswegen nicht, weil sie überhaupt kein hörbares Vorbild wahrnehmen konnten. Jeder Mensch kann sprechend nur das wiedergeben, was er zuvor hörend wahrgenommen hat, wofür er also innere Erkennungsmuster anlegen konnte. Schon vor vielen Jahrhunderten wollte ein Hohenstauffen-Kaiser das ganz genau erforschen lassen:

Kaiser Friedrich II. (1194-1250) ließ, so berichten glaubhafte Zeitzeugen, eine Anzahl Waisenkinder unmittelbar nach ihrer Geburt in ein besonderes Heim bringen. Hier wurden sie von Ammen betreut, die angewiesen waren, ihnen die bestmögliche Pflege angedeihen zu lassen, und die daraufhin auch beaufsichtigt wurden. Nur eines durften die Ammen auf keinen Fall: Sie durften nicht mit den Kindern sprechen. Der Kaiser hoffte mit dieser Methode die „Ursprache“ der Menschheit entdecken zu können. Aber die Kinder brachten außer Weinen und Wimmern keine verständlichen Laute hervor. Sie verstarben trotz bester körperlicher Pflege schon nach wenigen Monaten.

Mit diesem menschenverachtenden Experiment und seinem so tragischen Ausgang war die Bedeutung des gehörten Wortes für menschliches Denken, Planen, Sprechen, Lesen und Schreiben, also für jegliche menschliche Kommunikation, schon damals ganz deutlich geworden. Wir alle denken im Wesentlichen in den Begriffen der Sprache, die wir uns in den ersten Lebensjahren angeeignet haben. Genau hier beginnt natürlich auch der viel zitierte Begriff der „Chancengleichheit“: Bis zum Kindergarten- oder Schuleintritt kann jedes Kind nur solche Wörter verwenden, die es vorher gehört, verstanden und in seinen aktiven Wortschatz aufgenommen hat, von denen es somit „innere Muster“ anlegen konnte. Hier sind natürlich diejenigen Kinder im Vorteil, deren Eltern über einen reichhaltigen Wortschatz verfügen und diesen im Umgang mit ihrem Kind auch altersgerecht anwenden.

Deutlich geworden ist aber schon bis hierher, welche Schlüsselrolle gerade der frühkindliche Spracherwerb für den weiteren Lebensweg jedes Kindes spielt. In den von allen deutschen Krankenkassen angebotenen Vorsorgeuntersuchungen U 1 bis U 9 mit ihrem klaren Zeitraster von unmittelbar nach der Geburt bis etwa zum fünften Geburtstag sind auch regelmäßige und natürlich dem Alter des Kindes angepasste Hörprüfungen vorgeschrieben. Aus der Auflistung der vom Kinderarzt abzufragenden beziehungsweise zu erhebenden Befunde sind in der nachfolgenden Tabelle nur die für die *Sprachentwicklung* wichtigen von der U3 bis zur U9 aufgeführt.

U	Zeitpunkt	Erfragte Befunde	Erhobene Befunde
U3	4.–6. Woche	Schreit schrill oder kraftlos	Akustischer Blinzelreiz auf Händeklatschen fehlt
U4	3.–4. Monat	Kopfbewegung zur Schallquelle fehlt	Reaktion auf akustischen Reiz fehlt (Lauschen, Blickwendung)
U5	6.–7. Monat	Reaktion auf Klingel/Telefon/ Zuruf der Eltern fehlt	Hörreaktion fehlt re/li (Keine Kopfwendung zur Geräuschquelle seitlich hinter dem Kopf)
U6	10.–12. Monat	Verzögerte Sprachentwicklung (Keine Silbenverdoppelung wie „da-da“)	Hörreaktion fehlt re/li (Keine Kopfwendung zur Geräuschquelle seitlich hinter dem Kopf)
U7	21.–24. Monat	Altersgemäße Sprache fehlt (zum Beispiel keine Zweiwortsätze, kein Sprechen in der 3. Person wie „Peter essen“). Altersgemäßes Sprachverständnis fehlt (zum Beispiel kein Zeigen auf Körperteile nach Befragen, kein Befolgen einfacher Aufforderung).	Hörreaktion fehlt re/li (Keine Kopfwendung zur Geräuschquelle seitlich hinter dem Kopf)
U8	43.–48. Monat	Altersgemäße Sprache fehlt (zum Beispiel kein Sprechen in Sätzen in der „Ich-Form“), Aussprachestörungen (zum Beispiel Stottern, schwere Stammelfehler, unverständliche Sprache)	Beeinträchtigtes Hörvermögen re/li (Hörtest)
U9	60.–64. Monat	Sprachstörungen (deutliche Fehler in Grammatik und/oder Satzbau), Aussprachestörungen (zum Beispiel Stammeln, Stottern, Poltern), Sprachverständnis (versteht häufig nicht, wenn ihm etwas gesagt wird)	Beeinträchtigtes Hörvermögen re/li (Hörtest)

Vor allem, wenn sich bei einem Kind der Sprachaufbau gegenüber Gleichaltrigen deutlich verzögert entwickelt, sollte diesem Hörteil der Vorsorgeuntersuchungen besondere Beachtung geschenkt werden. Denn für das Erlernen des Hörens, des Verstehens und des Sprechens hat die Natur einen klaren Zeitplan eingerichtet, der schon deutlich vor der Geburt beginnt und sich dann vor allem in den beiden ersten Lebensjahren entfaltet, sofern es keine Störungen dieser Entwicklung gibt.

3. Hörenlernen beginnt im Mutterleib

Wer von den Leserinnen dieses Buches schon selbst ein Kind ausgetragen hat, wird sich gut erinnern können, wie oft das heranreifende kleine Wesen auf akustische Reize, wie beispielsweise Sprache, Geräusche oder Musik, mit Arm- oder Beinbewegungen reagiert hat. Dass dies kein Zufall ist, haben Wissenschaftler aus aller Welt in mehr als hundert verschiedenen gründlichen Untersuchungen nachgewiesen. Danach sind die Hörorgane des Fötus – so heißt dieses kleine Wesen vom dritten Schwangerschaftsmonat bis zu seiner Geburt – bereits ab der 28. Schwangerschaftswoche fast vollständig ausgebildet.

Da der Fötus aber in der mit Fruchtwasser gefüllten Fruchtblase schwimmt und diese wiederum vom Körpergewebe der Mutter umgeben ist, hört er von außen kommende Geräusche, Sprache und Musik nur sehr stark gedämpft, wobei die hohen Töne fast völlig abgeschnitten werden. Wer schon einmal in seiner Badewanne oder im Schwimmbad ganz untergetaucht ist, so dass seine beiden Ohren vollständig mit Wasser gefüllt waren, kennt den dumpfen Klangeindruck, den der Fötus also im letzten Drittel der Schwangerschaft ausschließlich wahrnimmt. Das wäre dann auch eine Erklärung dafür, dass viele Mütter berichten, bei Rockmusik mit ihren wuchtigen Anteilen tiefer Töne habe der Fötus besonders heftig gestrampelt. Dagegen scheint klassische Musik, vor allem Streichquartette von Mozart und Musik von Vivaldi, eine eher beruhigende Wirkung auf den Fötus auszuüben.

Einen typischen auditiven Eindruck können Sie sich auf der Begleit-CD zu diesem Buch verschaffen[12], auf der in Spur 3 eine Folge verschiedener Höreindrücke des Fötus aneinander gereiht wurden: Zunächst hören Sie einige Sekunden das, was der Fötus hört, wenn es von außen gar nichts zu hören gibt. Das sind der Herzschlag, die Verdauungsgeräusche und die Strömungsgeräusche des Blutes seiner Mutter. Dann legt die Mutter eine CD mit einem Gute-Nacht-Lied auf, gesungen von *einer* Knabenstimme, der von einem summenden Chor begleitet wird. Von dem gesungenen Text werden Sie kaum etwas mitbekommen. Danach legt sie das Violinkonzert Nr. 1 von Wolfgang Amadeus Mozart auf. Auch hier werden Sie nur die Grundmelodie hören, nicht aber die Klangfarben der einzelnen Instrumente; denn alle hohen Frequenzen werden durch das Fruchtwasser und die Gewebeschichten der Mutter abgeschirmt. Schließlich machen wir einen Sprung in die Zeit unmittelbar nach der Geburt: Wieder legt die Mutter das Violinkonzert Nr. 1 auf – aber diesmal hören Sie es so, wie das Neugeborene auf dem Schoße der Mutter es hören würde:

---

[12] Titel der CD: *Einsicht in das Warnke-Verfahren*, vgl. Hinweis S. 4 oben und Bezugsquellennachweis am Ende dieses Buches.

Dass der Fötus die tiefen Töne, die er ab der 28. Schwangerschaftswoche wahrnehmen kann, sogar bis nach der Geburt behält, haben französische Wissenschaftler mit einem interessanten Experiment nachgewiesen: Werdende Mütter wurden gebeten, in den letzten Wochen vor der Geburt ihres Kindes täglich ein bestimmtes französisches Schlaflied zu singen. Nachdem das Baby zur Welt gekommen war, wurden ihm verschiedene Schlaflieder vorgespielt, während es nukkelte. Der Rhythmus des Nuckelns wurde gemessen und aufgezeichnet. Eindeutig ließ sich feststellen, dass sich der Nuckelrhythmus nur bei dem von der Mutter während der Schwangerschaft gesungenen Schlaflied deutlich veränderte. Das dürfte ein klarer Beweis dafür sein, dass das Kind die Melodie behalten hatte und wieder erkennen konnte.

Das ist deshalb besonders überraschend, weil das Neugeborene beim Vorspielen dieses Schlafliedes nach seiner Geburt tatsächlich etwas ganz anderes hörte als während der Wochen davor im Mutterleib: Während es damals aus den schon geschilderten Gründen nur Töne bis zu etwa 1.000 Hertz, also 1.000 Schwingungen pro Sekunde, übertragen bekam, brandete nun nach der Geburt und nach dem Entleeren der äußeren Gehörgänge von restlichem Fruchtwasser die gesamte Schallinformation (bis zu 20.000 Hertz) auf die Ohren des Neugeborenen ein. Dieser Unterschied ist noch wesentlich stärker als derjenige zwischen einer Telefonübertragung und einer Hi-Fi-Anlage. Deshalb erinnert sich der Säugling beim Wiedererkennen der Stimme der Mutter auch lediglich an deren Stimm-Melodie, -Lautstärke, -Tempo und -Rhythmus. Diese vier Eigenschaften der Sprechstimme werden zusammen als „Prosodie“ bezeichnet.

Und nun beginnt eine stetige, von außen kaum bemerkbare Entwicklung der Automatisierung zahlreicher Fähigkeiten des Neugeborenen, des Säuglings und des Kleinkindes. Wir betrachten sie beispielgebend am Sprachaufbau, dessen erste Grundlage bereits in der 30. Schwangerschaftswoche mit dem nachweisbaren Erkennen von Vokalen beginnt. Das haben finnische Wissenschaftler an gesunden Frühgeburten nachgewiesen, die in der 30. bis 35. Schwangerschaftswoche zur Welt gekommen waren.[13] An den Köpfen dieser Neugeborenen wurden – natürlich nach Zustimmung durch die Ethikkommission und die Eltern – kleine Elektroden zum Ableiten ihrer Hirnströme angebracht. Aus einem Lautsprecher hörten die Neugeborenen dann eine Reizfolge, die aus einem sich stetig wiederholenden Vokal bestand, der in einer Zufallsfolge zu 15 Prozent durch einen anderen Vokal ersetzt wurde. Also etwa so:

a – a – a – a – a – a – **e** – a – a – a – a – **e** – a – a – a – a – a – **e** – a – a – a – a – **e** – a – a – a – a ...

[13] Cheour-Luhtanen, M., et al.: „The ontogenetically earliest discriminative response of the human brain“, in: *Psychophysiology* (1996); 33 (4): S. 478-81

Das Ergebnis war überraschend: Dieser unregelmäßig auftretende Vokal **e** löste eine mittels dieser Hirnstromableitungen nachweisbare Änderung der Hirnströme aus. Weshalb benutzte man aber zwei verschiedene Vokale? Nun, die Verwendung nur eines Vokals und die Aufzeichnung der dadurch ausgelösten Hirnströme hätte doch nur nachgewiesen, *dass* das Neugeborene überhaupt Schall wahrnahm. Erst das Einsprenkeln des abweichenden Vokals **e** erbrachte den tatsächlichen Nachweis, dass Hörgesunde tatsächlich bereits ab der 30. Schwangerschaftswoche die Vokale voneinander *unterscheiden* können. Erst der beschriebene Reizmuster*wechsel* erlaubte also diese Feststellung, die übrigens auch die ontogenetisch[14] früheste je aufgezeichnete Unterscheidungsreaktion des menschlichen Gehirns darstellt, wie die Autoren dieser Studie nicht ohne berechtigten Stolz anmerken.

Und dieser Startschuss nicht nur des Hörens, sondern auch der Hörverarbeitung, setzt nun für die nächsten Jahre eine Entwicklung in Gang, die von uns zunächst weitgehend unbemerkt bleibt und erst in jüngerer Zeit durch geschickt angelegte Versuchsreihen von Wissenschaftlern in aller Welt erkennbar gemacht wurde. Neben den eben erwähnten Hirnstromableitungen bediente man sich dabei des auch schon beschriebenen Nuckelreflexes, jedoch in einem besonders ausgefeilten Versuchsdesign und -ablauf. So benutzte eine Gruppe französischer Wissenschaftler diesen Nuckelreflex der Säuglinge, um festzustellen, wie sie auf Reihungen sinnfreier Silben (zum Beispiel **bi-bo-be-ba-bo-be-bi** usw.) reagierten, die ihnen über Kopfhörer zugespielt wurden. In Abbildung 1 sehen Sie den Ablauf und das Ergebnis einer solchen Studie, die an über hundert Neugeborenen und zwei Monate alten Säuglingen durchgeführt wurde.[15]

... bi - be - bo - ba - bi - be - bo - ba ‖ bi - be - bo - ba - bi - ba - be - ba - bo - bi ...

... bi - be - bo - ba - bi - be - bo - ba ‖ bi - be - bo - ba - bi - ba - be - ba - bo - bi ...

... bi - be - bo - ba - bi - be - bo - ba ‖ bi - be - bo - ba - **du** - bi - be - bo - ba - **du** ...

... bi - be - bo - ba - bi - be - bo - ba ‖ bi - be - bo - **da** - bi - ba - be - **da** - bo - bi ...

Abbildung 1. So wurden die Neugeborenen und die zwei Monate alten Säuglinge mit Silben im Takt ihres Nuckelns beschallt. Nach dem Doppelstrich änderte sich der Informationsinhalt.

[14] Ontogenetisch = bezogen auf die Entwicklung des Einzelwesens

[15] Bertoncini, P.: „Perceptual Representations of Young Infants“, in: *Journal of Applied Psychologie: General* 1988, Bd. 117, Nr. 1, S. 21-33

Die Neugeborenen bzw. die Säuglinge wurden bequem gebettet und bekamen einen Nuckel (Schnuller) in den Mund. Genau genommen: keinen normalen Nuckel, sondern einen elektronischen, der bei jedem Nuckeln einen Kontakt betätigte. Dieser Kontakt löste jedes Mal eine dieser monoton gesprochenen Silben in einem Lautsprecher aus. Die Versuchskinder hören somit im Takte ihres Nuckelns die Reihungen vor dem Doppelstrich. Dadurch veränderte sich der Nuckelrhythmus etwas, beruhigte sich aber bald wieder. Das war der Zeitpunkt des Doppelstrichs. Nun hörte die ganz oben abgebildete Kontrollgruppe weiterhin nur ihre ursprüngliche Reihung von bi – be – bo – ba. Die erste Untersuchungsgruppe dagegen hörte zusätzlich den Vokal **u**, die zweite Untersuchungsgruppe die Silbe **du** und die dritte Untersuchungsgruppe nur den Konsonanten **d**. Die Veränderungen im Nuckelrhythmus, die sich daraus ergaben, sehen Sie in Abbildung 2 von links nach rechts aufgereiht.

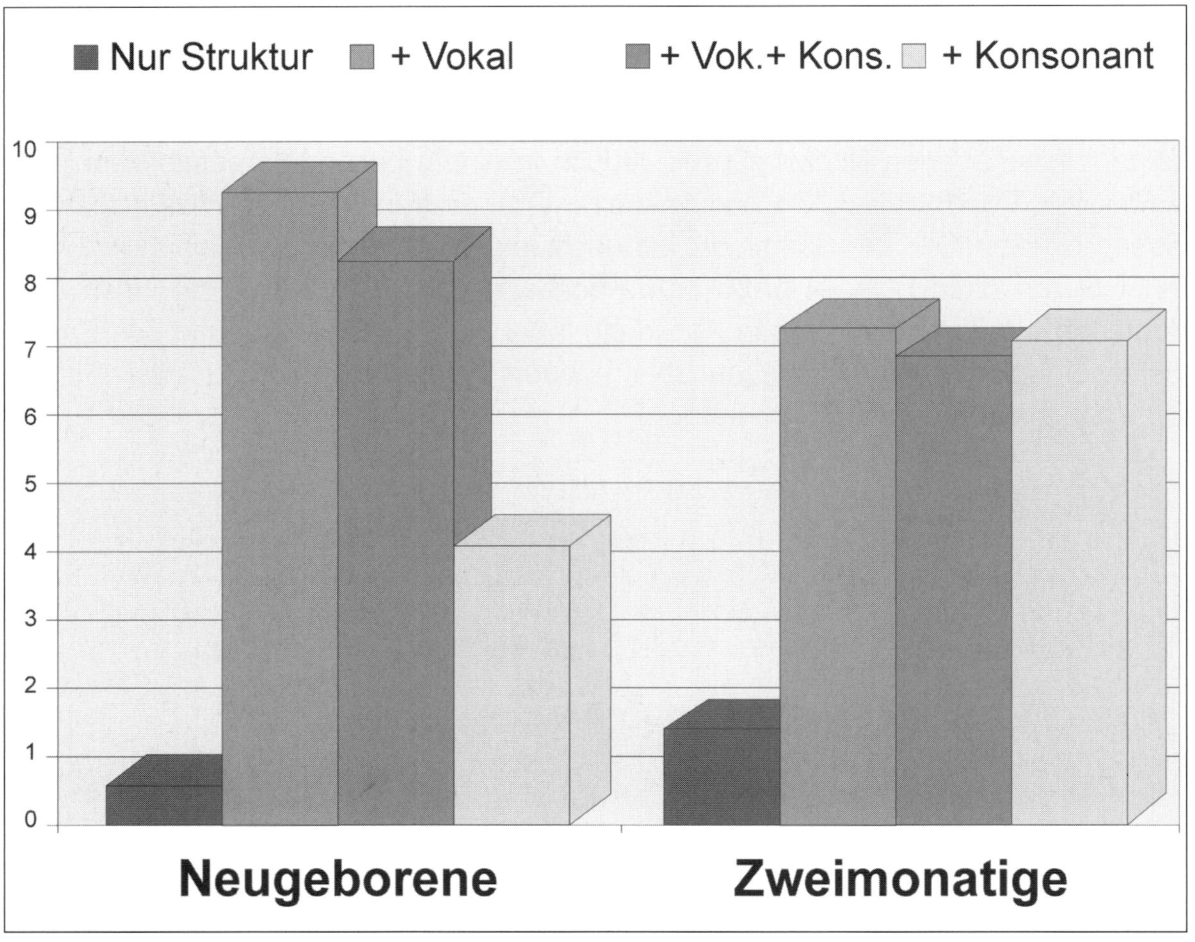

Abbildung 2. Das Ergebnis: Die Neugeborenen können Vokale gut unterscheiden, Konsonanten dagegen noch nicht so gut. Die zwei Monate alten Säuglinge dagegen sind gleichermaßen gut bei beiden.

Die beiden Balken ganz links in jeder Vierergruppe lassen erkennen, dass sich der Nuckelrhythmus in beiden Gruppen nur wenig änderte, wenn lediglich die Struktur der zugespielten sinnfreien Silben umgestellt wurde. Wurde dagegen ein Vokal

(Balken 2) oder gar ein Vokal + Konsonant (Balken 3) in diese sinnfreien Silben zusätzlich aufgenommen, veränderte sich die Nuckelfrequenz in beiden Gruppen deutlich. Das Hinzufügen lediglich eines Konsonanten dagegen (Balken 4) wurde von den Neugeborenen erst ganz schwach, von den zwei Monate alten Säuglingen dagegen schon ganz deutlich wahrgenommen.

Tatsächlich scheint der zwei Monate alte Säugling seine beste Konsonantenunterscheidung recht genau zu diesem Zeitpunkt erreicht zu haben. Vom zweiten bis zum achten Lebensmonat beginnt er nämlich seine Fähigkeit zur Lauterkennung auf diejenigen Laute zu konzentrieren, die er in seinem Kulturraum auch wirklich benötigt. So „verlernen" japanische Säuglinge, die mit zwei Monaten noch glasklar zwischen „**l**" und „**r**" unterscheiden konnten, diese Fähigkeit bis zu ihrem achten Lebensmonat, weil sie diese Laute im Sprachgut ihrer Umgebung nicht mehr angeboten erhalten. Sie legen gewissermaßen Kategorien des für ihre sprachliche Zukunft Nützlichen an.

Doch es bleibt nicht bei der Fähigkeit zum Unterscheiden von Vokalen und Konsonanten. Ein nächster Schritt besteht offenbar im Erwerb der Fähigkeit einfache algebraische Regeln zu erlernen, wie sie als Vorstufe für das spätere Beherrschen des Satzbaus, also der so genannten Syntax, erforderlich sind. Dass dies nachgewiesen werden konnte, verdanken wir einer amerikanischen Wissenschaftlergruppe, die folgenden Versuch durchführte:[16]

Zwei Gruppen von sechzehn sieben Monate alten Säuglingen erhielten als Lernphase über Lautsprecher jeweils nur *eine* der beiden nachstehenden Reihungen von Fantasiesätzen für zwei Minuten vorgespielt:

Ga ti ga. Li na li. Ni gi ni. Ta gi ta. Ta la ta. Li ti li. Ga gi ga. Ni na ni. Li gi li. Ta na ta. Li la li. Ga la ga. Ni la ni. Ta ti ta. Ta na ga. Ni ti ni.

Ta la la. Ga na na. Li ti ti. Ni gi gi. Ta na na. Ga gi gi. Ta ti ti. Ni la la. Li la la. Ga la la. Ta gi gi. Li na na. Ga ti ti. Ni ti ti. Li gi gi. Ni na na.

Es ist leicht zu erkennen, dass die erste Silbenreihung der algebraischen Regel **ABA** folgt, das heißt, die erste und die dritte Silbe sind identisch, während die zweite Reihung der Regel **ABB** gehorcht, das heißt, die zweite und die dritte Silbe sind identisch. In der anschließenden Testphase wurden diesen Säuglingen neue Fantasiesätze aus *ganz anderen Silben* vorgespielt, die jedoch jeweils zur Hälfte die beiden verschiedenen Regelhaftigkeiten der ursprünglichen Lernsätze übernahmen, also nicht etwa irgendwelche der Originalsilben:

[16] Marcus, G. F., et al.: „Rule Learning by Seven-Month-Old Infants", in: *Science*, Bd. 283, 1. Januar 1999

Wo fe wo. De ko de. Ri to Ri. Sa bo Sa. Bi fo bi. Sa fi sa. Do ma do.

Wo fe fe. De ko ko. Ri to to. Sa bo bo. Bo fo fo. Si fi fi. Do ma ma.

Das Ergebnis: Ganz gleich, in welcher der beiden Lerngruppen der einzelne Säugling gewesen war, hörte er nun also je zur einen Hälfte eine vertraute „Grammatik“ und zur anderen Hälfte eine unvertraute Grammatik. Das Ergebnis: Die Säuglinge richteten ihre Aufmerksamkeit jeweils deutlich länger auf die unvertraute „Grammatik“. Sie konnten somit offenbar bereits einfache algebraische Regeln aus dem Fluss der Sprache ableiten.

Damit aber nicht genug: Acht Monate alte Säuglinge beginnen offenbar bereits erfolgreich mit der Zerlegung dessen, was sie ständig um sich herum hören, in einzelne Wörter. Das hat man mit einem ebenfalls äußerst geschickt aufgebauten Experiment ergründet.[17] Diese Studie zeigt, dass eine wichtige Teilaufgabe des Spracherwerbs, die Segmentierung von Wörtern aus dem Sprachfluss, von acht Monate alten Säuglingen allein aufgrund der statistischen Beziehungen zwischen aneinander grenzenden Sprachlauten bewirkt werden kann. Zudem basierte die Wortsegmentierung auf statistischem Lernen von nur zwei Minuten Dauer, was den Schluss zulässt, dass Säuglinge über einen kraftvollen Mechanismus zur Berechnung statistischer Eigenschaften des Sprachinput verfügen. Im Einzelnen hörten die acht Monate alten Säuglinge zunächst zwei Minuten lang die nachstehenden Silbenfolgen, von einem Computer monoton und in festem Rhythmus vorgespielt:

bidakupadotigolabukagidogolabukagidobidakupadotikagidogolabupadotibidakuka-
gido
padotigolabubidakukagidopadotibidakugolabugolabupadotibidakukagidobidakugo-
labu

Die Struktur, die für Erwachsene selbst beim Lesen kaum erkennbar ist, stellte sich so dar, wie dies im folgenden Absatz durch die Wahl verschiedener Schriftarten vermittelt wird:

bidakupadotigolabu*kagido*golabu*kagido*bidakupadoti*kagido*golabupadotibidaku*ka-*
gido
padotigolabubidaku*kagido*padotibidakugolabugolabupadotibidaku*kagido*bidakugo-
labu

[17] Saffran, J. R.: „Statistical Learning by 8-Month-Old Infants“, in: *Science*, Bd. 274, 13. 12. 1996

Danach hörte eine Teilgruppe dieselben Silbenfolgen, die andere Teilgruppe hörte veränderte, aber nach demselben Prinzip aufgebaute Silbenfolgen. So wurden etwa die beiden letzten Silben einer Dreierfolge miteinander vertauscht, so dass sich andere Nahtstellen zur nächsten Dreiergruppe ergaben. Die beiden Teilgruppen ließen durch deutlich veränderte Aufmerksamkeitsdauer erkennen, dass sie allein aufgrund der statistischen Beziehungen zwischen aneinander grenzenden Sprachlauten die Segmentierung in Dreiergruppen erkannt hatten. Auch dies ist zweifellos eine wichtige Voraussetzung für den späteren aktiven Sprachaufbau, weil wir in unserer normalen Umgangssprache selten eine Pause zwischen zwei Worten einlegen, sondern diese ineinander verschleifen. Somit ist der Säugling gezwungen, aus diesem nahtlosen Fluss der Sprache anhand der aneinander grenzenden Sprachlaute die einzelnen Worte buchstäblich herauszufischen.

Aber was hülfe ihm das Herausfischen, wenn er nicht gleichzeitig gelernt hätte, diese Wörter auch zu speichern und wieder zu erkennen. Das weist eine weitere Studie nach, in der das Langzeit-Erinnerungsvermögen von Säuglingen für die Klangmuster von Wörtern folgendermaßen erforscht wurde:[18] Man spielte ihnen im Alter von acht Monaten innerhalb von zwei Wochen an zehn Tagen die Aufzeichnungen von drei Kindergeschichten vor. Nach einer Pause von zwei Wochen hörten die Säuglinge Wortlisten, die entweder häufig oder gar nicht in diesen Geschichten vorgekommen waren. Die Säuglinge lauschten den Wortreihungen aus den Geschichten signifikant länger. Im Vergleich dazu zeigte eine Kontrollgruppe von Säuglingen, die vorher keine dieser Geschichten gehört hatten, keine solche Bevorzugung. Diese Ergebnisse zeigen, dass bereits acht Monate alte Säuglinge sich mit der langfristigen Speicherung von Wörtern zu beschäftigen beginnen, die häufiger in der Sprache vorkommen, was eine weitere wichtige Voraussetzung für das Erlernen von Sprache darstellt.

Das aus meiner Sicht eindrucksvollste Experiment hat aber ein deutscher Wissenschaftler auf einer internationalen Konferenz über Sprachentwicklung vorgetragen.[19] Kleinkinder sind danach bereits ab ihrem zweiten Lebensjahr in der Lage, eine Hauptsatz-Nebensatz-Konstruktion auf grammatische Wohlgeformtheit zu beurteilen. Der Versuchsaufbau von Professor Weißenborn sah so aus: Den Kleinkindern wurden Sätze etwa folgender Art vorgesprochen, die sie nachsprechen sollten:

„Ernie sagt, dass Bert lieb ist."

[18] Jusczyk, P. W., et al.: „Infants' Memory for Spoken Words", in: *Science*, Bd. 277, 26. 9. 1997, S.1984-1986

[19] Weissenborn, J.: „Children's Sensitivity to Word-Order Violations in German: Evidence for Very Early Parameter Setting", in: *22nd Annual Boston University Conference on Language Development*, 1998

Diese Sätze wurden mit erstaunlicher Treffsicherheit nachgesprochen. Aber dazwischen wurden Sätze eingeflochten, die eine falsche Reihenfolge im Prädikat, also der Satzaussage, des Nebensatzes aufwiesen:

„Ernie sagt, dass Bert ist lieb.“

Das überraschende Ergebnis war, dass die Kinder hierbei eine deutlich höhere Fehlerquote zeigten als bei den grammatisch wohlgeformten Sätzen. Sie besitzen also offenbar bereits in diesem frühen Lebensalter innere Modelle auch für die Wohlgeformtheit grammatikalischer Strukturen.

Zusammenfassend können wir feststellen, dass offenbar der wichtigste Teil der Vorbereitungen auf den aktiven Sprachaufbau innerlich, also „implizit“, bereits in den beiden ersten Lebensjahren stattfindet, und zwar gewissermaßen automatisch, ohne bewusstes Dazutun. Es scheint zu genügen, dass der heranwachsende Säugling und das Kleinkind genügend verwertbaren sprachlichen Input erhalten, um diese Automatik aufzubauen.

So entstehen Erkennungsmuster auf der Laut-, Silben-, Wort- und Satzebene. Denn wir können nur erkennen, was wir kennen. Erst diese impliziten Muster auf der Ebene der Laute, der Silben, der Wörter und der Sätze ermöglichen es, dass wir Sprache automatisch und ohne besonderes Nachdenken dekodieren, also verstehen können.

Auf diese Automatisierung und auf die Folgen einer nicht altersgerechten Automatisierung werden wir weiter unten zurückkommen.

Wie sich die Sprachproduktionen eines Säuglings und eines Kleinkindes in den drei ersten Lebensjahren typischerweise entwickeln, können Sie aus der Abbildung 3 (auf Seite 31) entnehmen. Kleine Abweichungen von dieser Entwicklung müssen noch keine Beunruhigung bei den Eltern auslösen, aber eine Entwicklungsverzögerung von mehr als drei Monaten sollte schon einen Arztbesuch außer der Reihe oder eine besondere Erwähnung beim unmittelbar bevorstehenden Vorsorge-Untersuchungstermin auslösen.

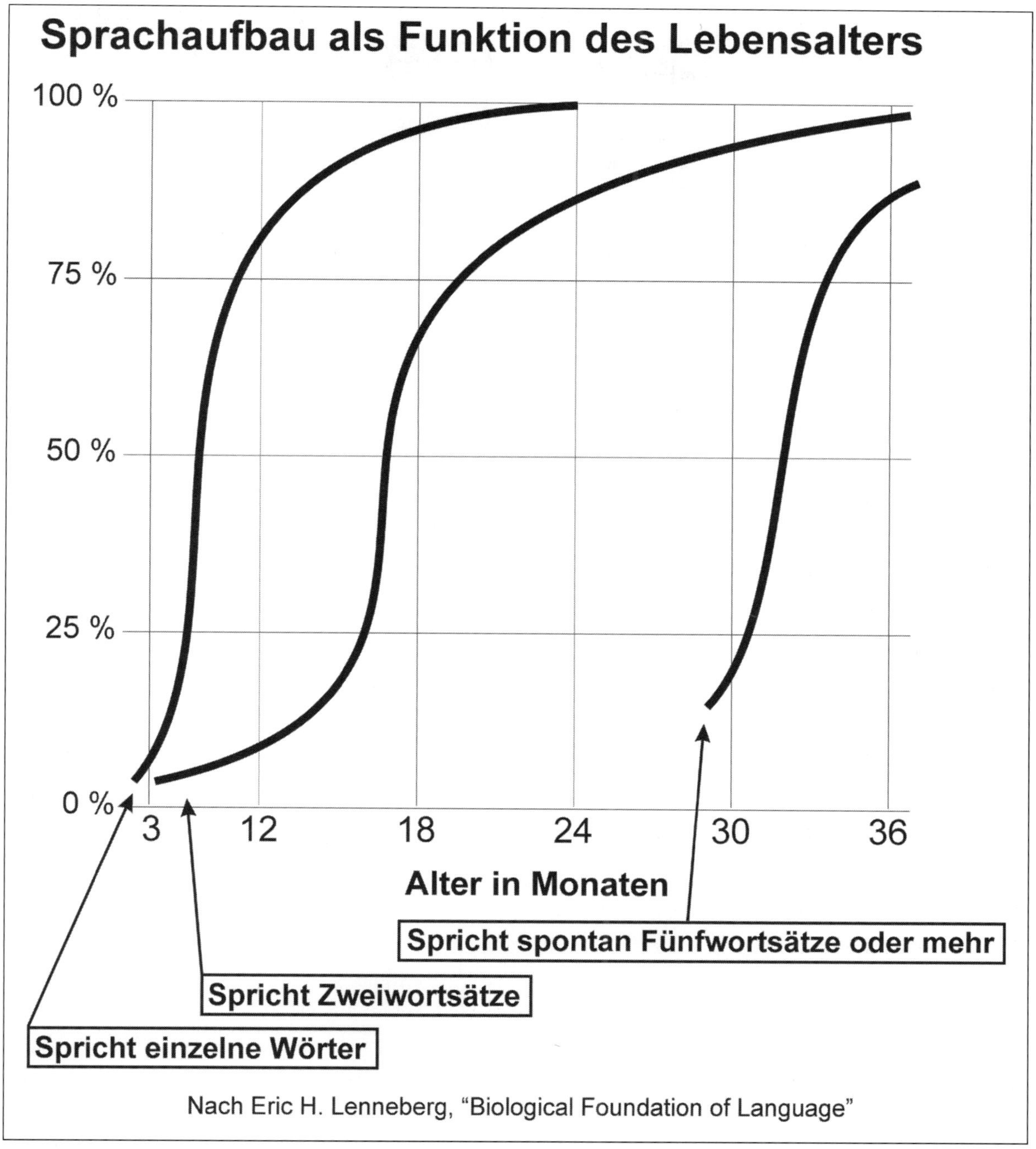

Abbildung 3. Zwei Beispiele zum Lesen dieser Graphik: 85 Prozent der Zweijährigen sprechen bereits Zweiwortsätze; 95 Prozent der Anderthalbjährigen sprechen Einzelwörter.

4. Peripheres Hören – zentrales Hören

An dieser Stelle scheint es mir wichtig zu sein, etwas Grundsätzliches über den menschlichen Hörvorgang zu erklären. Der Hörvorgang jedes Menschen gliedert sich in zwei gut unterscheidbare Abschnitte. Als „peripheres Hören" bezeichnet man die Fähigkeit, Töne, Klänge und Geräusche überhaupt in Nervenreize umzusetzen. Der Ausdruck „peripher" kommt hälftig aus dem Griechischen und dem Lateinischen und bedeutet „am Rande liegend". Als peripheres Hören wird die gewissermaßen „am Rande liegende", reine Umsetzung von Schall durch das Ohr in Nervenimpulse bezeichnet. Doch erst im „zentralen Hören" innerhalb unseres Gehirns werden die vom peripheren Hören gelieferten Signale in sinnvolle Informationen weiterverarbeitet.

Das geschieht in zwei aufeinander folgenden Stufen. Die erste Stufe wird seit einiger Zeit von unseren Phoniatern und Pädaudiologen, also den dafür wirklich zuständigen und kompetenten Fachleuten, als zentrale Hör*verarbeitung* bezeichnet, während die zweite Stufe mit dem Wort Hör*wahrnehmung* benannt wurde. Die Hör*verarbeitung* ist der Ort des automatischen und unbewussten Erkennens der wichtigen Einzelheiten jeglichen Schallereignisses, ob es nun Sprache, Musik oder Geräusche sind. Erst wenn diese Hörverarbeitung gewissermaßen – ohne unser Dazutun – den ankommenden Schall so weit seziert hat, dass die Ergebnisse reif sind, unserem Bewusstsein mitgeteilt zu werden, tritt die zentrale Hör*wahrnehmung* in Aktion. Den Sammel- oder Oberbegriff für die beiden beschriebenen Stufen werden wir fortan als das *zentrale Hören* bezeichnen. Es ist bei einwandfreiem Arbeiten durch weitestgehende Automatisierung gekennzeichnet.

Ein einwandfreies peripheres *und* zentrales Hören benötigen wir aber nicht nur für das Verstehen fremder Lautsprache, sondern ebenso zur Kontrolle der eigenen aktiven Lautsprache: Ein Taubstummer ist meist nur deshalb stumm, weil er taub ist; ein hörbehindertes Kind hat Schwierigkeiten beim Erlernen der Artikulation von Zisch- und Reibelauten, weil es deren feine Unterschiede in der Frequenzstruktur, also in der Klangzusammensetzung, selbst über gute Hörgeräte nicht immer klar genug wahrzunehmen vermag. Wenn wir einmal annehmen, dass das zentrale Hören eines Kindes beispielsweise zu Beginn seiner aktiven, sinnvollen Sprachproduktion das von anderen Gesprochene und auch sein eigenes Sprechen nicht klar versteht, so werden zunächst der Lautsprachaufbau dieses Kindes, später wahrscheinlich auch sein Schriftsprachaufbau beeinträchtigt werden. Dieser Unterschied zwischen dem peripheren Hören und der zentralen Hörverarbeitung ist selbst manchen Fachleuten noch nicht hinreichend geläufig. Das führt dann selbst bis in die jüngste Zeit hinein dazu, dass Eltern festzustellen glauben, ihr Kind „höre nicht gut", einen HNO-Arzt oder Kinderarzt aufsuchen und von diesem bestätigt bekommen, dass das Hörvermögen ihres Kindes völlig in Ordnung sei – dies deshalb, weil er die Angaben der Eltern nur auf das periphere Hören bezogen hat. Darauf kommen wir weiter unten noch sehr ausführlich zurück.

Ist das *zentrale* Hören eines Kindes beeinträchtigt, leidet es also unter „zentralen Hörstörungen", so hat dieses Kind zunächst einmal größere Mühe beim Auseinanderhalten ähnlich klingender Laute. Vor allem die Mitlaute b – d – f – g – k – p – t – w werden dann oft nur unscharf erkannt; Sprachheiltherapeuten bezeichnen das als unzureichende „Wahrnehmungs-Trennschärfe". Deshalb werden zumeist einige oder alle diese Laute ebenso unscharf ausgesprochen. Manchmal kommt es auch zu anderen Sprachauffälligkeiten wie Stottern, Stammeln oder Poltern, manchmal zu einem insgesamt verzögerten Sprachaufbau. Gelegentlich ersinnt sich das Gehirn des einzelnen Kindes aber auch eine ausgleichende Strategie, mit der es die Hör- und Verstehensmängel für geraume Zeit verbergen kann.

Als weitere Folge zentraler Hörstörungen kann es vorkommen, dass das Kind sich gar nicht oder nicht lange genug konzentrieren kann. Das gilt insbesondere für die Konzentration auf gesprochene Informationen, also vor allem für den Schulunterricht. Die Ursache für diese Erscheinung dürfte darin bestehen, dass diese Kinder einen ungebührlich hohen Teil ihrer Energie auf das *bewusste* Verstehen, also das Umsetzen des Gehörten in Sinngehalt, verwenden müssen, weil ihre automatische Dekodierung nicht oder nicht schnell genug arbeitet. Diese Ersatzstrategie der Verlagerung einer eigentlich unbewusst-automatisch ablaufenden Funktion in den bewussten Bereich kostet aber stets mehr Energieverbrauch im Gehirn. Das Kind ermüdet rascher, seine Konzentration lässt früher nach als die seiner Mitschüler. Man kann dieses mangelnde Konzentrationsvermögen als unmittelbare Folge der unzureichenden Wahrnehmungs-Trennschärfe ansehen. Im Kapitel über Früherkennung werden Sie unter anderem erfahren, wie Sie diese Erscheinung eventuell auch als Frühwarnzeichen auswerten können.

Die wichtigste erkennbare Folge zentraler Hörstörungen ist aber natürlich die LRS, und zwar wahrscheinlich wiederum letztlich als weitere Folge einer beeinträchtigten Wahrnehmungs-Trennschärfe und weiterer Automatisierungsdefizite. Am besten stellen Sie sich das folgendermaßen vor: Während bei einem Kind mit einwandfreier Wahrnehmungs-Trennschärfe schon frühzeitig jeder Laut und damit natürlich auch jeder der oben aufgelisteten kritischen Mitlaute blitzartig ohne Anstrengung erkannt und im Gehirn in das „richtige Fach", in seine innere Repräsentation, einsortiert wird, nimmt ein Kind mit zentralen Hörstörungen viele Laute nur verschwommen wahr. Zum einen braucht es mehr Zeit und Energie zum Erkennen; zum anderen besitzt es noch keine eindeutig „richtigen Fächer" zum Einsortieren. Genau solche eindeutig richtigen Fächer sind aber spätestens dann unbedingt erforderlich, wenn mit Beginn des Lesenlernens dieselben Laute in ihrer Parallelform als Buchstaben erkannt und den entsprechenden Fächern zugeordnet werden sollen.

Damit Sie als Eltern diese so überaus wichtige Auswirkung zentraler Hörstörungen voll durchschauen können, möchte ich sie noch mit einem weiteren Beispiel verdeutlichen: Als Lehrspielzeug für Kleinkinder gibt es einen Plastikbehälter, der in seinem Deckel eine Anzahl verschiedener Durchbrüche in Form eines Dreiecks, eines Quadrates, eines Rechtecks, eines Kreises usw. aufweist. Aufgabe des Kindes ist es, eine entsprechende Anzahl genau passend geformter Plastikteile in den jeweils richtigen Durchbruch zu stecken. Durchbrüche und Plastikteile sind dabei so ausgeformt, dass jedes Plastikteil wirklich nur in „seinen" Durchbruch (für das „richtige" Fach) passt.

Altersgerecht entwickelte Kinder lernen sehr schnell, welches Plastikteil in welchen Durchbruch gehört. Und nun nehmen wir an, jemand hätte die verschiedenartigen Plastikteile einheitlich durch kleine Kugeln ersetzt, von denen *jede* in *jeden* Durchbruch passt. Das etwa ist die vergleichbare Situation, in der sich ein Kind mit gestörter Wahrnehmungs-Trennschärfe beim Zuordnen und Erkennen gehörter Sprache befindet.

Nach dem Freilegen der äußeren Gehörgänge ist für den Säugling neu gegenüber dem nichträumlichen Hören im Fruchtwasser gewiss die Empfindung, dass er mit seinen beiden Ohren unterschiedliche Schalleindrücke empfängt. Die Tatsache, dass wir zwei Ohren haben, ist ja nicht einfach eine Laune der Natur. Vielmehr dient diese Ausstattung dem *räumlichen Hören*, also der Fähigkeit, Richtungen von Schallquellen zu orten und vor allem auch trotz Störgeräuschen eine gewünschte Stimme herauszuhören und zu verstehen. Die Fachleute, die „Psychoakustiker", bezeichnen das salopp als „Party-Effekt".

Warum „Party-Effekt"? Das kennen Sie: Sie stehen auf einer Party mit dem obligaten Glas in der Hand inmitten einer der vielen Kleingruppen, die sich über ein bestimmtes Thema unterhalten. Der Saal ist vom Stimmengewirr gleichmäßig erfüllt. Aber das Thema in Ihrer Gruppe ist ätzend langweilig. Wohl erzogen, wie Sie sind, heucheln Sie eine Zeit lang Aufmerksamkeit und nicken gelegentlich beifällig. Aber die Gruppe halb links hinter Ihnen hat ein wirklich interessantes Thema. Längst haben Sie Ihr Richtungshörvermögen dorthin umgestellt und benutzen die erste sich bietende Gelegenheit, sich auch tatsächlich der anderen Gruppe zuzugesellen. Sie waren also in der Lage, sich trotz des gleichmäßigen Stimmengewirrs im ganzen Raume auf eine für Sie wichtige Information zu konzentrieren.

Aber auch diese Fähigkeit des Richtungshörens scheint nicht voll angeboren zu sein, sondern sie muss – zumindest teilweise – erlernt, das heißt automatisiert werden:

5. Wie und wozu sehen und hören wir räumlich?

Vielleicht erinnern Sie sich noch an einen kleinen, aber interessanten Versuch aus dem Physikunterricht: Ein Mitschüler oder eine Mitschülerin hielt Ihnen einen Zeigefinger hin, eine knappe Armeslänge von Ihren Augen entfernt. Sie sollten dann mit Ihrem Zeigefinger von der Seite dagegen stoßen. Solange Sie beide Augen offen halten durften, war das ein Kinderspiel. Sobald Sie aber ein Auge schließen mussten, trafen Sie meist daneben. Mit nur einem Auge konnten Sie nicht mehr räumlich sehen. Diese unsere Fähigkeit, also räumlich zu sehen, verdanken wir der Tatsache, dass wir zwei Augen im Abstand von etwa 60 bis 70 Millimeter nebeneinander haben, von denen das linke einen anvisierten Gegenstand etwas mehr von links und das rechte denselben Gegenstand etwas mehr von rechts erfasst.

Das können Sie selbst leicht nachprüfen, indem Sie einen kleinen Würfel etwa 20 Zentimeter vor Ihren Augen so hinhalten, dass der Daumen von unten und der Zeigefinger von oben den Würfel festhalten. *Eine* Fläche des Würfels soll Ihnen direkt zugewandt sein. Wenn Sie nun abwechselnd das rechte und das linke Auge schließen, sehen Sie jeweils die linke oder die rechte angrenzende Würfelfläche. Sie sehen also gewissermaßen um den Würfel herum. Aus dem Maß dieses „Herumsehens" und aus der Konvergenz der beiden Augen, also ihrem „Zueinander-gerichtet-Sein", schließt Ihre zentrale Sehverarbeitung im Gehirn auf die Entfernung des betreffenden Gegenstandes, so dass Sie sich darauf einstellen können.

Die Fähigkeit, nicht nur räumlich zu *sehen*, sondern auch räumlich zu *hören*, war zweifellos bis vor gar nicht allzu langer Zeit zum Überleben absolut notwendig. Für den in der Wildnis jagenden Urweltmenschen war es eine Frage von Leben und Tod, sofort die Richtung bestimmen zu können, in die er seine Flucht lenken musste, um einem gefährlichen Tier oder einem übermächtigen Feind zu entkommen. Auch für heutige Großstadtbewohner gibt es im Verkehr manchmal noch vergleichbare Situationen. Wie aber bewerkstelligt es der Mensch, auch räumlich zu *hören*? – Beginnen wir mit dem einfachsten Fall: Eine Schallquelle befindet sich in geringem Abstand vor unserer Nase, wir müssten sie also direkt von vorn hören. Da der Weg des Schalls von ihr bis zu jedem unserer beiden Ohren genau gleich lang ist, hören die beiden Ohren jeden Ton auch genau gleichzeitig, mit derselben Lautstärke und mit derselben Klangfarbe. Unsere zentrale Hörverarbeitung meldet folgerichtig: Schall von vorn.

Das wird anders, wenn der Schall beispielsweise von rechts kommt. (Vgl. Abbildung 4, Seite 39) Dann trifft er das rechte Ohr um Sekundenbruchteile früher als das linke Ohr. Auch trifft er das rechte Ohr ungeschwächt, während er zum linken Ohr erst etwas um den Kopf herumwandern muss, so dass er dort leiser ankommt. Bei diesem Weg um den Kopf herum werden hohe Tonanteile mehr geschwächt als tiefe. Damit ändert sich zusätzlich die Klangfarbe dessen, was das linke Ohr in diesem Falle hört. Aus all diesen Unterschieden ermittelt unsere zentrale Hörverarbeitung die horizontale Einfallsrichtung dieses Schalls. Um welche Größenordnungen es dabei geht, sollten wir uns ruhig einmal klarmachen:

Wenn der Schall genau „rechtwinklig“ von der Seite auf unseren Kopf trifft (das heißt im rechten Winkel zur Blickrichtung unseres Gesichts), so beträgt der Laufwegunterschied vom einen Ohr bis zum anderen etwa 16 Zentimeter. In einer Sekunde durchmisst der Schall 330 Meter. Deutlich weniger als eine tausendstel Sekunde vergeht also, bis dieser Schall das andere Ohr erreicht hat. Dabei ist das noch der längste vorkommende Laufzeitunterschied! Bei nur leicht schräg von vorne links oder rechts kommendem Schall schrumpft der Laufzeitunterschied bis in die Größenordnung von weniger als einer zehntausendstel Sekunde zusammen. Aber unsere zentrale Hörverarbeitung kann selbst diese kleinen Laufzeitunterschiede präzise verarbeiten: Auf wenige Winkelgrade genau können wir vor allem im Bereich *vor* uns eine Schallquelle orten. Darauf beruht unsere Fähigkeit, einen Sprecher, den wir gezielt hören *möchten*, aus unerwünschten Störgeräuschen herauszuhören, was weiter oben als Party-Effekt bezeichnet wurde. In der Schule ist diese Fähigkeit für die Schüler unerhört wichtig, damit sie die Lehrerstimme aus den unvermeidlichen Klassengeräuschen mühelos, also ohne unnötigen Energieverzehr, heraushören können! Das Richtungshören dürfte für ein Kind in der Schule zu den wichtigsten zentralen Hörfunktionen gehören.

Auf einen eindeutigen wissenschaftlichen Beweis dafür, dass zentrale Hörfunktionen *wirklich trainierbar* sind, mussten wir lange warten. Es bedurfte eines Teams aus drei verschiedenen Fachrichtungen, nämlich Professor Dr. Thomas Münte, Abteilung Neuropsychologie der Universität Magdeburg, Dr. Christine Kohlmetz und Dr. Wido Nager, Abteilung Neurologie der Medizinischen Hochschule Hannover (MHH), sowie Professor Dr. Eckart Altenmüller, Institut für Musikphysiologie und Musikermedizin der Hochschule für Musik und Theater Hannover; ihnen gelang es zu beweisen, dass eine musikalische Höchstleistung wie detailliertes Richtungshören durch basale kognitive und neuronale Prozesse vermittelt wird, die offenbar *trainierbar* sind.[20]

[20] Münte, T. F., Kohlmetz, C., et al.: „Superior auditory spatial tuning in conductors“, in: *Nature* 409, Feb. 2001, S. 580

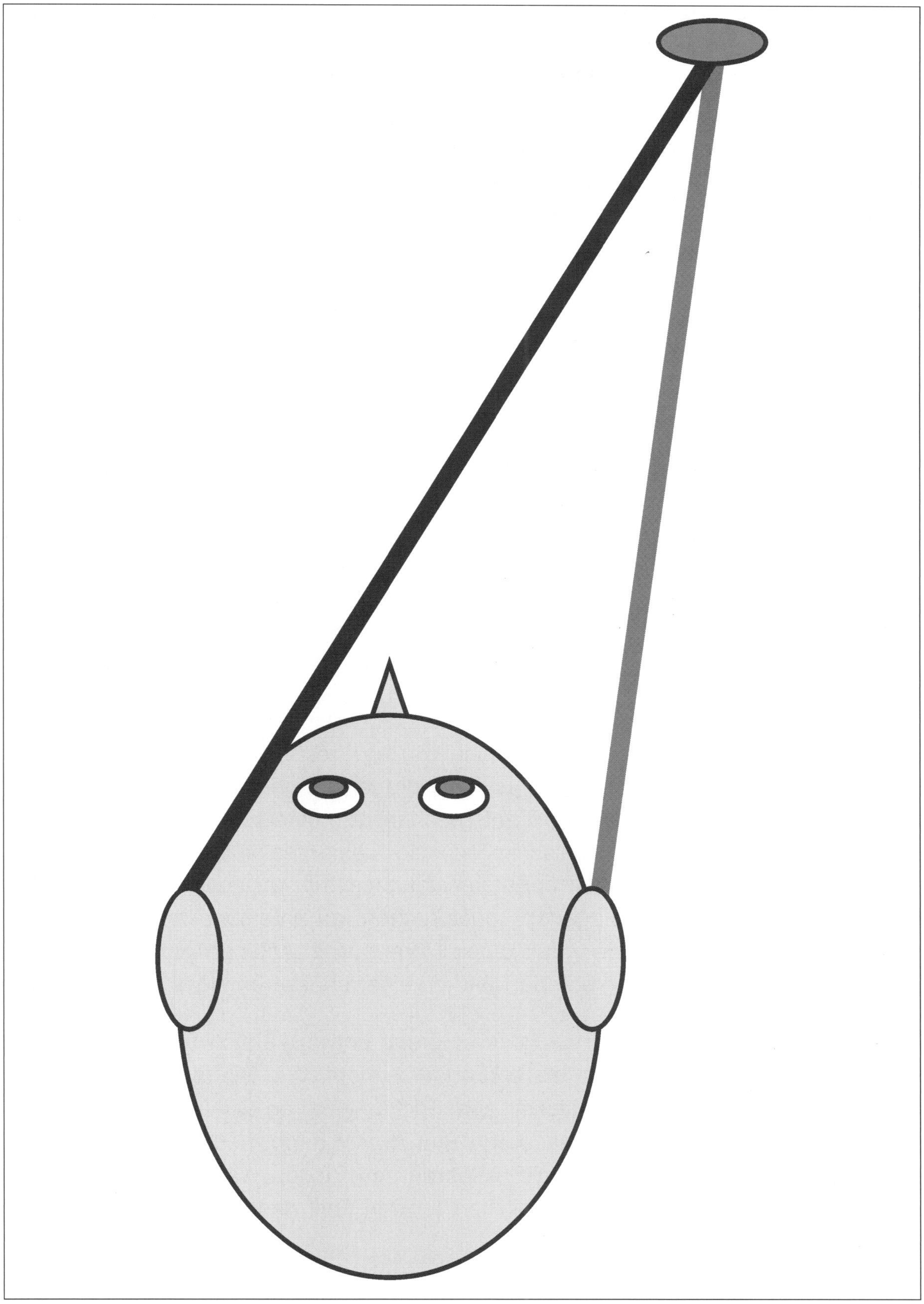

Abbildung 4. Das Richtungshören in der Horizontalen beruht auf Laufzeitunterschieden des einfallenden Schalls zwischen den beiden Ohren, die zentral ausgewertet werden.

Das Forscherteam hatte in die Untersuchung drei Gruppen unterschiedlicher Herkunft einbezogen: Getestet wurden sieben Dirigenten für klassische Musik im Alter von etwa 45 Jahren mit einer Dirigentenerfahrung von durchschnittlich 19 Berufsjahren; ferner wurden sieben Pianisten mit 16 Jahren beruflicher Tätigkeit sowie sieben willkürlich ausgewählte Testpersonen ohne musikalischen Beruf in die Studie einbezogen. All diesen Testpersonen wurden kurze Rauschsignale präsentiert, und zwar über sechs Lautsprecher. Drei Lautsprecher waren *vor* dem Probanden, drei weitere seitlich positioniert. In jeder der beiden Lautsprecheranordnungen lagen die einzelnen Lautsprecher nur in Winkeln von sechs Grad auseinander. Die Forscher maßen die Hirnströme mit Hilfe des Elektroenzephalogramms (EEG) und ermittelten immer dann, wenn ein Rauschsignal präsentiert wurde, so genannte ereigniskorrelierte Potentiale (EKP), also Hirnströme, die als Ergebnis dieser Rauschsignale auftraten.

Die Untersuchungen ergaben, dass bei Dirigenten die räumliche Aufmerksamkeit besonders stark ausgeprägt und das Richtungshören sehr viel besser ist als bei den beiden anderen Personengruppen. Die Dirigenten sind in der Lage, falsche Töne von Orchestermitgliedern im peripheren Raum ganz genau zu lokalisieren. Pianisten und andere Personen besitzen diese Fähigkeit nur begrenzt. In der Studie wird gezeigt, dass professionelle Dirigenten eine verbesserte Gehörfunktion entwickeln und dass ihre Gehirnaktivität zum Identifizieren einzelner Musiker viel stärker ausgeprägt ist:

Während alle drei Gruppen die Geräusche *von vorn* recht gut einem der drei Lautsprecher zuordnen konnten, gelang es *lediglich den Dirigenten*, zwischen den Geräuschen aus den drei *seitlichen* Lautsprechern zu unterscheiden. Dabei zeigte sich im Kurvenverlauf, dass ausschließlich die Dirigenten in der Lage sind, ihre Aufmerksamkeit gezielt auf den äußersten Lautsprecher zu richten und ihn dabei von den anderen seitlich gelegenen Lautsprechern zu unterscheiden. Diese überdurchschnittliche Fähigkeit des räumlichen Hörens lässt erkennen, dass intensives Training die Gehirnprozesse verändert und zu einem besseren Hörvermögen führt.

Diese wichtige Fähigkeit des räumlichen Hörens entwickelt sich beim Neugeborenen schon während der beiden ersten Lebensmonate. Wie Sie feststellen können, ob und wann Ihr Baby die Fähigkeit zum Richtungshören wirklich erworben hat, und was Sie unternehmen sollten, wenn Sie Zweifel daran haben, werden Sie im Kapitel über Früherkennung von LRS erfahren. Im Kapitel „Was Eltern daheim tun können" finden Sie Trainingsmöglichkeiten für den Fall, dass Ihr Kind ein unzureichendes Richtungshören aufweist.

6. Was bedeutet überhaupt Automatisierung?

In den vorangegangenen Kapiteln ist wiederholt der Begriff der Automatisierung grundlegender Funktionen eines Menschen benutzt worden. Was ist darunter zu verstehen? Am besten lässt sich dieser Begriff erklären, wenn Sie an den Erwerb Ihres Führerscheins denken: Am Tage Ihrer Fahrprüfung war Ihr Fahrvermögen gewiss noch nicht automatisiert. Vielmehr mussten Sie jeden Teilvorgang mühsam bewusst abspulen – vom Treten der Kupplung über das Einlegen des Ganges bis zum Gasgeben, den Blinker rechtzeitig betätigen usw. Heute aber können Sie die inzwischen eingetretene Automatisierung mühelos daran erkennen, dass Sie sich während der Fahrt mit Ihrem Beifahrer oder Ihrer Beifahrerin unterhalten. Erst wenn eine Gefahrensituation auf Sie zukommt, unterbrechen Sie das Gespräch und wenden nun Ihre volle Aufmerksamkeit dem Verkehrsgeschehen zu.

Zwei amerikanische Wissenschaftler namens Shiffrin und Schneider haben bereits im Jahre 1977 in einer umfänglichen Arbeit vor allem die Unterschiede zwischen automatischer (= unbewusster) und kontrollierter (= bewusster) Steuerung menschlicher Informationsverarbeitung aufgezeigt.[21] In der Tabelle finden Sie eine aus dieser Arbeit entstandene vergleichende Gegenüberstellung:

Kontrollierte und automatische Informationsverarbeitung

Funktion	Kontrolliert	Automatisiert
Steuerung	Willkürlich	Nicht willkürlich
Aufmerksamkeit	Aktive Aufmerksamkeit nötig	Keine aktive Aufmerksamkeit
Handlungszahl	Nur *eine* störfreie Handlung	*Mehrere* störfreie Handlungen
Kapazitätsbedarf	Kapazitätsbegrenzt	Nicht kapazitätsbegrenzt
Hirnareal	Kurzzeitgedächtnis	Langzeitgedächtnis
Programmierbarkeit	Leicht programmierbar	Ausgedehnte Übung nötig
Änderbarkeit	Leicht änderbar	Schwer änder- oder unterdrückbar
Bewusstseinsebene	Voll bewusst	Unbewusst
Ablaufsteuerung	Serielle Ablaufsteuerung	Parallele Ablaufsteuerung
Ablaufrichtung	*Top-down* (abwärts gerichtet)	*Bottom-up* (aufwärts gerichtet)
Antriebsart	Intentionsgetrieben	Reizgetrieben

[21] Shiffrin, R. M., et al.: „Controlled and automatic human information processing“, in: *Psych. Review* 84 (1977), S. 127-190

Wesentliche Vorteile der Automatisierung für einen Schüler sind demnach:

- Weniger Energieverbrauch zum Erbringen einer Leistung
- Schnellerer Ablauf aller automatisierten Leistungen
- Mehrspurbetrieb = Mehrere Abläufe gleichzeitig möglich
- Geringere Fehlerquote und höhere Ablaufkontinuität

Mit diesem Wissenstand beginnen wir zu verstehen, weshalb eine funktionierende Automatisierung nicht nur des zentralen Hörens, sondern auch weiterer zentraler Funktionen, vor allem für den Prüfstein wichtig ist, an dem die Leistung unserer Kinder im Deutschen gemessen wird, nämlich das Diktat: Die vier oben genannten wesentlichen Vorteile einer Automatisierung sind gerade beim Diktat unabdingbar erforderlich. Das Kind soll hören, was die Lehrkraft diktiert; es soll verstehen, was die einzelnen Worte und der ganze Satz bedeuten; es soll sich ein Bild von der richtigen Schreibweise machen, dieses Bild in die eigene Schrift umsetzen und dann noch kontrollieren, ob das geschriebene Wort auch wirklich seiner Vorstellung entspricht. Das funktioniert nur, wenn der größte Teil davon automatisiert ist.

So können wir eine Passage aus einem britischen Fachbuch sicher gut verstehen, in der eine hoch interessante Ausdeutung von LRS-Problemen überzeugend formuliert wird:[22]

> „Wir meinen dagegen, dass die beeinträchtigten Lesefähigkeiten nur die Spitze eines Eisberges sind und dass wahrscheinlich fast alle einfachen Fähigkeiten (wie die Verarbeitungsgeschwindigkeit und die motorische Geschicklichkeit) beeinträchtigt sind. Der Grund für die offenkundige Spezifität der beeinträchtigten Fähigkeiten besteht – so glauben wir – darin, dass es dyslektischen Kindern gelingt, ihre Defizite bei vielen Fähigkeiten und Gelegenheiten zu verbergen, indem sie durch *größere Anstrengung* bewusst ihre *unvollständige Automatisierung* kompensieren." (Übersetzung: F. Warnke – dies gilt für alle Zitate aus englischen Büchern, soweit keine deutschen Buchausgaben vorliegen.)

Hier wird also – meines Wissens erstmalig – der Standpunkt vertreten, dass LRS durch ein breites Spektrum an Automatisierungsstörungen in den verschiedensten Bereichen verursacht werde. Dem ließe sich vordergründig leicht entgegenhalten, dass unmöglich Generationen von Wissenschaftlern an dieser Möglichkeit vorbeigegangen sein können. Ich meine dagegen: Da haben sich jahrzehntelang viele kompetente Forscher aus den verschiedensten Disziplinen intensiv, aber ohne interdisziplinären Austausch, mit der schmalspurigen Suche nach *der* monokausalen,

[22] Fawcett, A. J., et al.: *Dyslexia in Children*, Harvester Wheatsheaf 1995

also einzigen Erklärung für die Ursachen der Legasthenie beschäftigt. Ihre Betriebsblindheit gegenüber dem oben dargestellten Automatisierungsmodell hat für mich nur eine Erklärung:

Die Fähigkeit des Lesens und Schreibens ist in unserer Kultur so hoch angesiedelt, dass es für viele Wissenschaftler der verschiedenen Disziplinen eine hehre Aufgabe war und bleibt, nun endlich diese *monokausale*, also allein erklärende Ursache der Legasthenie zu entdecken – und damit berühmt zu werden. Oder würden Sie sich dafür interessieren, dass es jemandem gelungen ist, beispielsweise die Ursachen für Winkelfehlsichtigkeit, beeinträchtigte Blicktüchtigkeit, verlangsamte Ordnungsschwelle oder gehemmte auditiv-motorische Koordination zu finden, wenn dies nicht zugleich eine wesentliche Ursache für eine Beeinträchtigung der für so wichtigen Fähigkeit des Schreibens und Lesens sein könnte? Ich fürchte wirklich, dass sich die internationale Wissenschaft auf dem Gebiete der Dyslexieforschung selbst jahrzehntelang im Wege gestanden hat und noch steht, solange jede Disziplin sich so schwer tut, interdisziplinär zu denken und zu arbeiten.

Kompensatorische Ersatzstrategien

Ich bin sicher, wir täten uns in Zukunft wesentlich leichter, wenn wir uns von diesem wenig effizienten Bemühen *darum* lösen könnten, welche vermeintliche Einzelursache die am meisten ursächliche für Legasthenie ist, und nach der *wirklichen gemeinsamen basalen Ursache* aller dieser Ungereimtheiten zu suchen beginnen würden – wie Fawcett und Nicolson dies nach meiner Überzeugung schon begonnen haben. Zum besseren Verständnis führe ich hier noch einige Beispiele der oben erwähnten Kompensationen an, mit denen LRS-Kinder ihre nichtautomatisierten Abläufe mehr oder weniger geschickt auszugleichen versuchen:

- Lehrkräfte an Schwerhörigen-Sonderschulen, die gelegentlich auch peripher gut hörende Kinder mit *zentralen Hörstörungen* unterrichtet haben, schildern anschaulich, dass diese Kinder – genau wie peripher schwerhörige Kinder – unbewusst fast ständig ablesend auf den Mund der Lehrkraft starren, wohl um sich zusätzliche Informationen zu verschaffen. In einigen – vor allem süddeutschen – Schwerhörigen-Sonderschulen ist dieses Verfahren angesichts schwindender Schülerzahlen zum Prinzip erhoben worden: Diese Schulen nehmen zentral hörgestörte Kinder bereitwillig zusätzlich in die Klassen mit echt schwerhörigen Kindern auf und lehren sie das Mundablesen. Und verhindern so wahrscheinlich das Bestreben dieser Kinder, ihre beeinträchtigte zentrale Hörverarbeitung doch noch zu automatisieren.

- Hochintelligente Kinder mit zentralen Hörstörungen kompensieren für lange Zeiten ihre Defizite auf der phonematischen Ebene durch perfektioniertes assoziatives Dekodieren auf der Sinnebene. In einem Falle entschlüsselte ein Sechzehnjähriger mit einem IQ von 150 den von mir verstümmelt gesprochenen Satz

„Den _eis der _annen habe ich im _opf“ in weniger als einer Sekunde mit der Entgegnung: „Das kann nur heißen entweder ‘Den Preis der Tannen habe ich im Kopf‘ oder ‘Den Preis der Kannen habe ich im Kopf‘. Alles andere macht doch keinen Sinn.“ Alles andere wären immerhin 214 Möglichkeiten, die sich aus den verkorksten drei Anlauten in dem bewussten Satz zusätzlich bilden ließen, also etwa: „Den **Gr**eis der **W**annen habe ich im **Z**opf.“ Dieser Schüler hatte sein Unvermögen der automatischen Sprachdekodierung auf der Phonemebene (der Lautebene) jahrelang weitestgehend durch den Übergang auf die Sinnebene kompensiert; im Alter von sechzehn Jahren versagte diese Strategie im schulischen Bereich, denn hier war mit dem Eintritt in die Sekundarstufe II infolge der weiteren Fremdsprache und des zusätzlichen Sprachgutes in Mathematik, Biologie, Physik, Chemie usw. buchstäblich seine Festplatte voll und der Arbeitsspeicher konnte diese Strategie nicht mehr bewältigen.

- Viele legasthene Kinder verbergen ihre Leseschwäche hinter „logographischem Lesen“, das heißt, sie erkennen ein Wort – ähnlich einem Piktogramm – als ganzes an seiner Gestalt, ohne es notwendigerweise phonematisch je erlesen zu haben. Diese Kinder können für geraume Zeit als gute Leser gelten, und zwar so lange, wie ihr passiver Wortschatz diese Technik noch trägt, also die Zugriffsgeschwindigkeit zu den gespeicherten Ganzwortbildern schnell genug ist. Ist das nicht mehr möglich, so ist der Absturz allerdings meist umso steiler und belastender. Außerdem entwickeln sie kein feinstrukturiertes, inneres visuelles Lexikon als „Vor-Bild“ für ihre Rechtschreibung, sondern bleiben – oftmals zeitlebens – schwache Rechtschreiber. Darauf komme ich später ausführlicher zurück.

Mit Hilfe dieser und natürlich zahlreicher anderer Ersatzstrategien, von denen die meisten noch unentdeckt sein dürften, werden zumindest die gröbsten Auffälligkeiten verdeckt. Im Idealfalle werden alle Auffälligkeiten so kompensiert, dass das betreffende Kind für geraume Zeit überhaupt keine Lese-Rechtschreib-Probleme oder andere Sprachauffälligkeiten erkennbar werden lässt. Schlimm für Wissenschaftler auf diesem Gebiet wird es, wenn solche Kinder in die Kontrollgruppe geraten: Sie zeigen die als ursächlich für Legasthenie nachzuweisenden Auffälligkeiten, ohne aber legasthen zu sein. So stören sie die statistische Auswertung.

In diesem Buch werden die hier verdeutlichten Begriffe „Automatisierung“ und „Automatisierungsstörungen“ im Sinne des Modells von R. Nicolson und A. Fawcett als Oberbegriffe benutzt. Es gibt somit zentrale Automatisierungsstörungen im *auditiven* Bereich – das sind dann zentrale Hörverarbeitungsstörungen. Es gibt sie aber auch im *visuellen* Bereich – das sind zentrale Sehverarbeitungsstörungen. Schließlich tauchen sie auch in der Motorik, in der Eigenwahrnehmung, im Gleichgewichtssinn, in der Auge-Hand-Koordination und in der auditiv-motorischen Koordination auf.

7. Rechts- oder linksohrig?

In der Fachliteratur und auch in der populärwissenschaftlichen Literatur konnte man über viele Jahre – und kann man teilweise sogar noch heute – eine extrem vereinfachende Darstellung des menschlichen Hörverarbeitungs- und Wahrnehmungsprozesses lesen: Es soll eine Eigenart des menschlichen Gehörs geben, nämlich eine angebliche Bevorzugung des rechten Hörkanals für die Verarbeitung von Sprache. Dem liegt ein vordergründig vermeintlich überzeugender Gedankengang zugrunde, den Sie zunächst erfahren müssen, um den Sinn dieser behaupteten Unterschiedlichkeit zwischen den beiden Ohrfunktionen zu verstehen:

Der von unseren beiden Ohren getrennt aufgenommene Schall wird in der so genannten „Schnecke" – der Mediziner sagt *Cochlea* – zu Nervenimpulsen umgeformt. Dieser Teil des Ohres hat seinen Namen wegen seiner typischen Schnekkenform. Von dieser Schnecke führen 30.000 bis 40.000 Nervenbahnen größtenteils über Kreuz („kontralateral") zur jeweils gegenüberliegenden Gehirnhälfte. Das rechte Ohr ist also größtenteils mit der linken Gehirnhälfte, das linke Ohr mit der rechten Gehirnhälfte verbunden. Bis vor einiger Zeit glaubte man außerdem, dass die beiden für das Verstehen und für das Sprechen eingerichteten Funktionszentren ausschließlich in unserer *linken* Gehirnhälfte angesiedelt seien. Das hätte bedeutet, dass das rechte Ohr gewissermaßen den „direkten Draht" vor allem zu dem für das *Verstehen* wichtigen Gehirnbereich, dem Wernicke-Zentrum (auch Wernikke-Areal genannt) hätte.

Es wurde argumentiert, dass der Schall vom *linken* Ohr dieses Gebiet erst auf dem Umweg über die rechte Gehirnhälfte und den Verbindungsbalken zwischen den beiden Gehirnhälften (das *Corpus callosum*) erreiche. Das führe zu einer messbaren Verzögerung und möglicherweise auch zu einer Unschärfe des Gehörten. So komme dem *rechten* Ohr wegen seiner unmittelbaren Nervenverbindungen zur linken Gehirnhälfte für die Übertragung und für das Verstehen gesprochener Texte eine besondere Bedeutung zu.

Wir sollten uns vor diesem so logisch klingenden, vorgeblichen „Rechts-Ohr-Vorteil" (englisch: *right-ear-advantage*) hüten. Zunächst deshalb, weil zwei amerikanische Wissenschaftler schon 1984 nachgewiesen haben, dass bei LRS-Kindern oftmals die von beiden Ohren gelieferten Teilinformationen in der zentralen Hörverarbeitung nicht zu einem einheitlichen Höreindruck verschmolzen werden, dass also doch das *Zusammenwirken* beider Ohren und damit *beider* Gehirnhälften eine größere Rolle spielt als die Einzelfunktion jedes Ohres für sich.[23] Außerdem wurde durch

[23] Roush, J., et al.: „Binaural fusion, masking level differences, and auditory brain stem responses in children with language-learning disabilities", in: *Ear and hearing*, 1984, Bd. 5 (1), S. 3741

bildgebende Verfahren, also durch echtes Sichtbarmachen von Gehirnfunktionen in jüngerer Zeit schlüssig nachgewiesen, dass die Sprachwahrnehmung und -produktion sehr schön arbeitsteilig auf beide Gehirnhälften verteilt ist. So wird beispielsweise die für die Sinnentnahme unentbehrliche Prosodie (Sprechmelodie, -lautstärke, -rhythmus, -tempo) ausschließlich in der rechten Gehirnhälfte verarbeitet, während das Erkennen der Konsonanten linkshemisphärisch erfolgt.

8. Früherkennung von Automatisierungsstörungen

Die in den nächsten Abschnitten stufenweise vorgestellten Früherkennungs-Warnzeichen und -Tests lassen nicht in jedem Einzelfall zwingend das Feststellen einer Automatisierungsstörung als Ursache einer LRS-Veranlagung zu. Dennoch empfehle ich Ihnen, bei einer Häufung der nachstehend beschriebenen Auffälligkeiten entsprechend der Tabelle am Ende dieses Abschnittes (Seite 61) spätestens zur nächsten Vorsorgeuntersuchung Ihren Kinderarzt zu befragen. Alle Kinderärzte, die ich kennen gelernt habe, nehmen dieses Anliegen sehr ernst. Sollten Sie einer der wenigen Ausnahmen begegnen, so können Sie ja wählen, ob Sie sich durchsetzen oder den Arzt wechseln wollen.

Früherkennungs-Warnzeichen

Der Bundesausschuss für Ärzte und Krankenkassen in der Bundesrepublik Deutschland hat schon vor vielen Jahren ein sorgfältig durchdachtes System von Vorsorgeuntersuchungen für Kinder geschaffen, das ursprünglich mit der U 8 endete, die zwischen dem 43. und dem 48. Lebensmonat, also im letzten Halbjahr vor dem vierten Geburtstag des Kindes, angesetzt war. Zwischen dieser U 8 und der Einschulungsuntersuchung lag so im Durchschnitt eine Pause von etwa zweieinhalb Jahren. Außerdem wurde die U 8 nur noch von rund 80 Prozent der betroffenen Familien wahrgenommen, das heißt, dass jedes fünfte Kind überhaupt nicht zu dieser bisher letzten Vorsorgeuntersuchung kam.

So war es kein Wunder, dass bei den Einschulungsuntersuchungen eine hohe Zahl von Auffälligkeiten festgestellt wurde, die entweder den Eltern verborgen geblieben waren oder von ihnen nicht ernst genommen wurden. Deshalb wurde mit Wirkung ab 1. Oktober 1989 im Einvernehmen zwischen dem Gesetzgeber und den Kinderärzten als zusätzliche Früherkennungsuntersuchung die U 9 eingeführt, die zwischen dem 60. und 64. Lebensmonat, also zum oder kurz nach dem fünften Geburtstag stattfinden soll. Unter den so genannten „erfragten Befunden", die also durch Fragen des Kinderarztes an die Eltern des Kindes ermittelt werden sollen, nimmt die Sprache bei dieser Vorsorgeuntersuchung einen besonders wichtigen Platz ein. So erkundigt sich der Kinderarzt bei der U 9 nach folgenden Einzelheiten:

Zeigt das Kind deutliche Fehler in der Grammatik oder in der Satzbildung, spricht es also „falsches Deutsch"? Beispiel: „Mama mich lieb hat." Zeigt das Kind Aussprachestörungen wie Stammeln, Stottern oder Poltern? Beim *Stammeln* ersetzt es schwierige, in der Sprachentwicklung später auftretende Laute durch früher gelernte, einfache Laute; es „vereinfacht" vor allem Konsonantenverbindungen. Beispiel: Statt „Zwerg" sagt es vielleicht „Schberch".

Beim *Stottern* wiederholt das Kind mehrfach krampfhaft den Anlaut oder die Anfangssilbe eines Wortes. Beispiel: „I-i-ich k-k-kann si-si-singen". Als *Poltern* bezeichnet man einen unterbrochenen Redefluss, bei dem das Gesprochene gewissermaßen blockweise polternd herausbricht. Schließlich wird sich der Kinderarzt noch nach dem Sprachverständnis des Kindes erkundigen, also ob es etwa häufig nicht versteht, was ihm gesagt wird.

Um es noch einmal ganz deutlich zu sagen: Hier handelt es sich um *erfragte* Befunde, zu denen Sie als Eltern Ihre Feststellungen dem Arzt zu vermitteln haben. Er könnte unmöglich allein während der Untersuchung schlüssige Antworten zu all diesen Fragen finden. Natürlich wird er sich bemühen, sich bei von Ihnen berichteten Auffälligkeiten ein eigenes Bild zu verschaffen. Auch wird er bei etwaigen Unklarheiten einen Facharzt hinzuziehen. Sie sind gut beraten, gerade diese Vorsorgeuntersuchung U 9 sehr ernst zu nehmen; denn sie ist die letzte Chance vor der Einschulung, ihr Kind für seinen weiteren Lebensweg systematisch vor vielen denkbaren Nachteilen zu schützen.

Aus diesem Grunde habe ich diesen Abschnitt auch mit der Darstellung der vom Gesetzgeber leider sehr schlecht honorierten Vorsorgeuntersuchung U 9 begonnen. (Nach der jüngsten Neuregelung erhält ein Kinderarzt für die U 9 genau 600 Punkte vergütet. Das ist die Verrechnungseinheit für ärztliche Leistungen nach der so genannten EBM. Ein Punkt ist bei den meisten Krankenkassen heute noch etwa 0,07 DM wert. Der Kinderarzt muss also eine U 9 zum Preise von rund 40 DM ausführen! Bedenken Sie dies bitte, wenn er es ein bisschen eilig haben sollte.) Viele der Auffälligkeiten, die bei der U 9 mit besonderer Gründlichkeit abgefragt und untersucht werden, sind aber tatsächlich schon wesentlich früher zumindest in Ansätzen feststellbar. Auf diese Frühwarnsignale wollen wir genauer eingehen:

Etwa zwischen dem 12. und dem 18. Lebensmonat sollte das Kind in der Lage sein, sinnvolle Ein-Wort-Sätze zu formen und dabei stetig einen Wortschatz von etwa 50 Wörtern aufzubauen. Vom 16. bis zum 24. Lebensmonat entwickeln sich Zwei-Wort-Sätze und ungeformte Mehr-Wort-Sätze; der Wortschatz steigt auf etwa 200 Wörter. Im Laufe des dritten Lebensjahres werden diese Mehr-Wort-Sätze dann wohlgeformt; der Wortschatz dehnt sich auf etwa 600 Wörter aus. Im Laufe des vierten Lebensjahres gilt der Spracherwerb als weitgehend vollzogen. Geringe Abweichungen von diesen Durchschnittswerten sind noch kein Anlass zur Beunruhigung, sollten aber auf jeden Fall bei der entsprechenden Vorsorgeuntersuchung vorgebracht werden.

Kommen wir nun wieder zurück auf das räumliche Hören, und zwar wegen der spätestens zur Einschulung unabdingbaren Fähigkeit, die Lehrerstimme aus den

Klassengeräuschen herauszuhören. Das räumliche Hören entwickelt sich in der Regel bereits in den beiden ersten Lebensmonaten. Ob Ihr Kind die Fähigkeit zum Richtungshören tatsächlich erworben hat, können Sie als Eltern daheim am besten so feststellen: Während das Baby wach in seinem Bettchen auf dem Rücken liegt, sprechen Sie es einfach einmal von rechts und einmal von links mit gedämpfter Stimme an, ohne dass es den Sprechenden sehen kann. Dann müsste das Baby seinen Kopf sogleich zum Sprechenden hinwenden.

Bei der Vorsorgeuntersuchung U 4, die im dritten oder vierten Lebensmonat eingeplant ist, prüft der Kinderarzt das räumliche Hörvermögen beispielsweise dadurch, dass er ein Glöckchen zur Rechten und zur Linken außerhalb des Sichtbereiches des Kindes ertönen lässt. Dann sollte der Säugling seinen Kopf dem Glöckchen zuwenden. Das geschieht bei der U 4 allerdings nicht immer mit Sicherheit, selbst wenn der Säugling tatsächlich schon räumlich hören kann. Ursachen dafür können optische Ablenkungen oder auch Ängste infolge der ungewohnten Umgebung sein. Aber spätestens bei der U 5, wenn der Säugling sechs bis sieben Monate alt ist, muss dieser Glöckchentest zu einem klaren Ergebnis führen. Ist das nicht der Fall, so wird wohl jeder Kinderarzt einen HNO- oder Neurologie-Kollegen hinzuziehen, der über eine ERA-Anlage verfügt, um zunächst das periphere Hörvermögen abzuklären.

Die Abkürzung ERA steht für den englischen Begriff *Evoked Response Audiometry* oder auch für das deutsche „Elektrische Reaktions-Audiometrie“. Beides bedeutet sinngemäß die Auswertung von akustisch hervorgerufenen Hirnströmen. Mit dieser Methode, die einer sehr aufwendigen und kostspieligen Apparatur bedarf, aber zumeist von den Krankenkassen getragen wird, lässt sich durch Messen bestimmter Hirnströme objektiv für jedes Ohr feststellen, ob bestimmte Schallimpulse über das Mittelohr, die Schnecke und die Hörnerven tatsächlich im Gehirn ankommen. Das Verfahren ist für das Kind völlig schmerzlos und kaum mit psychischer Belastung verbunden: Das Kind bekommt an bestimmten Stellen seines Kopfes leichte Elektroden angelegt, die über dünne Drähte mit der Messapparatur verbunden sind. Dann werden dem Kind über einen Kopfhörer leise klickende Schallimpulse zugeführt. Eine Fachkraft, die das ERA-Gerät bedient, oder der Arzt selbst kann an den ausgegebenen Kurven ablesen, ob und wie das Kind den Schall von beiden Ohren verarbeitet.

Seit einiger Zeit wird immer mehr – vor allem bei Risikogeburten – auch ein aus England kommendes Verfahren eingesetzt, das als „evozierte oto-akustische Emissionen“ (EOAE) bezeichnet wird. Es erlaubt ebenfalls – wie das ERA-Verfahren – die objektive Messung des peripheren Hörvermögens. Dabei wird die Erscheinung benutzt, dass die erwähnte Schnecke (*Cochlea*) unseres Ohres nicht nur Töne in Nervenimpulse umsetzt, sondern dass aus der zentralen Hörverarbeitung wiederum Signale in die Schnecke zurückgesendet werden, die mit einem hoch empfindlichen Mikrofon am Ohreingang hörbar gemacht werden können – sofern das periphere Hören nicht beeinträchtigt ist. Bei Auffälligkeiten wird sich der Facharzt mit den Eltern über therapeutische Maßnahmen oder apparative Hilfen abstimmen.

Sollte eine periphere Hörbehinderung vorliegen, wird eine – zumeist beidohrige – Versorgung mit Hörgeräten so früh wie möglich anzustreben sein. Darüber hinaus sollte auch eine drahtlose Mikroport-Anlage für die Verbindung zwischen Mutter und Kind eingesetzt werden, damit dem Kind jede nur mögliche Chance für altersgerechten Sprachaufbau gegeben wird.

So viel zum peripheren Hören. Sofern also abgeklärt wurde, dass dieser Teil des Hörvorganges – als unabdingbare Voraussetzung für den Aufbau der zentralen Hörverarbeitung – einwandfrei funktioniert, gilt es, eben diese zentrale Hörverarbeitung mindestens ebenso sorgfältig abzuklären. Dazu haben sich seit dem Erscheinen der drei ersten Auflagen dieses Buches sowohl aus meiner eigenen weiteren Arbeit als auch dank zahlreicher Hinweise aus Therapeuten- und Ärztekreisen viele neue Erkenntnisse zum Nutzen für aufmerksame Eltern und deren Betreuer ergeben:

Anzeichen zum frühen Erkennen zentraler Automatisierungsstörungen

Das Erfassen und Bearbeiten dieser Liste sieht zunächst nach einer gigantischen Aufgabe aus. Aber erfreulicherweise lassen sich die meisten dieser zwanzig Einzelpunkte von den Eltern eines Kindes entweder schon durch bloßen Augenschein – oder besser gesagt „Ohrenschein" – feststellen oder durch einfache Versuche daheim mit gehöriger Genauigkeit vorklären. Schauen wir uns deshalb die zwanzig Auffälligkeiten der Reihe nach an und kommentieren sie, soweit dies zum vollständigen Verständnis erforderlich ist. Bei einigen dieser Auffälligkeiten, für die es spezielle Therapien gibt, finden Sie natürlich gleich entsprechende Hinweise:

1. Links-rechts-Unterscheidung

Ein hoher Prozentsatz der Kinder mit zentralen Automatisierungsstörungen weist eine ausgeprägte Unsicherheit in der Rechts-links-Orientierung auf. Auf die Bitte, rasch die linke Hand zu zeigen, reagieren sie leicht verzögert oder sogar falsch. Manchmal lässt sich durch Befragen feststellen, dass sie erst eine innerliche Ersatzstrategie durchlaufen, indem sie zum Beispiel sich zunächst klarmachen, mit welcher Hand sie malen oder schreiben, um daraus abzuleiten, dass dann die andere Hand die linke sein müsse.

2. Verzögertes Verstehen

Wird einem Kind mit zentraler Hörstörung eine mehrstufige Weisung erteilt, wie zum Beispiel: „Geh mal ins Nebenzimmer zum Nähkasten und bring mir aus der zweitoberen Schublade die kleine Rolle mit dem roten Garn", so wird es in der Regel stark verzögert oder sogar erst nach Wiederholung der Aufforderung reagieren – für die betroffenen Eltern ein vertrautes Phänomen, das manchmal auch schon die Vermutung ausgelöst hat, ihr Kind höre nicht gut. Aber eine Prüfung nur des peripheren Hörvermögens ergibt dann keine Auffälligkeiten, so dass sich manche Eltern zunächst leider oft mit dem Ausspruch „Es wächst sich schon zurecht" zufrieden geben.

3. Konzentrationsschwäche

Wegen seiner zumeist breit gestreuten zentralen Automatisierungsdefizite, wegen der daraus entstandenen Ersatzstrategien und vor allem wegen seiner oft andersartigen Dekodierung von gehörter Sprache verbraucht ein solches Kind wesentlich mehr Energie als unbeeinträchtigte Kinder. Das wirkt sich dann dahingehend aus, dass diese Kinder schon nach kurzer Zeit (vor allem nach sprachlich anstrengender Kommunikation) große Mühe haben sich zu konzentrieren – ebenfalls von den Eltern fast immer bereits bemerkt, oftmals auch bei Vorsorgeuntersuchungen zur Sprache gebracht, aber nicht immer vom untersuchenden Arzt richtig verstanden und zum Anlass weiterführender Untersuchungen gemacht.

4. Hyperaktivität

Auch der Anteil der hyperaktiven an den zentral hörgestörten Kindern ist verhältnismäßig hoch. In der zweiten Auflage dieses Buches hatte ich die Vermutung geäußert, dass diese Kinder genau wegen ihres Defizits in einem oder mehreren Verarbeitungskanälen verzweifelt bemüht seien, um jeden Preis über andere Sinneskanäle mehr Informationen als Ausgleich hereinzuholen, und deshalb so überaus aktiv wirkten. Diese Annahme hat sich inzwischen aufgrund von Forschungsergebnissen vor allem deutscher Wissenschaftler als in vielen Fällen zutreffend bestätigt. Bei fachkundig diagnostizierter Hyperaktivität wird von vielen Ärzten heute noch als einzig wirksame Therapie die Verschreibung von Ritalin oder ähnlichen Medikamenten eingesetzt. Dieses Medikament bewirkt offenbar eine Aktivierung solcher Gehirnareale, die bei den hyperaktiven Kindern als ursächlich für die Erscheinung gelten. In allerjüngster Zeit gewinnt daneben eine nichtmedikamentöse Therapie mittels eines so genannten Neurofeedback an Bedeutung. Dabei werden in entsprechend ausgerüsteten Praxen die Hirnströme des betroffenen Kindes benutzt, um ein Computerspiel zu steuern und so auf kindgerechte Weise ein normales Hirnstrommuster einzuüben. Obwohl dieses Verfahren noch sehr jung ist, wurde seine Gleichrangigkeit mit der Wirksamkeit von Ritalin in einer sehr sorgfältig angelegten und durchgeführten Studie bereits schlüssig nachgewiesen.[24]

5. Außenseiterverhalten

Als sekundäre Auffälligkeit infolge ihrer Schwierigkeiten zeigen Kinder mit zentralen Automatisierungsstörungen häufig entweder aggressive oder depressive Züge.

[24] Fuchs, T.: *Aufmerksamkeit und Neurofeedback*, Dissertation an der Universität Tübingen (Prof. Birbaumer)

Beides führt wegen der Andersartigkeit dieser Kinder oft zum Ausschluss aus ihrer Gruppe und damit zu einer Außenseiterposition, beispielsweise auch zu der des Klassenkaspers, was den Eltern kaum verborgen bleiben kann. Hier empfiehlt sich das rechtzeitige Hinzuziehen eines Kinder- und Jugendpsychiaters. Von einer der größten deutschen Kliniken auf diesem Gebiete erfuhr ich, dass etwa 30 Prozent der dort ambulant und stationär behandelten Kinder aufgrund einer sekundären Neurotisierung als Folge von Lernproblemen auffällig wurden.

6. Schnürsenkelprobleme

Natürlich auch nicht unmittelbar oder gar ursächlich mit einer zentralen Hörstörung verknüpft, sondern wahrscheinlich eher als weitere Folge der zugrunde liegenden beeinträchtigten Automatisierung basaler Funktionen auch in der Motorik haben die betroffenen Kinder oft die allergrößten Schwierigkeiten bei der Koordination ihrer beiden Hände lediglich zum Zwecke des Bindens einer Schleife.

7. Ablenkbarkeit durch Geräusche

Auch diese Auffälligkeit haben aufmerksame Eltern häufig bereits bemerkt, dass nämlich diese Kinder durch Nebengeräusche leicht und stark ablenkbar sind. Und falls sie es nicht selbst festgestellt haben, erfahren sie es von den Betreuerinnen im Kindergarten oder beim Elternsprechtag von den Lehrkräften des Kindes; denn sowohl im Kindergarten als auch während des Schulunterrichts macht sich diese Ablenkbarkeit durch Geräusche besonders störend bemerkbar. Die Erscheinung dürfte mit der beeinträchtigten Figur-Grund-Wahrnehmung dieser Kinder als Folge ihres beeinträchtigten Richtungshörvermögens (siehe Nr. 13) zusammenhängen. In Extremfällen, wenn das Kind beispielsweise beim Einschalten eines Mixquirls oder eines Staubsaugers fast panikartig reagiert, spricht man von „Hyperakusis".

8. Verwaschene Artikulation

Was ein Mensch – zentral – nicht richtig verarbeiten kann, wird er auch nicht richtig sprechen können – das ist schon erwähnt worden. Bekanntlich kontrollieren wir unsere eigene Sprachproduktion sowohl mittels der Propriozeption (der Eigenwahrnehmung) unserer Mundmotorik als auch mittels der audio-aktiven Kontrolle über unser Gehör, also des Mithörens der eigenen Sprache. Lautsprachliche Auffälligkeiten haben selten ihre alleinige Ursache in einer beeinträchtigten Mundmotorik. Deshalb sollte das Ohr aller Eltern stets hellwach in Bezug auf eine verwaschene Artikulation ihrer Kinder sein.

9. Erhöhte Sprechlautstärke der Mutter

Häufig fällt vor allem Fremden – wie mir auch von Logopädinnen, Sprachheiltherapeutinnen und anderen Fachkräften bestätigt wurde – insbesondere am Telefon auf, dass die Mütter von zentral fehlhörigen Kindern mit einer nicht situationsgerechten Lautstärke sprechen. Sowohl am Telefon als auch vor allem im Umgang mit ihren betroffenen Kindern sprechen sie deutlich lauter, als andere üblicherweise sprechen würden. Das hat nichts mit einer peripheren Hörstörung zu tun, sondern dürfte – ebenso wie 7 – auf die in 13 zu besprechende gestörte Figur-Grund-Wahrnehmung des Kindes zurückzuführen sein.

10. Erhöhte Sprechlautstärke des Kindes

Als eine Art automatischer Anpassungsvorgang ist wohl die in Verbindung mit 9 häufig auftretende Erscheinung zu werten, dass auch die Sprechlautstärke des Kindes sich – zumindest in der Kommunikation mit seiner Mutter – etwa im gleichen Maße wie die Sprechlautstärke der Mutter gegenüber der situationsgerechten Lautstärke erhöht, also der Mutter-Sprechlautstärke angeglichen hat. Oftmals hat sich dieses Kind dann auch daran gewöhnt, den Fernseher, den Kassettenrecorder und das Radio lauter einzustellen, als es nach den Umgebungsgeräuschen angemessen scheint. Damit tut sich das Kind wahrhaftig keinen Gefallen, weil es seine zentralen Verarbeitungsprobleme damit nicht abbaut, sondern gewissermaßen in Watte packt, sich also verwöhnt.

11. Homolateraler Gang

Falls Sie diesen Ausdruck noch nicht kennen: Er bezeichnet eine Art des Gehens, bei der sich die Arme *nicht* – wie bei mehr als 90 Prozent der Menschen üblich – jeweils zusammen mit dem Bein der *anderen* Körperseite nach vorne oder hinten bewegen, sondern im Gleichklang mit dem Bein derselben Körperseite. Bewegt sich also zum Beispiel das linke Bein gehend nach vorn, so macht der linke Arm dasselbe. Auch diese Auffälligkeit wird auf eine unzureichende Gehirnhemisphärenkoordination zurückgeführt; die betreffenden Kinder haben vielfach keine oder eine zu kurze Krabbelphase durchlaufen, so dass sich die in dieser Zeit wichtigen motorischen Verknüpfungen zwischen den beiden Gehirnhälften nicht altersgerecht entwickeln konnten. Hier helfen oft die später zu erwähnenden Edu-Kinestetik-Übungen.

12. Niedriger Muskeltonus

Wenn Sie Ihrem Kind zur Begrüßung oder zum Verabschieden die Hand geben, glauben Sie dann manchmal, einen Schwamm zu drücken, weil Ihnen so wenig Muskelkraft entgegenkommt? Der neurophysiologische Zusammenhang mit zentralen Hörstörungen ist meines Wissens ungeklärt, die statistische Häufigkeit des Zusammentreffens ist dagegen überraschend. Man kann diese Erscheinung aber durchaus als ein weiteres Automatisierungsdefizit auslegen: Üblicherweise passt wohl jeder seinen Händedruck an das Erscheinungsbild des jeweiligen Partners an. Ist es ein vierschrötiger Klavierträger, so wird man seinen eigenen Händedruck vorsorglich darauf einstellen; kommt ein zartes dreijähriges Mädchen daher, so wird man seinen Händedruck ganz automatisch entsprechend dosieren. Diese Automatisierung scheint vielen dieser Kinder ebenfalls zu fehlen.

13. Auditives Ortungsvermögen

Über die Grundlagen des Richtungshörens haben Sie ja im Kapitel „Wie und wozu hören und sehen wir räumlich?“ schon einiges erfahren. Die Fähigkeit des Guthörenden, Richtungsunterschiede einer Schallquelle in der Horizontalen wahrzunehmen, liegt im vorderen Bereich bei 2 Winkelgraden (!), seitlich bei 5 Winkelgraden und hinten bei 10 Winkelgraden.[25] Nur dank dieser Fähigkeit sind wir überhaupt in der Lage aus einem Störlärm heraus eine gewünschte Schallquelle herauszuhören und zu verstehen. Das wird salopp als „Partyeffekt“ bezeichnet; es stellt den aus dem Seh- in den Hörbereich übernommenen Begriff der „Figur-Grund-Wahrnehmung“ dar. (Die „Figur“ ist dabei das, was gehört werden soll, der „Grund“ = Hintergrund ist der unerwünschte, aber oft unvermeidliche Störlärm.)

Eine Messmethode ohne Hilfsmittel besteht darin, dass das zu testende Kind die Augen schließt und ein Elternteil aus verschiedenen Richtungen jeweils eine kurze Silbe vorspricht. Das Kind soll dann genau in die Richtung deuten, aus der es diese Silbe gehört zu haben glaubt. Noch genauere Feststellungen erlaubt die Verwendung eines so genannten Rauschgenerators[26], der ein weißes Rauschen erzeugt und jeweils kurz aus verschiedenen Richtungen eingeschaltet wird.

14. Tonhöhen-Unterscheidungsvermögen (= Tonhöhen-Diskrimination)

Gut hörende Menschen können mühelos mindestens Tonhöhenunterschiede von 1 Prozent zwischen zwei aufeinander folgenden Tönen voneinander unterscheiden, also angeben, ob der erste oder der zweite Ton der höhere bzw. der tiefere war. Kinder mit einer zentralen Hörstörung können dagegen kaum einen Halbtonschritt (entsprechend 5,9 Prozent), manchmal sogar nicht einmal einen Ganztonschritt (entsprechend 12,1 Prozent) in dieser Weise voneinander unterscheiden.

Weshalb aber ist die Tonhöhen-Unterscheidung für die Verarbeitung von Sprache so wichtig? Bitte lesen Sie den folgenden Satz einfach einmal mit ganz normaler Stimme vor: „Ich werde dir morgen vier rote Rosen schenken.“ Auf welche Weise haben Sie Ihre „Prosodie“[27], Ihre Fähigkeit zur Sinngebung und Sinnverlagerung durch Betonung eingesetzt? Welche der folgenden Versionen war es oder könnte es gewesen sein?

---

[25] Zwicker, E.: *Psychoacoustics. Facts and Models*, Berlin: Springer, 2. Auflage 1999

[26] Siehe Bezugsquellennachweis am Ende dieses Buches

[27] Prosodie = Melodie, Intonation, Rhythmus und Lautstärke gesprochener Sprache

Ich werde dir morgen vier rote Rosen schenken. = *Ich* und nicht etwa jemand anders.

Ich **werde** dir morgen vier rote Rosen schenken. = Ich bin ganz fest entschlossen.

Ich werde **dir** morgen vier rote Rosen schenken. = Ja, nur *dir* und niemand anderem.

Ich werde dir **morgen** vier rote Rosen schenken. = Weder heute noch übermorgen.

Ich werde dir morgen **vier** rote Rosen schenken. = Nicht drei oder fünf, sondern *vier*.

Ich werde dir morgen vier **rote** Rosen schenken. = Keine weißen oder gelben Rosen.

Ich werde dir morgen vier rote **Rosen** schenken. = Keine Lilien oder Tulpen.

Ich werde dir morgen vier rote Rosen **schenken**. = Weder verkaufen noch verleihen.

Sie haben zweifellos bemerkt, dass sich dieser einfache Satz aus acht Worten auf acht verschiedene Weisen aussprechen lässt. Wie haben Sie die unterschiedliche Betonung bewirkt? Wahrscheinlich nur durch eine *geringfügige* Veränderung der Tonhöhe und vielleicht auch der Lautstärke beim Sprechen. Wird diese Tonhöhenveränderung nämlich zu groß, kann jeder Text richtig albern klingen. Vielleicht kennen Sie sogar solche Menschen, die dann überdreht wirken oder – wie es der Berliner flapsig formuliert – „mit frisierter Schnauze sprechen". Eine wichtige Voraussetzung für eine Sprache, die beim Gegenüber oder gar bei einem größeren Publikum ankommen soll, ist also die *richtige* Prosodie. Um sie aber überhaupt einsetzen zu können müssen Sie – wie schon in der Einleitung kurz erwähnt – feine Unterschiede in Ihrer eigenen Sprechtonhöhe auch wirklich wahrnehmen können. Aber eine unzureichende Tonhöhen-Unterscheidung hat noch eine weitere nachteilige Auswirkung: Der Betroffene kann auch die Feinheiten in der Sprache anderer, die mit der Tonhöhe verknüpft sind, nicht voll verstehen und gilt dann oft als unsensibel.

Das lässt sich leicht mit einem Keyboard, einem Klavier oder einem schlichten Glockenspiel feststellen. Sie schlagen auf einem dieser Instrumente zunächst zwei Töne in größerem Abstand voneinander an und lassen sich vom Kind sagen, wie es die Reihenfolge der beiden Töne bezeichnen möchte. Es wird dabei wahrscheinlich Wortpaare wie „hell – dunkel" oder „hoch – tief" benutzen. Nun schlagen Sie jeweils zwei neue Töne in immer geringer werdenden Zwischenräumen an, bis das Kind die Reihenfolge nicht mehr zutreffend benennen kann. Das sollte erst bei zwei direkt nebeneinander liegenden Tasten oder allenfalls bei einem Abstand von einer Taste dazwischen eintreten. Eleganter und rascher lässt sich dieser Test mit dem Spiel *Sound-Boy* im *Brain-Boy-Universal* ausführen.[28]

15. Auditive Ordnungsschwelle

Der Begriff der Ordnungsschwelle dürfte wohl nur den Leserinnen und Lesern meines Buches *Der Takt des Gehirns* bereits bekannt sein.[29] Die vollständige Erklärung würde den Rahmen dieses Buches sprengen. Deshalb hier eine straffe Zusammenfassung: Die Ordnungsschwelle ist diejenige Zeitspanne, die zwischen zwei Sinnesreizen mindestens verstreichen muss, damit wir sie getrennt wahrnehmen *und* in eine Reihenfolge, also eine Ordnung, bringen können. Diesen Satz kann man gut mit einem Beispiel verdeutlichen: Sie hören sich in Gedanken das Wort „springt" an. Es besteht aus sieben einzelnen Lauten und dauert weniger als eine Sekunde, wie Sie aus Abbildung 5 erkennen können.

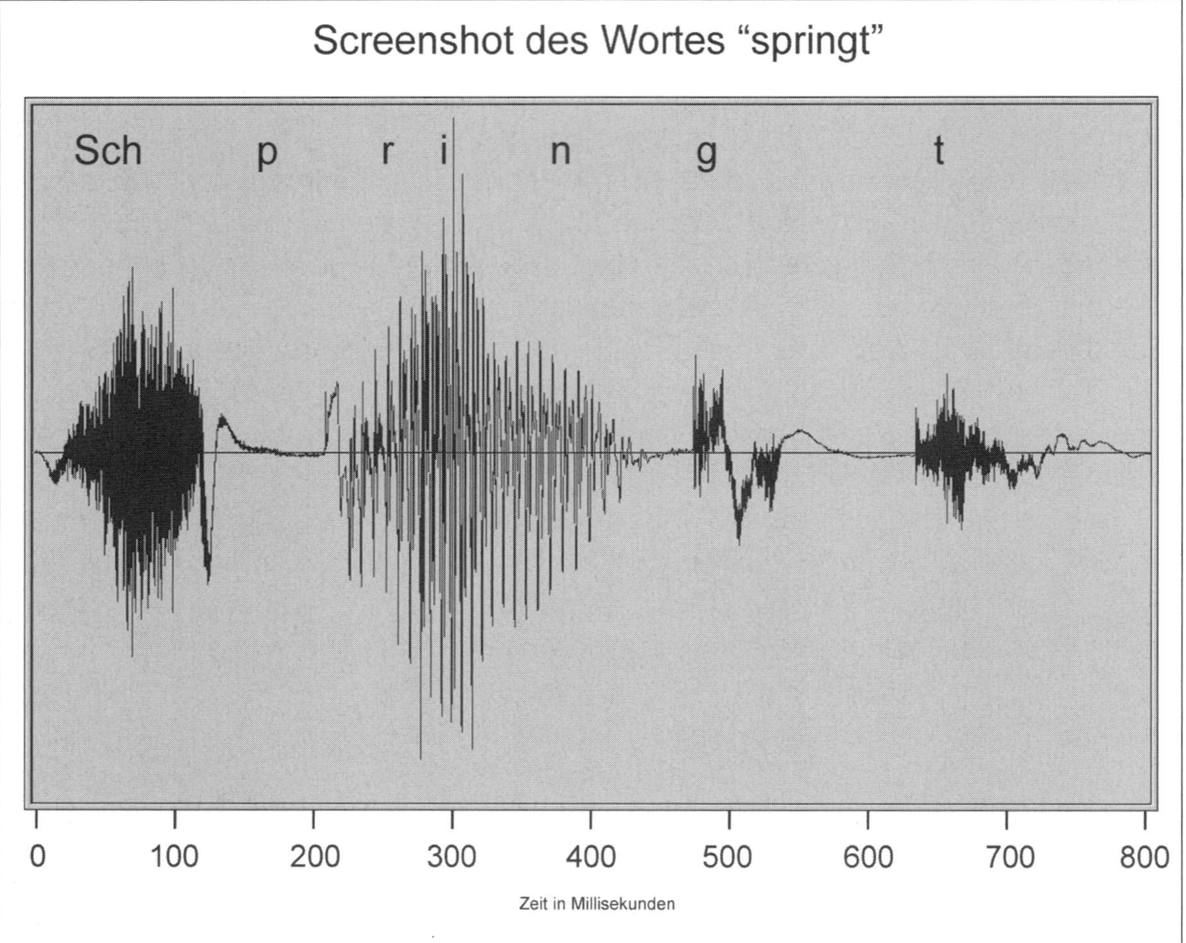

Abbildung 5. Das Wort „springt" wurde über ein Mikrofon und eine Soundkarte auf einem PC aufgenommen und auf dessen Bildschirm dargestellt.

---

[28] Siehe Bezugsquellennachweis am Ende dieses Buches

[29] Warnke, F.: *Der Takt des Gehirns*, Dortmund: verlag modernes lernen, 2. Aufl. 1999

Aber schauen Sie gut hin: Die einzelnen Laute dieses Wortes sind auf diese 800 Millisekunden beileibe nicht gleichmäßig verteilt. Das anlautende **sch** dauert etwa 100 Millisekunden und geht zügig in das anschließende **p** über, das ebenfalls fast 100 Millisekunden dauert. Das nun erscheinende **r** dauert etwa 50 Millisekunden und geht nahtlos in das **i** und anschließend in das **n** über. Nun folgt eine Pause von etwa 50 Millisekunden, die von der Mundmotorik für das Anbilden des **g** benötigt wird. Danach entsteht die nächste Pause von fast 100 Millisekunden, die für die Umstellung der Mundmotorik auf das **t** gebraucht wird. Dieses auslautende **t** verbraucht dann die restlichen 100 Millisekunden. Da Sie in diesem Beispielswort die Länge von gleich drei so genannten Explosiv- oder Verschlusslauten, also den kürzesten Lauten überhaupt, kennen gelernt haben, werden Sie mir glauben, dass es *keine* Laute in unserer Sprache gibt, die kürzer sind als etwa 20 bis 50 Millisekunden.

Und genau darauf ist auch unser Empfangstakt im Hörbereich abgestimmt. Beim Hören von Sprache – übrigens auch von Musik – entnimmt unsere zentrale Hörverarbeitung dem stetigen Fluss des heranschwingenden Schalls nur etwa dreißigmal pro Sekunde gewissermaßen eine Probe, die – nach dem obigen Beispiel mit dem Worte „springt" – ja auch völlig zum Erkennen des einzelnen Lautes ausreicht. Da wir nicht schneller artikulieren können als oben dargestellt, also mit rund 30 Millisekunden für die kürzesten Laute, wäre es unnötiger Aufwand, wenn unsere zentrale Hörverarbeitung den Schall schneller verarbeiten würde, als er produziert wird. Diese Taktfrequenz im Hörbereich liegt also bei gesunden Erwachsenen bei etwa 30 Takten pro Sekunde. Die typische Dauer eines Taktes von etwa 30 bis 40 Millisekunden bezeichnet man als auditive Ordnungsschwelle.

Doch diese Ordnungsschwelle liegt bei Kindern unter zehn Jahren ohnehin etwas höher. Als Richtwert kann davon ausgegangen werden, dass die Ordnungsschwelle für jedes Lebensjahr unter 10 Jahren um etwa zehn Millisekunden langsamer sein darf. Die auditive Ordnungsschwelle, also die Ordnungsschwelle im Hörbereich, sollte somit bei Sechsjährigen etwa bei 70 bis 80 Millisekunden liegen. Bei sprachauffälligen Kindern ist sie sehr oft um das Zwei- bis Dreifache verlangsamt. Messen lässt sich die Ordnungsschwelle am preisgünstigsten, spielerisch und zugleich mit einer für diesen Zweck ausreichenden Genauigkeit mittels des *Brain-Boy-Universal*[30], der in meinem oben erwähnten Buch Der Takt des Gehirns ausführlich beschrieben wird. Dieses Gerät ist auch zum Trainieren einer verlangsamten auditiven Ordnungsschwelle geeignet, indem auditive mit visuellen Reizen verknüpft werden.

[30] Siehe Bezugsquellennachweis am Ende dieses Buches

16. Wahrnehmungs-Trennschärfe (= phonematische Diskrimination)

Unter diesem Begriff versteht man die Fähigkeit eines Menschen, ähnlich klingende Laute, vor allem Konsonanten wie b – d – f – g – k – p – t – w rasch und sicher voneinander zu unterscheiden. Herkömmlich wird die Wahrnehmungs-Trennschärfe oder phonematische Diskrimination mit den Minimalpaaren nach Breuer/Weuffen (**T**anne – **K**anne, Na**d**el – Na**g**el) oder mit dem „Bremer Lautdiskriminationstest" überprüft. Beiden haftet der Nachteil an, dass sie mit sinnvollen Begriffen arbeiten und deshalb nicht einfach die phonematische Diskrimination, sondern eine Mischung aus dieser und der Fähigkeit des Kindes messen, raschen Zugriff zu seinem lexikalischen Wortschatz zu finden. Außerdem erreichen selbst Kinder mit zentralen Automatisierungsstörungen bei beiden Tests oft so gute Werte, dass sie – fälschlich – als unauffällig eingestuft werden. Der wegen seiner besonderen Wichtigkeit in den beiden folgenden Abschnitten beschriebene Ablauf mit kurzen sinnfreien Wörtern umgeht diese Einschränkung.

17. Merkfähigkeit auf der Lautebene (= phonetische Merkfähigkeit)

Die phonetische Merkfähigkeit ist bei Kindern mit zentralen Automatisierungsstörungen wahrscheinlich teilweise deshalb ebenfalls beeinträchtigt, weil ihre phonematische Diskrimination unsicher ist. Zum Messen dieser Teilfunktion der zentralen Hörverarbeitung können Sie folgendermaßen vorgehen: Sie entnehmen aus dem unten stehenden Wortungetüm an beliebigen und immer wieder neu wechselnden Stellen zunächst jeweils drei sechssilbige, dann fünfsilbige, viersilbige, dreisilbige usw. sinnfreie Wörter, die Sie dem Kind rasch mit etwa vier Silben pro Sekunde vorsprechen.

li-ko-na-ti-pu-de-bo-gu-wa-ri-to-me-ku-fa-si-pe-gi-ba-no-fe-do-ru-le-ki-tu-mo-fi-sa-le-nu-ho-ki-pa-se-mu-to-pa-di-be-go-wi-ra-ko-me-pu-si-wa-zi-ta

Das entspricht etwa dem Tempo, mit dem Sie die Zahlenreihe 21 ... 22 usw. benutzen, um Sekunden abzuzählen. Das Kind soll diese Silbenfolgen nachsprechen. Dabei gehen Sie von einer bestimmten Silbenzahl zur nächst niedrigeren sofort über, wenn das Nachsprechen auf einer Stufe einmal misslungen ist. Ein schulreifes Kind sollte wenigstens die Fünfsilber, möglichst sogar die Sechssilber richtig nachsprechen. Als Faustregel gilt: Alter minus eins, jedoch nicht mehr als sechs Silben.

18. Gleichgewichtsprobleme

Der zuvor schon erwähnte britische Wissenschaftler R. Nicolson hat in einer interessanten Versuchsreihe festgestellt, dass sprachauffällige Kinder zwar zumeist mit offenen Augen mühelos auf einem Bein stehen können, dass sie aber sofort höchst unsicher werden, stark schwanken und sogar umkippen, wenn sie dabei die Augen schließen sollen.[31] (Vgl. Abbildung 6)

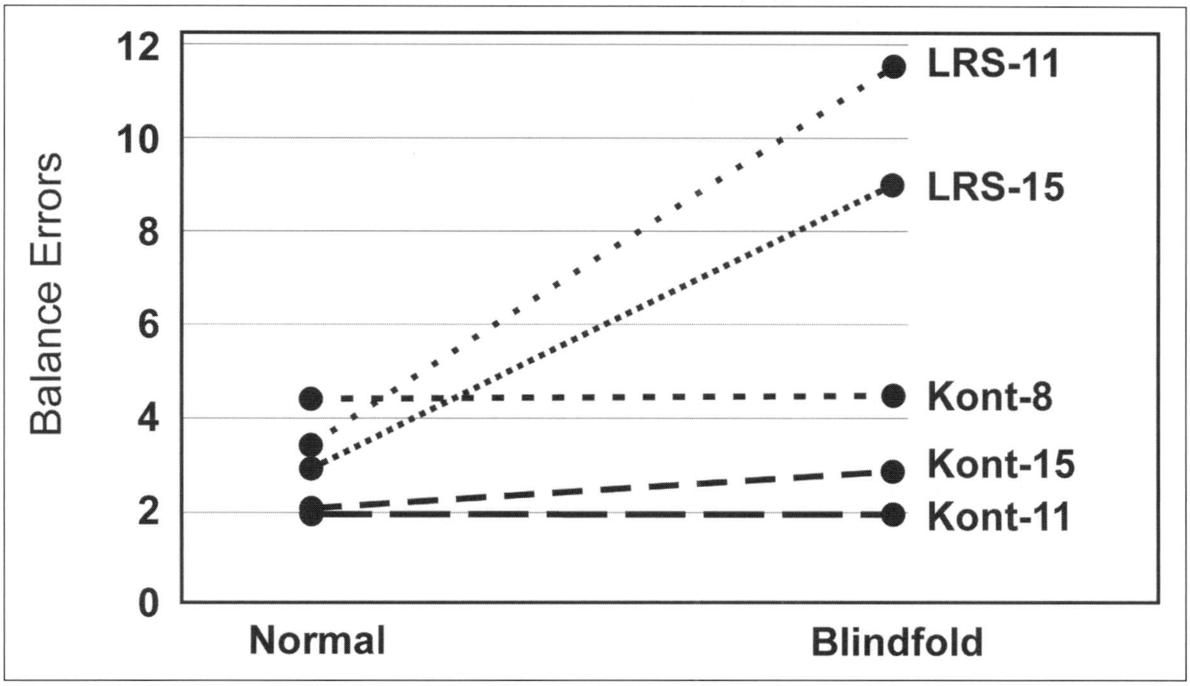

Abbildung 6. Die LRS-Kinder zeigten beim Balancieren mit offenen Augen praktisch dieselben Werte wie die Kontrollgruppen, fielen aber mit geschlossenen Augen ganz stark ab.

Zwei Gruppen von LRS-Kindern und drei Gruppen von Kontrollkindern erhielten die Aufgabe, zunächst mit offenen Augen auf einem Bein zu stehen und dann dasselbe mit geschlossenen Augen zu versuchen. Aus der Graphik ist gut zu erkennen, dass die Kontrollkinder unabhängig von ihrem Alter mit offenen und mit geschlossenen Augen gleich gut balancieren konnten. Die LRS-Kinder dagegen zeigten eine mehrfach erhöhte Fehlerquote, wenn sie die Augen schließen und dabei weiter auf einem Bein stehen sollten. Nicolson führt diese Auffälligkeit darauf zurück, dass bei diesen Kindern auch das Stehen auf einem Bein noch nicht automatisiert ist, sondern bewusst und unter Zuhilfenahme des Gesichtssinnes erfolgt. Dies bei Ihrem Kind ohne jegliche Hilfsmittel abzutesten dauert weniger als eine Minute.

19. Rhythmische Probleme

Wahrscheinlich im Zusammenhang mit der schlechten Zeitauflösung auditiver Schallereignisse – siehe Ordnungsschwelle (15) – dürfte die ebenfalls bei diesen Kindern stark verbreitete Auffälligkeit stehen, dass sie rhythmische Sequenzen nicht oder nicht genau wiedergeben können. Prüfen lässt sich auch dies ganz einfach durch Vorgeben eines Klopfmusters (beispielsweise mit einem Stift auf dem

[31] Nicolson, R. I., et al.: *Towards the Origins of Dyslexia. Facetts of Dyslexia and its Remediation*, Amsterdam: Elsevier Science Publishers, 1993

Tisch) aus Schlägen und Pausen als Begleitung zu einem mehrsilbigen Wort wie „Hub-schrauber-landeplatz" (- – —). Dieses Klopfmuster soll das Kind anschließend nachvollziehen, und zwar zunächst einmal *mit* dem betreffenden Wort und danach *ohne* dieses Wort. Als Faustregel gilt hier: Alter minus eins, jedoch nicht mehr als sieben Einzelschläge. Auch diese Nachklopfübung kann nur jemand beherrschen, der sich die ursprüngliche Klopffolge automatisch gemerkt hat und danach rhythmisch genau so umsetzen kann.

20. Auditiv-motorische Probleme

Der amerikanische Wissenschaftler Peter H. Wolff von der Universität Harvard hat in mehreren Versuchsreihen nachgewiesen, dass sprachauffällige Kinder außerdem ganz erhebliche Schwierigkeiten beim Umsetzen eines Metronomtaktes in synchrones Fingerklopfen haben, wenn sie aufgefordert werden, denselben Finger – zum Beispiel den Zeigefinger – beider Hände *abwechselnd* genau im Takt zum Metronom zu benutzen.[32] Stellen Sie das Metronom mittels seiner Skalierung zunächst auf 150 Schläge pro Minute; das entspricht einem Schlagabstand von 400 Millisekunden. Das sollte auch ein Kind mit zentralen Hörverarbeitungsproblemen noch schaffen. Ist dies der Fall, so erhöhen Sie in mehreren Schritten bis auf 270 Schläge pro Minute, entsprechend 222 Millisekunden. Sie werden ein Kind mit zentraler Hörstörung fast immer schon irgendwo auf halbem Wege verlieren. (Therapeuten und Eltern, die es ganz exakt messen wollen, benutzen für diese Feststellung den *Sync-Boy* im *Brain-Boy-Universal*.[33]

Das trendhafte Ergebnis dieser systematischen Erfassung können Sie bei allen Positionen in die Tabelle auf Seite 61 oder in eine Fotokopie davon eintragen und nach den Kategorien „Stark auffällig" bzw. „Leicht auffällig" folgendermaßen auswerten: In jeder der zwanzig Zeilen, in der für Ihr Kind „Stark auffällig" oder „Leicht auffällig" infrage kommt, übertragen Sie die Punktzahl in das freie Feld ganz rechts außen. Dann können Sie die sich daraus ergebenden Punktzahlen addieren. Bei einer Gesamtpunktzahl von 30 oder mehr besteht eine begründete Vermutung, dass das betreffende Kind eine beeinträchtigte zentrale Automatisierung hat. Dann wären die in den Kapiteln „Was Eltern daheim tun können" und „Ergänzende Hinweise zum Automatisierungstraining" beschriebenen Hinweise in Erwägung zu ziehen. Wenn Sie vorher ganz sicher gehen wollen, können Sie das Kind natürlich bei einem der inzwischen rund 150 in Deutschland, Österreich und der Schweiz flächendeckend verteilten Kooperationspartner meines Verfahrens[34] vorstellen, um Ihre eigenen überschlägigen Feststellungen professionell überprüfen und absichern zu lassen.

---

[32] Wolff, P. H.: „Impaired motor timing control in specific reading redardation", in: *Neuropsychologia* 22 (5), 1984, S. 587-600

[33] Siehe Bezugsquellennachweis am Ende dieses Buches

[34] Eine ständig aktualisierte Kooperationspartner-Liste finden Sie im Internet unter www.meditech.de. Dort klikken Sie auf „Service", dann auf „Partner" und schließlich auf OK.

	Bezeichnung	Stark auffällig	Leicht auffällig	Ergebnis
1	Links-rechts-Unterscheidung	4	2	
2	Verzögertes Verstehen	6	3	
3	Konzentrationsschwäche	6	3	
4	Hyperaktivität	4	2	
5	Außenseiterverhalten	4	2	
6	Schnürsenkelprobleme	4	2	
7	Ablenkbarkeit durch Geräusche	6	2	
8	Verwaschene Artikulation	8	4	
9	Erhöhte Sprechlautstärke der Mutter	4	2	
10	Erhöhte Sprechlautstärke des Kindes	4	2	
11	Homolateraler Gang	5	2	
12	Niedriger Muskeltonus	4	2	
13	Auditives Ortungsvermögen	10	5	
14	Tonhöhen-Unterscheidungsvermögen	8	4	
15	Auditive Ordnungsschwelle[A]	14	8	
16	Wahrnehmungs-Trennschärfe[B]	16	10	
17	Merkfähigkeit auf der Lautebene[C]	10	6	
18	Gleichgewichtsprobleme	6	3	
19	Rhythmische Probleme	6	3	
20	Auditiv-motorische Probleme	8	4	
		Gesamtpunktzahl =		

A: Die altersentsprechenden Werte finden Sie in dieser Tabelle:

Alter	Leicht auffällig	Stark auffällig
5 Jahre	>11o	>150
6 Jahre	>100	>140
7 Jahre	>90	>130
8 Jahre	>80	>120
9 Jahre	>70	>110
ab 10 Jahren	>60	>100

B: Bei > 10 richtigen Paaren im Teil 2 = leicht auffällig, bei > 7 richtigen Paaren = stark auffällig

C: Bei Ansatz der Formel „Alter minus 1, jedoch nicht mehr als sechs Silben“ gilt eine Silbe darunter als leicht auffällig, zwei oder mehr Silben darunter gelten als stark auffällig.

Kostenloser Wahrnehmungs-Trennschärfe-Test

Ein besonders wichtiger Aspekt des *zentralen* Hörens ist die Wahrnehmungs-Trennschärfe. Sie bestimmt bekanntlich darüber, ob ein Mensch zwischen ähnlichen Lauten sicher und rasch unterscheiden kann. Sie zu prüfen macht aber grundsätzlich erst dann einen Sinn, wenn zuvor das *periphere* Hören abgeklärt ist. Deshalb zunächst einige Hinweise dazu:

Wenn Eltern einen Anlass zu der Vermutung haben, dass das *periphere* Hörvermögen ihres Kindes beeinträchtigt ist, gab und gibt es in Abhängigkeit vom Lebensalter des Kindes unterschiedliche Möglichkeiten zum Überprüfen des Hörvermögens. Für ganz kleine Kinder hatte seinerzeit der deutsche Wissenschaftler Dr. H. J. Radü vom St.-Elisabeth-Hospital in Bochum den weiter oben schon einmal kurz erwähnten Nuckeltest zu hoher Reife entwickelt: Während der Säugling nuckelt, werden ihm kurze, leise Töne im Rhythmus seines Nuckelns über einen Lautsprecher vorgespielt. Der Säugling löst die Töne also selbst mit seinem Nuckel aus. Nimmt er die Töne wahr, so verändert er die Geschwindigkeit seines Nuckelns. Daraus lässt sich ablesen, dass er die Töne wahrgenommen hat. Dieses damals neuartige und äußerst säuglingsfreundliche Verfahren ist inzwischen wegen seines hohen Zeit- und Betreuungsaufwandes durch wirtschaftlichere Möglichkeiten abgelöst worden. Bei Risikogeburten empfiehlt sich die sofortige Prüfung des peripheren Hörvermögens aber auf jeden Fall, da etwa fünf Prozent der Risikogeburten peripher hörbehindert zur Welt kommen.

Das ebenfalls schon erwähnte ERA-Verfahren, also das Messen von Hirnströmen in Abhängigkeit von Schallimpulsen, ist dagegen schon wesentlich weiter verbreitet. Es erlaubt das Feststellen des Hörvermögens ohne jegliches Dazutun des Getesteten, weil das Auftreten der zu messenden Hirnströme willentlich weder unterdrückt noch gefördert werden kann. Ganz im Gegenteil, das zu untersuchende Kind sollte sogar sehr ruhig sein, also weder Kopf- noch Augenbewegungen ausführen, durch die störende Hirnströme ausgelöst werden. Etwa ab dem vierten Lebensjahr lässt sich als bewährte Methode zur Ruhigstellung das stumme Vorführen einer Videokassette mit Zeichentrickfilmen einsetzen. Bei kleineren Kindern wird nötigenfalls ein beruhigendes, unschädliches Zäpfchen eingeführt. Die Ergebnisse von ERA-Untersuchungen können als nahezu unfehlbar gelten; sie werden sogar bei Tauglichkeitsuntersuchungen von Erwachsenen zur Überführung von Schwerhörigkeitssimulanten herangezogen.

Die wirtschaftlichste Methode dürften aber heute die so genannten „oto-akustischen Emissionen" sein, deren Funktion im Kapitel „Peripheres Hören – zentrales Hören" dargestellt wurde. Bei Verwendung einer inzwischen verfügbaren handgehaltenen Ausführung, die auch von angelernten Kräften in jeder Geburtsstation bedient werden kann, entsteht pro Messung nur ein Kostenaufwand von etwa 10 DM.

Dank der Initiative einer Forschergruppe um Dr. Reuter an der Medizinischen Hochschule Hannover läuft zum Zeitpunkt, da ich dies schreibe, in Niedersachsen eine flächendeckende Studie mit sämtlichen erfassbaren Neugeborenen an. Sie soll den Nachweis für die Treffsicherheit dieser Erhebungsmethode erbringen, damit sie anschließend bundesweit eingeführt und die Kosten von den Krankenkassen übernommen werden können.

Ist ein Kind alt genug, um sich klar äußern zu können, ob es bestimmte Töne im Kopfhörer wahrnimmt, wird die so genannte „Tonschwellen-Audiometrie“ eingesetzt. Entsprechende Audiometer besitzt heute jeder HNO-Facharzt und auch praktisch jeder Kinderarzt, daneben jeder Hörgeräteakustiker. Dem zu untersuchenden Kind wird erklärt, dass es durch Heben eines Fingers oder durch Drücken einer Taste anzeigen soll, wenn es einen Ton gerade eben zu hören beginnt. Dann werden nacheinander zumeist nur die Tonfrequenzen 125 – 250 – 500 – 1.000 – 2.000 – 4.000 – 6.000 – 8.000 Hertz, zusätzlich möglichst noch 10.000 und 12.000 Hertz, extrem leise beginnend, auf den Kopfhörer gegeben und in ihrer Lautstärke ganz langsam gesteigert. Diejenigen Lautstärkewerte, bei denen das Kind den Ton gerade wahrnimmt, werden auf einem „Tonschwellen-Audiogramm“ markiert und miteinander verbunden. Im Vergleich zu der aufgedruckten Sollkurve ist dann abzulesen, ob die Hörschwelle des betreffenden Kindes von der Norm abweicht.

All diese Verfahren erlauben aber nur eine Aussage darüber, ob der *periphere* Hörvorgang einwandfrei verläuft. Über die zentrale Auswertung, die zentrale Verarbeitung des Gehörten, also auch über die Wahrnehmungs-Trennschärfe, ist eine Aussage auf diesem Wege nicht erreichbar. Deshalb hat man sich bemüht, durch zusätzliche Sprachverständnistests den noch fehlenden Aufschluss zu gewinnen. Dazu werden dem Wortschatz eines Kleinkindes entnommene Hauptwörter ebenfalls über Kopfhörer zugespielt. Das Kind soll dann wiederholen, was es verstanden zu haben glaubt. Nach meiner Überzeugung wird auch bei diesem Verfahren immer noch nicht die Wahrnehmungs-Trennschärfe des Kindes geprüft, sondern eher seine Fähigkeit, von außen gehörte vollständige Wörter seinem inneren Lexikon zuzuordnen und sie dann nachzusprechen.

Ich habe Ihnen dies als Vorbereitung auf den von Ihnen in Ihrer häuslichen Umgebung leicht durchzuführenden, kostenlosen Früherkennungsversuch deshalb so ausführlich erklärt, weil häufig genug selbst Fachleute nach erfolgreichem Durchlaufen der Tonschwellen-Audiometrie und des Sprachverständnistests voller Überzeugung erklären, das Hörvermögen des Kindes sei doch einwandfrei und weitere Untersuchungen seien überflüssig. So sehr ich diese Überzeugungen aufgrund des auch heute noch sehr verbreiteten Wissensstandes respektiere, so eindringlich muss ich Sie als Eltern davor warnen, sich damit zufrieden zu geben, wenn Sie Anlass zu der Vermutung haben, dass das zentrale Hörvermögen Ihres Kindes dennoch beeinträchtigt ist. Jede neue Erkenntnis benötigt eine angemessene Zeit, um überhaupt erst bekannt zu werden, und eine weitaus längere Zeit, um allseits auch anerkannt zu werden. Dies dürfte immer noch das erste Buch sein, in dem umfassend und systematisch über Zusammenhänge zwischen Automatisierungsstörungen vor allem in der zentralen Hörverarbeitung, Sprachauffälligkeiten und LRS berichtet wird.

Doch nun zu unserem Test: Gegenüber den herkömmlichen Sprachverständnistests wollen wir aus guten Gründen zwei wichtige Einzelheiten verändern. Zunächst verwenden wir *keine bekannten* Wörter, durch die das Kind allzu leicht in die Versuchung geraten würde, bei schlecht oder gar nicht verstandenen Wörtern auf sein inneres Lexikon zurückzugreifen und zu *raten*, wie es bekanntlich jeder Spracherkennungscomputer macht. Stattdessen nehmen wir eine große Anzahl sinnfreier Wörter (jeweils in Achtergruppen zusammengefasst), die aus nur drei Buchstaben bestehen. Der Selbstlaut **E** vorn und der Selbstlaut **I** hinten kehren immer wieder. Die acht verschiedenen sinnfreien Wörter innerhalb jeder Gruppe unterscheiden sich also nur durch den Mitlaut dazwischen, den es zu erkennen gilt. Die zweite Veränderung gegenüber den meisten herkömmlichen Sprachtests besteht im Hinzufügen eines Störgeräusches. Für die Hörwahrnehmung eines Kindes bedeutet es nämlich einen großen Unterschied, ob es ein Wort in der ruhigen häuslichen Umgebung aus geringem Abstand hört oder in dem immer stark geräuscherfüllten und „hallenden“ Klassenraum aus größerem Abstand. Immer wieder haben mir Mütter von LRS-Kindern berichtet, dass ihr Kind beim Probediktat daheim nur wenige Fehler machte und am nächsten Tag in der Schule bei demselben Text völlig versagte. Dafür gibt es eine ganze Menge Gründe, auf die wir noch ausführlich eingehen werden. Deshalb haben wir für unseren kostenlosen Früherkennungsversuch den Abstand zwischen dem sprechenden Erwachsenen und dem hörenden Kind auf drei Meter bemessen und ferner ein für diesen Zweck gut geeignetes Störgeräusch hinzugefügt.

Bevor Sie nun mit den wenigen Vorbereitungen beginnen, ist es mir wichtig, dass Ihr Kind, das diesen Test etwa ab dem vierten Lebensjahr verstehen und auch bestehen müsste, vorher ungefähr folgende Erklärung erfährt:

> „Du weißt, dass du mit deiner *einen* Hand in manchen Dingen geschickter bist als mit der anderen. Aber du brauchst doch für die meisten Dinge *beide* Hände. So ähnlich ist das mit deinen Ohren. Je früher du und wir wissen, wie gut deine beiden Ohren miteinander zurechtkommen, umso leichter wirst du es später haben, Lesen und Schreiben zu lernen. Deshalb wollen wir mit dir hier bei uns nachher ein Hörspiel machen. Vati (oder Mutti) wird dir Quatschwörter vorsprechen und du sprichst sie einfach nach. Anschließend wissen wir dann alle ganz genau, ob deine beiden Ohren gleichmäßig geschickt sind.“ Dann beginnen Sie mit den Vorbereitungen:

Mit hoher Wahrscheinlichkeit besitzen Sie eine Hi-Fi-Stereoanlage. Wenn Sie diese auf UKW-Empfang schalten und von einem Sender zum anderen abstimmen, werden Sie in vielen Fällen zwischen zwei Sendern ein gleichmäßiges Rauschen wahrnehmen. Bei manchen Stereoanlagen wird dieses Geräusch zur Schonung Ihrer Nerven durch eine besondere Taste unterdrückt, die „Muting“, „Mute“, „Stummabstimmung“ oder „Rauschunterdrückung“ heißen könnte. Entrasten Sie diese Taste bitte; denn für unseren Test brauchen wir das Rauschen. Es stellt nämlich eine Sammlung sämtlicher hörbaren Töne dar, so wie weißes Licht eine Sammlung sämtlicher sichtbaren Farben beinhaltet.

EDI	ETI	ETI	EDI	EDI
EFI	EDI	EFI	EDI	EGI
EKI	EPI	EPI	EKI	EDI
EPI	EDI	EGI	ETI	EWI
ETI	EFI	EDI	EWI	EPI
EGI	EWI	EDI	EGI	ETI
EDI	EKI	EKI	EFI	EKI
EWI	EGI	EWI	EPI	EFI
EPI	EGI	EFI	EPI	EWI
EKI	ETI	ETI	EGI	ETI
ETI	EKI	EWI	ETI	EPI
EDI	EPI	EGI	EDI	EDI
EGI	EWI	EDI	EWI	EKI
EDI	EFI	EPI	EDI	EGI
EFI	EDI	EKI	EFI	EFI
EWI	EDI	EDI	EKI	EDI
EDI	EPI	EFI	EKI	EWI
EGI	EKI	EDI	EDI	EPI
ETI	EFI	EWI	EPI	ETI
EWI	EGI	EPI	EFI	EFI
EPI	EDI	EDI	EWI	EDI
EKI	EWI	EGI	EDI	EKI
EDI	EDI	ETI	ETI	EDI
EFI	ETI	EKI	EGI	EGI

Nun bitten Sie Ihren Partner, sich so auf einen Stuhl zu setzen, dass er den Lautstärkeeinsteller der Anlage mühelos betätigen kann. Sie stellen sich in einem Abstand von etwa drei Metern hinter Ihren Partner und lesen deutlich, aber mit normaler Lautstärke eine Reihe der sinnfreien Wörter aus der Tabelle auf Seite 65 vor. Währenddessen soll Ihr Partner die Lautstärke des Rauschens langsam so weit verändern, bis er Ihren Lesetext gerade eben noch gut verstehen kann. Sie vergewissern sich am einfachsten, indem Ihr Partner die gehörten Wörter wiederholt. Bei der so gefundenen Lautstärke des Rauschens vertauschen Sie die Rollen, das heißt: Nun liest Ihr Partner und Sie wiederholen die gehörten sinnfreien Wörter. Für diesen Rollentausch gibt es einen sehr guten Grund:

Eine Grundveranlagung zu zentralen Automatisierungsstörungen scheint dominant vererblich zu sein. Verhältnismäßig häufig habe ich auch bei *einem* Elternteil von LRS-Kindern eine deutlich verminderte Wahrnehmungs-Trennschärfe festgestellt. Auf Befragen räumten die Betreffenden dann – manchmal etwas zögernd – ein, auch sie hätten in der Grundschule beim Lesen- und Schreibenlernen gewisse Schwierigkeiten gehabt. Jetzt verstehen Sie sicher besser, weshalb ich Sie bitte, die Lautstärke des Rauschens so einzustellen, dass der bessere der beiden Partner die sinnfreien Wörter gerade fehlerfrei versteht. In dieser Lautstärke lassen Sie das Rauschen andauern. Sie versuchen anschließend beim Testen Ihres Kindes auch, Ihre ursprüngliche Sprechlautstärke beizubehalten:

Das Kind soll sich auf denselben Stuhl setzen, von dem aus vorher die Lautstärke des Rauschens eingestellt wurde. Der Vorlesende stellt sich für den ersten Durchgang nicht drei Meter hinter das Kind; sondern mit drei Meter Abstand *links* neben das Kind. Dabei soll das Kind seinen Kopf aber nicht dem Sprecher zuwenden; sondern es soll weiterhin nach vorn blicken. Nun lesen Sie einzeln zunächst eine Reihe von acht sinnfreien Wörtern vor und lassen das Kind jedes Wort gleich wiederholen. Sie vermerken, welche Wörter richtig nachgesprochen wurden. Dann nehmen Sie eine Position drei Meter *rechts* vom Kind ein, lesen acht andere sinnfreie Wörter vor und notieren auch hier wieder die Zahl der richtigen Wörter. Diesen Ablauf zur Linken und zur Rechten wiederholen Sie noch einmal. So haben Sie beidseitig je sechzehn Testwörter gesprochen und wiederholt bekommen.

Im Idealfall hat das Kind alle 32 Testwörter trotz des störenden Rauschens richtig verstanden und wiederholt. Aber selbst bei 13 bis 15 „Richtigen" auf jedem Ohr besteht noch kein Grund zur Beunruhigung; allerdings würde ich den Test dann nach einigen Monaten – mit anderen sinnfreien Wörtern – wiederholen. Liegt die Zahl der Richtigen auf beiden Ohren zwar gleich oder nahezu gleich, aber unter 13, so sollte zunächst – falls nicht schon geschehen – ein ganz normaler, herkömmlicher Test des *peripheren* Hörens beim HNO-Arzt, beim Kinderarzt oder beim Hörgeräteakustiker vorgenommen werden. Ergibt sich dort, dass das periphere Hörvermögen des Kindes einwandfrei ist, so empfehle ich auf jeden Fall den im nächsten Kapitel ausführlich beschriebenen genauen Wahrnehmungs-Trennschärfe-Test, um zuverlässigere Daten zu gewinnen und daraus gegebenenfalls Trainingsmaßnahmen abzuleiten.

Das Gleiche gilt für den – recht seltenen – Fall, dass zwar ein Ohr Werte um 12 oder dicht darunter erreicht, das andere aber deutlich schwächer abschneidet. Typische Links-rechts-Verhältnisse sind dabei etwa 12 : 8 oder 11 : 7. Je größer der Unterschied zwischen den Richtigen auf beiden Ohren ist, umso wahrscheinlicher ist das Vorhandensein eines einseitigen peripheren Hörverlustes beispielsweise durch einen Ohrenschmalzpropfen, der sich schmerzlos durch einen HNO-Facharzt entfernen lässt. Auch hier wäre der im nächsten Abschnitt beschriebene genaue Wahrnehmungs-Trennschärfe-Test zu empfehlen, nachdem zuvor natürlich ebenfalls das normale Hörvermögen durch einen der oben genannten Fachleute geprüft und wieder als einwandfrei befunden worden ist.

Professioneller Wahrnehmungs-Trennschärfe-Test

Bei dem im vorigen Abschnitt beschriebenen Früherkennungsversuch im Rahmen Ihrer häuslichen und familiären Möglichkeiten gibt es natürlich noch einige unvermeidbare Unsicherheitsfaktoren. So ist Ihre Stimme selbstverständlich Ihrem Kind gut bekannt. Auch kann das Lautstärkeverhältnis zwischen Ihrer Stimme und dem Rauschen Ihrer Hi-Fi-Anlage von Fall zu Fall etwas unterschiedlich sein. Deshalb haben wir ja auch empfohlen, schon beim geringsten Zweifel den hier nun zu beschreibenden genauen Wahrnehmungs-Trennschärfe-Test durchzuführen. Dazu benötigen Sie einen CD-Spieler, zwei gute Kopfhörer und die gleichzeitig mit diesem Buch erschienene, neue CD *Einsicht in das Warnke-Verfahren.*[35] Auf den Spuren 1 bis 10 dieser neuen CD findet sich ein Fachvortrag, der Teile dieses Buches mit Hörbeispielen verdeutlicht. Auf den Spuren 11 bis 13 ist der Wahrnehmungs-Trennschärfe-Test genau aufgezeichnet.

Zunächst sollten Sie sich darüber klar werden, ob Sie den Test selbst daheim durchführen wollen oder ob Sie eine Therapeutin, einen Kinderarzt, einen HNO-Arzt darum bitten wollen. Da auch dieser Test – wie viele Erkenntnisse dieses Buches – noch nicht sehr weit verbreitet ist, müssen Sie damit rechnen, dass Ihnen Skepsis insbesondere wegen des niedrigen Preises dieser CD entgegengebracht wird; denn CDs mit herkömmlichen Sprachtests kosten durchweg viele hundert Mark. Diese hohen Abgabepreise werden vor allem durch die erheblichen Aufnahmekosten im Studio und die Autorenlizenzen verursacht, die zumeist voll gerechtfertigt sind. Bei der hier genannten CD haben das professionelle Aufnahmestudio

[35] Siehe Bezugsquellennachweis am Ende dieses Buches

sowie die übrigen Mitwirkenden ihre Leistungen im Dienste der Sache entweder völlig ohne Honorar oder zu Selbstkosten erbracht.

An der Qualität dieses Tests wurden jedenfalls keine Abstriche vorgenommen. Im Gegenteil war die Produktion wegen der erforderlichen Realitätsnähe wesentlich zeit- und kostenaufwendiger als bei herkömmlichen Tests. Diese werden in der Regel in schallgedämmten und -gedämpften Studios aufgenommen, wobei es der besondere Stolz des Toningenieurs ist, dass neben der Stimme des Sprechers nicht das geringste Geräusch hörbar wird. Das entspricht aber absolut nicht dem natürlichen Hören im Klassenzimmer, dem die Kinder ja gewachsen sein sollen. In unseren heutigen Schulklassen – das ist durch Reihenmessungen festgestellt worden – addieren sich die verschiedenartigen Störgeräusche (wie beispielsweise Straßengeräusche, Flüstern oder Sprechen mit dem Sitznachbarn, Stühlerücken, Hantieren mit Bücher- oder Federtaschen, Scharren mit den Füßen und der Nachhall dieser Störgeräusche) zu einem Gesamtgeräusch von bis zu 50 dB(A). Das Dezibel ist die Maßeinheit für die Lautstärke. In der Tabelle finden Sie eine orientierende Übersicht.

Typische Schalldruckpegel		
Raketenstart →	150 dB(A)	Schmerz
Geschützfeuer →	140 db(A)	
Düsenflugzeug →	130 db(A)	
Presslufthammer →	120 db(A)	
Diskotheken →	110 db(A)	Schädigung
Walkman →	100 db(A)	
Autobahnverkehr →	90 db(A)	
Straßenverkehr →	80 db(A)	
Nadeldrucker →	70 db(A)	Lästigkeit
Lebhafte Klasse →	60 db(A)	
Ruhige Klasse →	50 db(A)	Annehmlichkeit
Ruhige Wohnung →	40 db(A)	
Flüstern →	30 db(A)	Erlebte Ruhe
Blätterrauschen →	20 db(A)	
Akustik-Messraum →	10 db(A)	
Nichts →	0 db(A)	Hörschwelle

Die Stimme des Lehrers erreicht das Kind im Klassenraum oft nur mit einem Schalldruckpegel von 60 bis 65 dB. Bei diesem geringen Abstand von lediglich 10 bis 15 dB müssen vor allem das räumliche Hören und die Wahrnehmungs-Trennschärfe eines Kindes völlig in Ordnung sein, wenn es alles hören, umsetzen und verstehen soll. Deshalb wurden diese Bedingungen in dem empfohlenen Test standardisiert nachgebildet: Zunächst haben wir die akustischen Bedingungen eines echten, typischen Klassenraumes einschließlich eines räumlichen Stimmengewirrs benutzt, um die Realität nachzuvollziehen. Als Testmaterial wurden ausschließlich die schon erwähnten zweisilbigen sinnfreien Wörter aus zwei Vokalen mit einem der acht kritischen Konsonanten dazwischen benutzt.

Endlich wurde der gesamte Hörtest in Kunstkopf-Stereophonie aufgezeichnet, dem einzigen Aufnahmeverfahren, das über Kopfhörer eine wirklich räumliche Übertragung und damit auch eine Testmöglichkeit für das räumliche Hören sicherstellt. Einen persönlichen Eindruck von der Realitätstreue können Sie sich auf Spur 4 der erwähnten CD *Einsicht in das Warnke-Verfahren* verschaffen. Diese Aufnahme ist ebenfalls unter Benutzung desselben künstlichen Kopfes mit naturgetreu nachgebildeten Ohren entstanden. Mit dieser Technik ist übrigens auch das gesamte Trainingsmaterial nach meiner Methode aufgezeichnet worden, damit auch beim Training die Gewöhnung des Kindes an die Akustik seines Klassenzimmers gewährleistet ist. Doch zurück zum eigentlichen Test:

Unabhängig davon, ob Sie den Test selbst durchführen oder durch eine Fachkraft Ihres Vertrauens vornehmen lassen, sollte der Test in jedem Falle in einer ruhigen Umgebung stattfinden, damit das Kind wirklich nur die auf der CD *absichtlich* aufgezeichneten Störgeräusche hört. Falls dennoch Umweltgeräusche stören könnten, sollte das zu prüfende Kind einen geschlossenen Kopfhörer tragen; für den Testenden empfiehlt sich ein offener Kopfhörer, damit er die Antworten des Kindes klar verstehen kann. Sollte die Umgebung für Ihr Kind fremd sein, so ist ein entspannendes Einführungsgespräch ratsam. In jedem Falle sollte das Kind vorher in ähnlicher Weise über den Zweck dieses Tests aufgeklärt werden, wie es schon im vorigen Abschnitt als Vorschlag formuliert worden ist.

Abzuspielen ist diese CD auf jedem einwandfreien CD-Spieler, an den die oben erwähnten Kopfhörer angeschlossen wurden. Zu beachten ist, dass die Abhörlautstärke etwa 65 dB betragen soll. Sie werden sich erinnern, dass dies etwa der typischen Lautstärke der Lehrerstimme am Ohr eines Schülers entspricht. Die oben erwähnten Fachkräfte sind in der Lage, dies messtechnisch festzustellen. Wenn Sie den Test selbst durchführen und natürlich keine entsprechenden Messmöglichkeiten besitzen, so können die für 30 Sekunden auf Spur 11 der CD leise aufgenommenen kurzen Testtöne in folgender Weise dafür verwendet werden:

Die Wiedergabelautstärke dieser Tonsignale über den Kopfhörer wird so eingestellt, dass sie gerade eben wahrnehmbar sind; dann entspricht der anschließende Test auf Spur 12 beziehungsweise Spur 13 etwa 65 dB. Außerdem muss der Kopfhörer unbedingt seitenrichtig getragen werden. Zu Beginn beider Tests findet sich zu diesem Zweck die Aufforderung an das Kind, zunächst die linke und dann die rechte Hand zu heben. Hebt es die Hände in umgekehrter Reihenfolge, so muss der seitenrichtige Sitz des Kopfhörers überprüft werden.

Wenn ein Kind getestet wird, ist der Hörtest auf Spur 12 der CD zu verwenden, für den Einsatz bei Erwachsenen – der ja auch denkbar ist – die Spur 13. Sie unterscheidet sich von Spur 12 nur durch die Anrede mit „Sie". Um mit Sicherheit zu vermeiden, dass das zu testende Kind durch unterschiedliche individuelle Testanleitungen verunsichert oder in eine bestimmte Hörstrategie gedrängt wird, sollte man *nur* die für die beiden Teile des Erst- und des Re-Tests aufgesprochenen Einführungstexte heranziehen. So hört das Kind zu Beginn des Erst-Tests die Sprecherstimme von vorne schräg oben:

> „Hallo und guten Tag! In den nächsten paar Minuten wollen wir gemeinsam feststellen, ob dein Gehirn alles, was deine Ohren hören, auch schnell genug verarbeiten kann. Dazu werden wir erst einmal prüfen, ob dein Kopfhörer in Ordnung ist und ob du ihn richtig herum aufgesetzt hast. Jetzt müsstest du mich von links hören. Am besten hebst du nun die Hand auf der Seite, von der du mich hörst. Fein! Und nun müsstest du mich von rechts hören. Deshalb hebst du nun bitte die Hand auf dieser Seite. Gleich, nach einer kurzen Pause, wirst du abwechselnd von links und von rechts jeweils ein Quatschwort hören. Quatschwörter sind also Wörter, die es eigentlich gar nicht gibt. Immer, wenn du ein solches Quatschwort gehört hast, sprichst du es sofort deutlich nach. Das ist schon alles. Jetzt geht es los."

Nun hört das Kind den aus jeweils 16 sinnfreien Wörtern für das linke und das rechte Ohr bestehenden Teil 1. Dabei werden die sinnfreien Wörter einzeln abwechselnd links und rechts mit ausreichenden Pausen für das Nachsprechen dargeboten. In Anlehnung an das zuvor beim kostenlosen Früherkennungsversuch Erläuterte gibt es auch hier wieder verschiedene Möglichkeiten von Ergebnissen, die nun natürlich wegen der eindeutig reproduzierbaren Testbedingungen ein wesentlich höheres Maß an Zuverlässigkeit aufweisen, als es vorher beim Früherkennungsversuch überhaupt möglich war:

Falls Ihr Kind alle 32 Testwörter trotz des Stimmengewirrs richtig verstanden und wiederholt hat, können Sie sich beglückwünschen; seine Wahrnehmungs-Trennschärfe könnte nicht besser sein. Das gilt fast ebenso für 13 bis 15 Richtige. In jedem Fall ist zu empfehlen, die CD in den zweiten Teil des Tests weiterlaufen zu lassen, in dem neben der Wahrnehmungs-Trennschärfe auch die Zusammenarbeit zwischen den beiden Gehirnhälften geprüft wird. Unbedingt in den zweiten Teil übergehen sollten Sie bei 12 und weniger Richtigen pro Ohr. Nicht in den Teil 2 weiterzugehen brauchen Sie, wenn Ihr Kind auf dem linken und auf dem rechten Ohr 10 und weniger Richtige erreicht hat; denn dann würde es im zweiten Teil völlig abstürzen, und Ihr Kind sollte nicht unnötig belastet werden.

Diesen Text hört Ihr Kind vor dem Beginn des Teils 2:

> „So, bei diesem ersten Teil hast du so gut abgeschnitten, dass wir es dir jetzt ein bisschen schwieriger machen wollen. Gleich, im zweiten Teil, wirst du nämlich die verschiedenen Quatschwörter von links und von rechts nicht immer mit den großen Pausen hören, sondern jeweils zwei dicht nacheinander. Dann sollst du immer beide Wörter sofort deutlich nachsprechen. Du sprichst also jeweils die beiden verschiedenen Quatschwörter nach, sobald du sie dicht nacheinander gehört hast, ja?"

Nun hört das Kind entsprechend der Ankündigung jeweils zwei sinnfreie Wörter unmittelbar nacheinander, und zwar abwechselnd in den beiden möglichen Paarungen links-rechts und rechts-links, damit keine Gehirnhälfte benachteiligt oder bevorteilt wird. Der Testende muss hier gut aufpassen und seinen Auswertungsbogen mit den richtigen Wörtern sorgfältig verfolgen. Ein typischer Fehler in diesem Teil 2 besteht in der Doppelnennung des ersten der beiden Testwörter: Wenn es beispielsweise richtig hieß „EGI-EFI", sagt das Kind „EGI-EGI". Oder das erste Wort wird richtig benannt, das zweite geraten. In beiden Fällen liegt die Ursache wahrscheinlich darin, dass die zentrale Verarbeitung noch mit dem Erkennen des ersten Testwortes beschäftigt war, als das zweite Testwort dort eintraf, und der „Rechner" es noch nicht annehmen konnte.

Vor allem bei Kindern mit einer hohen Trefferquote im Teil 1 kann die Zahl der Richtigen in diesem Teil 2 etwas niedriger liegen als im Teil 1. Kinder mit hoher Wahrnehmungs-Trennschärfe und hervorragender Zusammenarbeit zwischen den beiden Gehirnhälften erreichen im Teil 2 durchaus Werte von 11 bis 16 richtigen *Paaren*. 10 richtige Paare müssen noch kein Anlass zur Beunruhigung sein; hier wäre eine Wiederholung des Tests etwa nach einem halben Jahr angezeigt. Werte unter 10 dagegen sind ein klares Alarmzeichen, und zwar natürlich umso stärker, je niedriger die Zahl der richtigen Paare liegt. Nicht selten kommt es vor, dass ein Kind sich im ersten Teil dadurch ein gutes Ergebnis verschafft, dass es lange über das richtige Ergebnis „nachhört", weil der Abstand von Wort zu Wort fünf Sekunden beträgt. Diese Hilfsstrategie funktioniert aber im zweiten Teil wegen der unmittelbar aufeinander folgenden Wörter nicht, so dass dann ein erhebliches Leistungsgefälle eintreten kann.

Falls Sie oder der von Ihnen damit betraute Spezialist zu dem Ergebnis gelangen, dass die Wahrnehmungs-Trennschärfe als *eine* wichtige Automatisierungsfunktion beeinträchtigt ist, empfiehlt sich der umfassende Warnke-Testablauf, der Ihnen im Kapitel „Vollständiger Testablauf“ ausführlich beschrieben werden wird und der bis heute an vielen tausend Kindern mit klaren Ergebnissen durchgeführt wurde. Wenn Sie dabei ebenfalls ganz sicher gehen wollen, können Sie das Kind bei einem der inzwischen rund 150 in Deutschland, Österreich und der Schweiz flächendeckend verteilten Kooperationspartner meines Verfahrens vorstellen, um Ihre eigenen überschlägigen Feststellungen professionell überprüfen und absichern zu lassen.[36]

Bei diesen Kooperationspartnern dürfen Sie sicher sein, dass dort ein besonders heißes Eisen angepackt wird, nämlich die bei einem sehr großen Teil der LRS-Kinder meist unerkannt vorhandene Winkelfehlsichtigkeit. Unter anderem davon wird im nächsten Kapitel die Rede sein.

---

[36] Eine ständig aktualisierte Kooperationspartner-Liste finden Sie im Internet unter www.meditech.de. Dort klicken Sie auf „Service“, dann auf „Partner“ und schließlich auf OK.

9. Wie steht es um das Sehvermögen Ihres Kindes?

Der Titel dieses Buches lässt mit Recht erwarten, dass vom Hören und von den Auswirkungen andersartigen Hörens auf Hänschens spätere sprachliche Entwicklung die Rede sein werde. Das traf für die Erstauflage dieses Buches auch uneingeschränkt zu. Schon bei der Überarbeitung der Zweitauflage fühlte ich mich allerdings verpflichtet, Eltern von LRS-Kindern auch über neuere Erkenntnisse im Bereich des *Sehens* zu unterrichten, die ich bei mehr als tausend derartigen Kindern selbst festgestellt und von Fachleuten bestätigt bekommen habe:

Nach meinen Feststellungen verfügen etwa 70 bis 80 Prozent der LRS-Kinder nicht über eine einwandfreie *binokulare* Fusion, ohne dass dies bis zum Zeitpunkt ihres Besuches bei mir festgestellt worden wäre. Und dies, obwohl die Eltern mir fast ausnahmslos überzeugend versicherten, dass sie bis in die jüngere Zeit das Sehvermögen ihres Kindes regelmäßig hätten überprüfen lassen. Oft war der Anlass für diese Überprüfung, dass die Kinder beispielsweise nach längerem Abschreiben von der Wandtafel ins eigene Heft über Kopfschmerzen oder über ein Verschwimmen der Buchstaben an der Tafel oder im Heft geklagt hatten. Aber ebenso regelmäßig war das mir berichtete Ergebnis dieser Untersuchungen, dass der hinzugezogene Augenarzt den Eltern bestätigt hatte: „Ihr Kind sieht wie ein Luchs! Die Kopfschmerzen müssen andere Ursachen haben.“

Was lag hier vor? Gab es vielleicht neben der beeinträchtigten binokularen Fusion weitere Automatisierungsstörungen auch im Bereich der visuellen Reizaufnahme, der zentralen Verarbeitung und Wahrnehmung? Was aber bewegte die für dieses Arbeitsgebiet zuständigen Wissenschaftler, Ärzte und Augenoptiker, mit ihrem vorhandenen Wissen so überaus vorsichtig oder gar nicht in die Öffentlichkeit zu treten? Gab es Zuständigkeitsprobleme oder gar eine Konkurrenz zwischen Berufsgruppen?

Erst die Teilnahme an einem Fortbildungsseminar einer deutschen Gruppe von Optometristen erlaubte mir einen Einblick in eine Auseinandersetzung, die sich seit geraumer Zeit offenbar zwischen Teilen der deutschen Augenärzteschaft und einer starken Gruppe gut ausgebildeter Augenoptiker abspielt – möglicherweise auf dem Rücken unserer Kinder. Dabei geht es um die Frage, ob die Korrektur einer bestimmten Fehlsichtigkeit, nämlich eben der beeinträchtigten binokularen Fusion, erstens überhaupt erforderlich ist und zweitens in die Hand der Augenärzte oder der Augenoptiker gehört. Spätestens nach diesem Stand der Vorgeschichte muss ich Ihnen aber wohl erst einmal erklären, was unter einer beeinträchtigten binokularen Fusion und ihrer Abhilfe, der „binokularen Vollkorrektion“, überhaupt zu verstehen ist:

Winkelfehlsichtigkeit

Unter der binokularen Fusion verstehen Augenärzte und Augenoptiker die Fähigkeit der zentralen Sehverarbeitung in unserem Gehirn, aus den von unseren beiden Augen gelieferten unterschiedlichen Bildern einen ganzheitlichen, *räumlichen* Seheindruck zu errechnen. Ich habe aufgrund meiner Messungen bei LRS-Kindern und deren Eltern begründeten Anlass zu der Annahme, dass wenigstens 50 Prozent der erwachsenen deutschen Bevölkerung und – wie schon oben erwähnt – 70 bis 80 Prozent der LRS-Kinder *unentdeckt* ihre binokulare Fusion und damit auch ihr räumliches Sehvermögen eingebüßt – oder nie besessen – haben, was bei den betroffenen Erwachsenen zum Beispiel deren Fahrsicherheit im Verkehr beeinträchtigt. Was aber bedeutet überhaupt räumliches Sehen?

Jeder Mensch hat zwei Augen, damit er räumlich sehen kann. Am überzeugendsten lässt sich dies mit einer Variante des einfachen Versuches nachweisen, den wir im Kapitel „Wie und wozu sehen und hören wir räumlich?" angestellt haben: Sie halten den Zeigefinger Ihrer rechten Hand in etwa zwanzig Zentimeter Entfernung vor Ihrer Nase in die Luft. Nun schließen Sie abwechselnd das linke und das rechte Auge oder halten es mit der freien Hand zu. Fällt Ihnen auf, dass Sie mit dem rechten Auge deutlich mehr vom Fingernagel sehen als mit dem linken? Die beiden Augen liefern also zwei verschiedene Bilder, die erst in der zentralen Sehverarbeitung in unserem Gehirn zu einem einzigen, räumlichen Bild verrechnet werden. Allerdings nur dann, wenn wirklich beide Augen aus *jeglicher Entfernung* ein derartiges Einzelbild an die zentrale Sehverarbeitung liefern, das auch verrechnungsfähig ist. Ist dies nicht der Fall, so wird *ein* Auge in unserer zentralen Sehverarbeitung buchstäblich abgeschaltet.

Welche Ursachen kann dieses Abschalten eines Auges haben? Der eben durchgeführte Zeigefingerversuch mit dem *abwechselnden* Schließen beider Augen diente natürlich nur der Veranschaulichung des Vorganges des räumlichen Sehens. Er sagt noch nichts darüber aus, ob wirklich beide Augen gleichzeitig in der Lage sind, an die zentrale Sehverarbeitung so scharfe und einander so ähnliche Abbildungen zu liefern, dass sie dort zu einem ganzheitlichen Seheindruck verschmolzen werden können, oder ob *ein* Auge in dieser Entfernung bereits abschaltet, so dass das räumliche Sehvermögen beeinträchtigt ist.

Ursache für das Nichtzustandekommen der binokularen Fusion, das auch als „Winkelfehlsichtigkeit" bezeichnet wird, ist das Unvermögen der sechs Muskeln, für jedes Auge die richtige Stellung des Augapfels zu bewirken. Neben dem Ausdruck „Winkelfehlsichtigkeit" ist in manchen Fachkreisen auch die Bezeichnung „Heterophorie mit Fixations-Disparation" gebräuchlich.

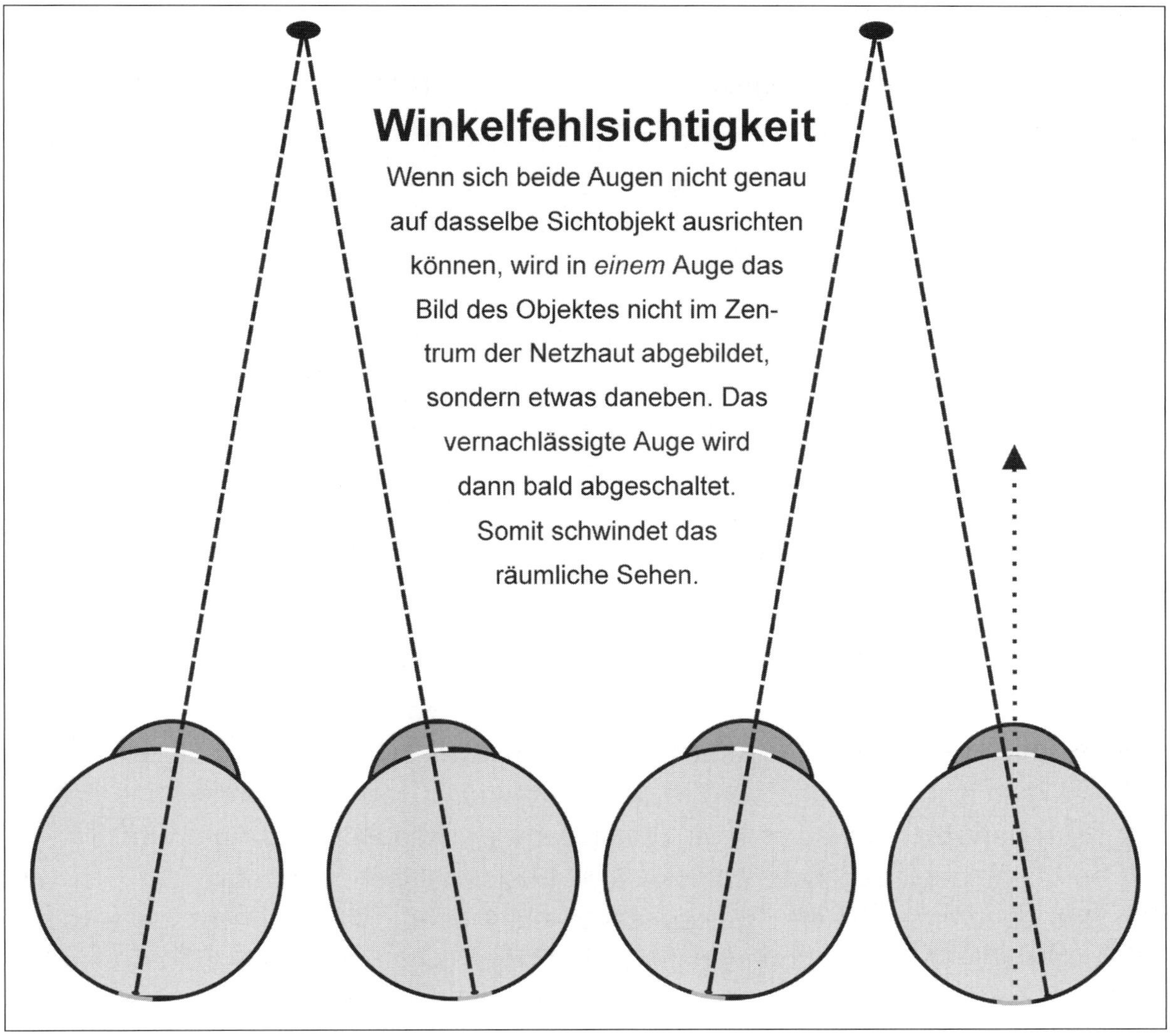

Abbildung 7. So funktioniert das räumliche Sehen beim Menschen – oder auch nicht ...

Damit Sie als möglicherweise selbst betroffene Eltern sich ein buchstäblich unabhängiges Bild vom binokularen Sehvermögen Ihrer Kinder und von Ihrem eigenen binokularen Sehvermögen verschaffen können, sind die Kooperationspartner, die nach meinem Verfahren arbeiten, mit einer Screening-Testvorrichtung ausgerüstet.[37] Sie besteht aus einer transparenten Rot-Grün-Brille und einer transparenten Folie mit zwölf farbigen Kreisen, die in Dreiergruppen übereinander angeordnet sind. In jeder Gruppe ist der obere Kreis rot, der mittlere Kreis weiß und der untere Kreis grün – und zwar ganz genau in denselben Farben wie die zugehörige Rot-Grün-Brille. So verläuft der Test:

Sie setzen – bzw. Ihr Kind setzt – die Rot-Grün-Brille auf. Als Brillen- oder Kontaktlinsenträger behalten Sie diese für die entsprechende Entfernung auf. Sie entfernen sich von der Transparentfolie auf 2,50 Meter. Sie richten Ihren Blick auf die

[37] Siehe Bezugsquellennachweis am Ende dieses Buches

obere Dreiergruppe und versuchen anzugeben, was für eine Figur Sie im mittleren, farblosen (weißen) Kreis dieser Dreiergruppe erkennen. Sehen Sie unscharf oder gar nichts, so liegt eine ganz normale Fehlsichtigkeit beider Augen vor: Sie sollten den Test abbrechen und einen wirklich kompetenten Augenarzt oder Augenoptiker aufsuchen. Mehr dazu weiter unten. Nun sollen Sie angeben, welche Figur Sie im oberen und im unteren Kreis der Dreiergruppe erkennen. Sehen Sie *oben* nur einen dunklen Kreis ohne Inhalt, so hat Ihr *rechtes* Auge abgeschaltet. Sehen Sie *unten* nur einen dunklen Kreis ohne Inhalt, so hat Ihr *linkes* Auge abgeschaltet. Zwei Sonderfälle können darin bestehen, dass Sie zwar mit einer willentlichen Anstrengung in der Lage sind, die Inhalte des oberen und des unteren Kreises jeder Dreiergruppe einzeln *abwechselnd* zu erkennen, nicht jedoch gleichzeitig, oder dass die drei Kreise nicht genau übereinander zu sehen sind. In diesen Fällen liegt ebenfalls keine einwandfreie binokulare Fusion vor; so dass auch hier der Besuch eines Augenarztes oder Augenoptikers zu empfehlen ist. Dieser Testablauf wiederholt sich dann noch dreimal für die kleineren Dreiergruppen mit entsprechend zunehmendem Schwierigkeitsgrad.

Kommen wir abschließend für dieses Teilthema zu der Frage, wie Sie einen engagierten und kompetenten Augenarzt oder Augenoptiker finden. Das ist ein wirklich heikles Thema. Deshalb haben Sie bitte Verständnis, wenn ich vorsichtige Formulierungen benutze. Das sorgfältige Feststellen der Ursachen und Abhilfemöglichkeiten bei einer beeinträchtigten binokularen Fusion ist sehr zeitaufwendig und wird von den bundesdeutschen Krankenkassen nicht oder nicht angemessen vergütet. Deshalb sollten Sie Verständnis dafür haben, dass sich Augenärzte und Augenoptiker nicht gerade darum reißen, die notwendigen Messungen und Versuche an Ihnen oder Ihren Kindern vorzunehmen, wenn Sie beim vorstehenden Testablauf feststellen mussten oder aus anderen Gründen vermuten, dass Ihr räumliches Sehen entweder in jeder Entfernung oder bei bestimmten Entfernungen beeinträchtigt ist. Am sichersten gehen Sie wahrscheinlich, wenn Sie den in Aussicht genommenen Augenarzt oder Augenoptiker bei der ohnehin notwendigen Terminvereinbarung schlicht befragen, ob er auch bereit ist Ihre binokulare Fusion mit dem Pola-Test-Gerät von Zeiss ausführlich zu prüfen und ob er in der Lage ist, eine binokulare Vollkorrektion durchzuführen. Ist er kompetent, wird er Ihnen diese Frage nicht verübeln. Nimmt er sie übel, so wählen Sie vielleicht lieber neu

Bei dieser Wahl kann Ihnen die Internationale Vereinigung für binokulare Vollkorrektion behilflich sein.[38] In dieser Organisation haben sich die meisten der deutschen, schweizerischen und österreichischen Augenärzte und Augenoptiker zusammengeschlossen, die dank einer umfänglichen Zusatzausbildung und natürlich un-

[38] Ansprechpartner:
IVBV-Deutschland: Georg Stollenwerk, Albrechtstraße 5, D-65549 Limburg, Tel. 06431-288990
IVBV-Österreich: Frau Dr. Dietrich, Osterleitengasse 6, A-1190 Wien, Tel. 01-5124168
IVBV-Schweiz: Wolfgang Becker, Poststraße 3, CH-4460 Gelterkindern, Tel. 061-9812896

ter Benutzung des Pola-Test-Gerätes in der Lage sind, eine Winkelfehlsichtigkeit festzustellen und – falls der Betroffene es wünscht – durch Anfertigen einer Prismenbrille auszugleichen.

Von Kritikern dieser Methode wird häufig das Argument vorgebracht, dass die Versorgung mit einer Prismenbrille zwangsläufig zu einer Verschlimmerung der Winkelfehlsichtigkeit und eines Tages sogar zu einer Schieloperation führen müsse. Da trifft es sich gut, dass eine sehr gewissenhafte Ergotherapeutin, Frau Christine Hetz aus Haar, mehrjährige Untersuchungen an 120 Kindern durchgeführt hat, die von ihr nach der oben beschriebenen Methode mit der Rot-Grün-Brille geprüft und anschließend an IVBV-Mitglieder überwiesen worden waren.[39] Das zusammengefasste Ergebnis zeigt eindeutig, dass der Anteil der Kinder, bei denen es negative Auswirkungen aufgrund der Prismenbrille gab, verschwindend gering ist. Viel bedauerlicher ist der Anteil von 18,3 Prozent dieser Gruppe, also von 22 der insgesamt 120 Kinder, die trotz offenkundiger Erfolgsaussichten keine überdauernde Versorgung erhielten.

Untersuchungsergebnisse an 120 Kindern in der ergotherapeutischen Praxis Christine Hetz, Haar
Quelle: *Ergotherapie & Rehabilitation* Nr. 8/2000, S. 27

%		**Befund und Therapie**
13,3	4,17	Keine Winkelfehlsichtigkeit
	2,50	Nicht messbar mangelnde Kooperation des Kindes
	0,83	Große Winkelfehlsichtigkeit (15 Prismen) nur operative Korrektur möglich
	2,50	Nach Prismenkorrektion zeigt sich das ganze Ausmaß der jahrelangen Kompensation, operative Korrektur erforderlich
	3,33	Winkelfehlsichtigkeit ist vorhanden, aber Auffälligkeiten sind nur geringfügig, Prismenbrillenversorgung nicht nötig
18,3	1,67	Winkelfehlsichtigkeit vorhanden. Eltern wollten die Brille bei Augenoptiker ihrer Wahl anfertigen lassen, dieser hat jedoch mangels Kompetenz davon abgeraten
	12,5	Deutliche Verbesserung und positive Entwicklung, aber Verunsicherung durch Gerüchte und Gespräche mit anderen. Bedürfnis nach „kompetenter" Abklärung bei Augenarzt oder Augenklinik. Dort anderes Ergebnis durch andere Diagnostik, abgeraten von der Prismenbrille, Brille abgesetzt.
	4,17	Setzen Brille trotz erkennbarer Verbesserungen aus Schönheitsgründen oder Hänseleien durch andere Kinder nicht mehr auf.
68,3	3,33	Deutliche Verbesserung bei geringen Werten; Brille nach einiger Tragezeit nicht mehr nötig.
	1,67	Augenärztlich keine Korrektion mehr möglich, aber Versuch der prismatischen Korrektion zeigt positive Veränderung.
	63,3	Setzen die Brille ohne Probleme auf, in allen Bereichen positive Veränderungen.

[39] Hetz, C.: „Die Prismenbrille Verlaufsbeobachtung von Kindern in der Ergotherapie mit Winkelfehlsichtigkeit", in: *Ergotherapie und Rehabilitation*, Nr. 8/2000, S. 27

Visuelle Transientenverarbeitung

Es gibt noch weitere Probleme im Sehbereich. Ansätze zur Lösung verdanken wir dem britischen Wissenschaftler Professor Wilkins aus Cambridge und dem amerikanischen Professor Breitmeyer aus Houston, Texas. Dazu müssen wir etwas weiter ausholen:

Wenn wir einen Text lesen, geschieht dies nicht mit einer *stetigen* Augenbewegung entlang der Buchstabenreihe. Vielmehr erfolgt das ganz normale Lesen in abwechselndem Fixieren einer Buchstabengruppe und einem darauf folgenden Sprung der Augen zur nächsten Buchstabengruppe. In Anlehnung an eine Veröffentlichung von Prof. Breitmeyer ist die Abbildung 8 entstanden, die diesen Vorgang – und seine Probleme – deutlich werden lässt:[40]

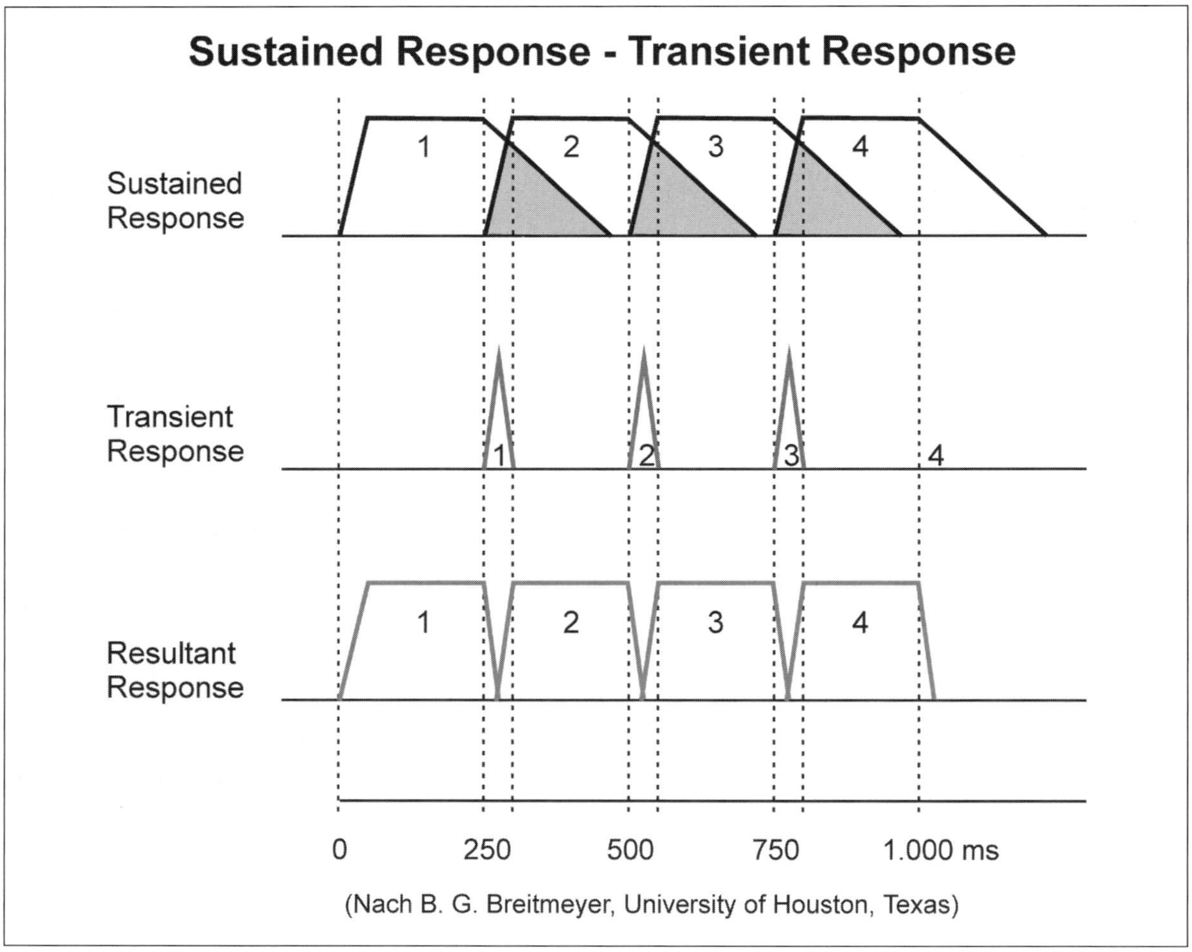

Abbildung 8 (nach B. G. Breitmeyer, *University of Houston*, Texas). Nur wenn das Zusammenspiel zwischen den langsamen, aber scharf abbildenden Nervenbahnen mit den schnellen Nervenbahnen abgestimmt ist, kann man gut lesen

[40] Breitmeyer, B. G.: „The Roles of Sustained (P) and Transient (M) Channels in Reading and Reading Disablity", in: *Facets of Dyslexia and its Remediation,* Amsterdam: Elsevier Science Publishers, 1993, S. 13-31

Im oberen der drei Teilbilder ist die Zeitabfolge für diejenigen Nervenbahnen unseres Auges dargestellt, die sich mit dem scharfen Erkennen der Buchstaben befassen. Die einzelnen Fixierungen von immer neuen Buchstabengruppen sind mit 1 – 2 – 3 – 4 bezeichnet. Der Preis für die scharfe Abbildung durch diese Nervenbahnen ist aber deren Langsamkeit. Sie können eine eben gesehene Buchstabengruppe nicht schnell genug „vergessen“. Es verbleibt gewissermaßen eine Art Nachbild. Die Buchstaben würden miteinander verschwimmen, wenn beim Schwenk zur nächsten Buchstabengruppe keine geeigneten Maßnahmen getroffen würden.

Diese Maßnahmen sind im mittleren der drei Teilbilder zu erkennen: Beim Schwenken von einer Buchstabengruppe zur nächsten werden ganz flinke Nervenbahnen aktiv, die zwar nicht so scharf abbilden können, dafür aber die Fähigkeit besitzen das „Nachbild“ der scharf abbildenden, langsamen Nervenbahnen auszulöschen. Als Ergebnis sieht unsere zentrale Sehverarbeitung automatisch die im unteren der drei Teilbilder dargestellte Folge sauber voneinander abgetrennter einzelner Buchstabengruppen. So weit Professor Breitmeyer.

Nun kommt Professor Wilkins ins Spiel. Er hat festgestellt, dass manche LRS-Kinder diese Automatik nicht gut genug beherrschen. Wenn sie sich darüber beklagten, dass die Buchstaben verschwammen, wurden sie einem Augenarzt vorgestellt. Der konnte keine Auffälligkeiten diagnostizieren. Daraufhin machte man Versuche mit farbigen Folien, die auf die sonst üblichen weißen Bogen mit schwarzem Druck gelegt wurden. Prompt verschwand bei vielen dieser Kinder das Verschwimmen der Buchstaben. Um dieser Erscheinung systematisch abzuhelfen, hat sich inzwischen etwa die Hälfte der britischen Grundschulen mit einem so genannten *Teacher‘s Set* ausgestattet, das ein Dutzend unter der Aufsicht von Wilkins entwickelte farbige Folien enthält, die sorgfältig aufeinander abgestimmt sind. Mit diesem *Teacher‘s Set* ermitteln die Lehrer an diesen britischen Grundschulen diejenigen Kinder, die unter der beschriebenen Erscheinung leiden, und stellen auch die richtige Folienfarbe fest. Sie empfehlen den Eltern dieser Kinder dann die Anschaffung einer Brille, die in der Farbe der ausgewählten Folie eingetönt ist. Dieses *Teacher‘s Set* ist übrigens inzwischen auch in Deutschland verfügbar.[41]

Blicktüchtigkeit

Die Erkenntnis, dass LRS-Kinder häufig auch unter einer beeinträchtigten Blicktüchtigkeit leiden, die ihnen beim Lesen Probleme bereitet, verdanken wir Professor Fischer von der Universität Freiburg. Er und sein Team haben diese Erscheinung

[41] Siehe Bezugsquellennachweis am Ende dieses Buches

bei LRS-Kindern wiederholt untersucht und in mehreren Studien darüber berichtet:[42]

Je eine Gruppe von 12 LRS-Kindern und 12 Kontrollkindern im Alter von 9 bis 11 Jahren erhielt die Aufgabe, zunächst ein kleines Quadrat auf einem Bildschirm zu fixieren und dann zu einem auf demselben Bildschirm zusätzlich erscheinenden Punkt 40 Millimeter links oder rechts davon hinüberzuschwenken. Diese Aufgabe bildete gewissermaßen den Lesevorgang nach und machte ihn messbar, und zwar so: Mit Hilfe eines Infrarotstrahls, der in die Augen der Kinder gelenkt und von dort reflektiert wurde, konnte unter anderem die Stabilität der Fixation, also die Stetigkeit des Blickes, als Abweichung in Winkelgraden pro Sekunde gemessen werden. Sie zeigte bei den LRS-Kindern (wie in Abbildung 9 zu erkennen) eine signifikant höhere Unstetigkeit, die natürlich auch den echten Lesevorgang nachteilig beeinflusst.

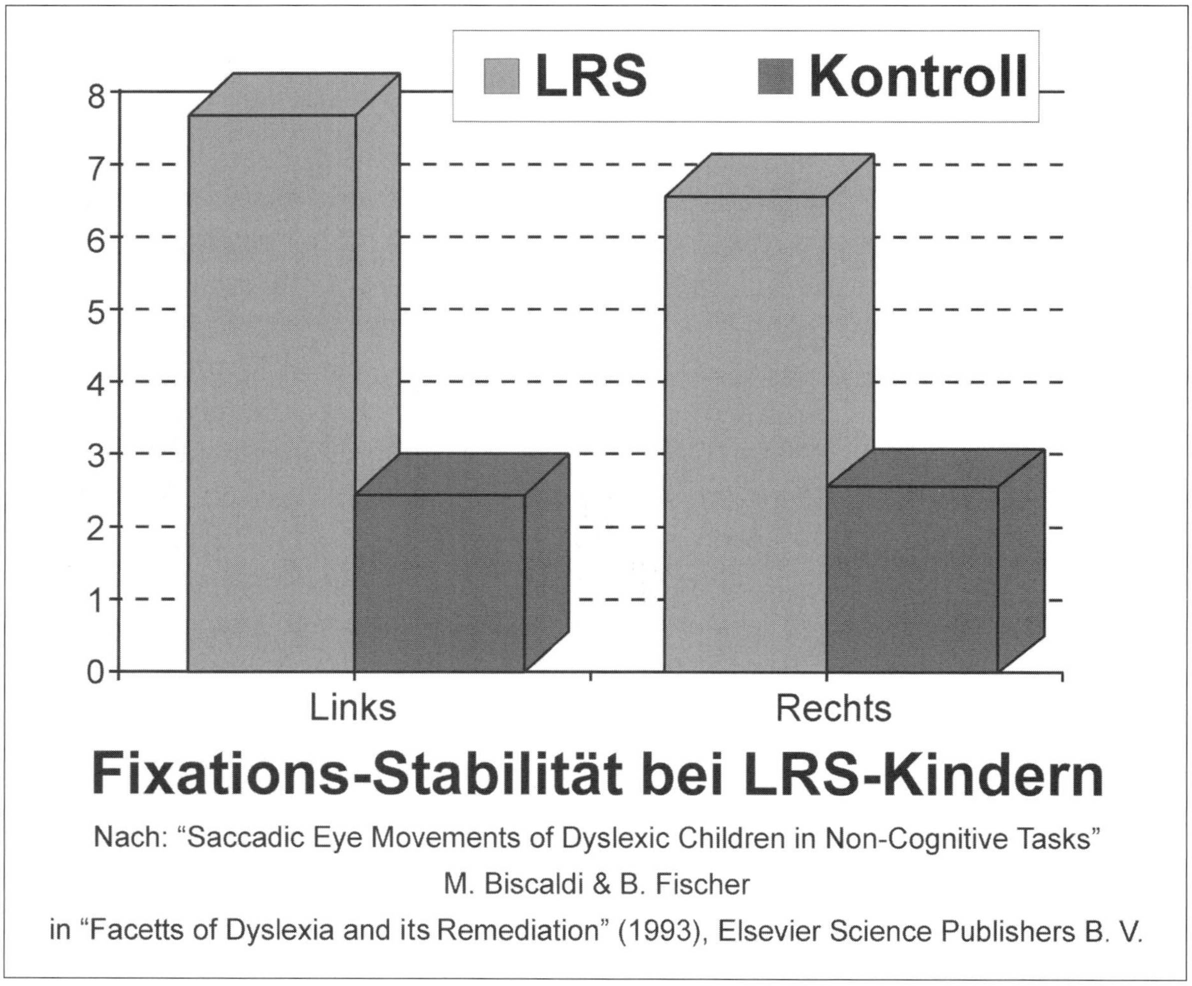

Abbildung 9. Bei der Messung der Fixations-Stabilität zeigten die LRS-Kinder deutlich größere Instabilitäten im Vergleich zu der Kontrollgruppe

[42] Biscaldi, M., et al.: „Saccadic Eye Movements of Dyslexic Children in Non-Cognitive Tasks", in *Facets of Dyslexia and its Remediation*, Amsterdam: Elsevier Science Publishers, 1993

Zum Abbau dieser Automatisierungsstörung hat B. Fischer ein besonderes Trainingsgerät unter der Bezeichnung „Train-Fix“ entwickeln lassen. Es ist mietweise erhältlich und soll innerhalb weniger Wochen eine deutliche Verbesserung, also eine Automatisierung der Blicktüchtigkeit, bewirken. Eine andere Methode zum Trainieren auch der Blicktüchtigkeit mit geringerem Aufwand werden wir später kennen lernen.

10. Mögliche Ursachen zentraler Automatisierungsstörungen

Immer wieder fragen mich die Eltern von LRS-Kindern nach den vorstellbaren Ursachen von Automatisierungsstörungen vor allem im Hörbereich. Inzwischen gibt es eine Reihe von Untersuchungen, die auf derartige mögliche Ursachen eingehen. Sie alle liegen für das betroffene Kind in der Vergangenheit, so dass es müßig und dem Ziel einer Besserung der LRS-Probleme wenig dienlich wäre, im Einzelfall intensiver darauf einzugehen und womöglich gar Schuldzuweisungen an einen Elternteil oder die Großeltern daraus abzuleiten. Allerdings ist es für das betroffene Kind häufig eine große Erleichterung zu erfahren, dass es seine LRS-Probleme nicht selbst schuldhaft zu vertreten hat, weil es etwa nicht genügend übt oder unkonzentriert ist, sondern dass gewissermaßen „höhere Gewalt“ die eigentliche Ursache ist. Wenden wir uns also den bisher als gesichert geltenden Ursachen zu:

1. Genetische Ursachen

Dass genetische Ursachen eine wichtige Rolle spielen, war schon seit einiger Zeit aus der Tatsache abgeleitet worden, dass rund 80 Prozent der betroffenen Kinder männlichen Geschlechts sind. Die im Vorwort zur zweiten Auflage dieses Buches schon einmal erwähnte amerikanische Wissenschaftlerin Paula Tallal von der *Rutgers University* hat in einer Längsschnittstudie überraschende neue Erkenntnisse gewonnen, die im Folgenden in der Übersetzung der Zusammenfassung ihrer Veröffentlichung wiedergegeben werden. Dabei bitte ich um Ihr Verständnis, dass ich mich bei der Übersetzung im Interesse der Authentizität eng an den auch im englischen Original stellenweise nicht ganz einfach zu lesenden Text gehalten habe:

> „Die stärkere Neigung des männlichen Geschlechts zu entwicklungsbedingten Sprach-/Lernauffälligkeiten ist gut dokumentiert. Die Ergebnisse dieser Untersuchung belegen in unerwarteter Weise, dass dieses unterschiedliche Geschlechterverhältnis zwischen Männern und Frauen mit entwicklungsbedingten Sprach-/Lernauffälligkeiten signifikant nur in Familien mit einer sprach-/lernauffälligen Mutter vorkommt. Außerdem wurde ein bemerkenswert abweichendes Geschlechterverhältnis der Kinder in Familien mit sprach-/lernauffälligen Kindern festgestellt, in denen die Mutter betroffen war, nicht aber der Vater: Mütter, die sprach-/lernauffällig waren, hatten dreimal so viele Söhne wie Töchter und fünfmal so viele sprach-/lernauffällige Söhne wie Töchter. Genetische und hormonale Einflüsse, die sowohl das Geschlechterverhältnis als auch die neuroanatomische Entwicklung sowie neuroanatomische Auffälligkeiten beeinflussen könnten, werden erörtert.“

Weitere Untersuchungen in Deutschland haben bestätigt, dass es sich mit hoher Wahrscheinlichkeit um eine dominante Vererbung handelt. Wenn also ein Elternteil selbst betroffen ist, liegt die statistische Wahrscheinlichkeit, dass ein Kind dies erbt, bei 50 Prozent. Eine Familie mit mehreren Söhnen kann hieraus vielleicht ableiten, dass sie bei erkennbaren LRS-Problemen des *ältesten* Sohnes gut beraten wäre, frühzeitig bei den jüngeren Brüdern festzustellen, ob zentrale Automatisierungsstörungen vor allem im Hörbereich vorliegen, um rechtzeitig mit geeigneten Maßnahmen sicherzustellen, dass es bei diesen Kindern erst gar nicht zu LRS-Problemen kommt.

2. Schwangerschaftsprobleme

Ganz offenbar können einige Vorkommnisse während der Schwangerschaft, die zu einer zeitweiligen Unterversorgung, vor allem einer Sauerstoff-Unterversorgung, oder einer Intoxikation des Fötus führen, auch zur Folge haben, dass die zentrale Automatisierung des Kindes nach der Geburt schon nicht einwandfrei ist oder sich nicht altersgerecht entwickelt.

3. Geburtsschwierigkeiten

Auch wenn es im unmittelbaren Zusammenhang mit der Geburt insbesondere zu einer zeitweiligen Unterbrechung oder starken Beeinträchtigung der Sauerstoffversorgung kommt, kann dies ebenfalls zu Störungen der zentralen Automatisierung führen.

4. Mittelohrentzündungen

Vor allem sich häufig wiederholende Mittelohrentzündungen mit Paukenhöhlenerguss dürften den Reifungsprozess der Hörbahnen entscheidend beeinträchtigen und damit eine zentrale Hörstörung sehr begünstigen. Das wird verständlich, wenn man weiß, dass für die Dauer des Paukenhöhlenergusses das periphere Hörvermögen des Kindes ebenso beeinträchtigt ist wie durch eine andersartige, mittelgradige periphere Hörbehinderung. Man spricht dann von einer unausgeglichenen „Jahreshörbilanz" des betreffenden Kindes.

Hier möchte ich noch eine jüngere Erkenntnis einbringen, mit der die Bedeutung des einwandfreien peripheren Hörens gerade während der ersten Lebensjahre eines Kindes zum Aufbau einwandfreier zentraler Hörmuster unterstrichen wird. Zwei wissenschaftliche Studien, die eine aus New York und die andere aus Pretoria, belegen nämlich, dass häufigere Mittelohrentzündungen während der ersten Lebensjahre nicht selten zu einer verzögerten Entwicklung des Laut- und sogar des Schriftsprachaufbaues führen.

In der ersten Untersuchung durch Professor J. S. Gravel vom Albert-Einstein-College für Medizin in New York wurde bei Kindern während ihres ersten Lebensjahres regelmäßig der Mittelohrstatus ärztlich festgestellt und zugleich deren Hörvermögen objektiv durch Hirnstammaudiometrie (BERA) überprüft. Zu einer Gruppe zusammengefasst wurden die Kinder mit wiederholten Mittelohrentzündungen und den entsprechenden Hörverlusten. In die zweite Gruppe kamen diejenigen Kinder, die während ihres ersten Lebensjahres völlig frei von Mittelohrentzündungen gewesen waren. Die Fähigkeiten beider Gruppen im Umgang mit Sprache wurden jeweils im Alter von vier, sechs und neun Jahren mit einer umfangreichen Testbatterie festgestellt. Gravel: „Die Ergebnisse zeigen, dass Kinder mit wiederholten Mittelohrentzündungen während ihres ersten Lebensjahres langfristige Defizite in bestimmten Teilbereichen der Hörverarbeitung entwickeln."

Bei der zweiten Untersuchung durch Professor N. Campbell von der Abteilung für Kommunikationsstörungen an der Universität Pretoria wurde eine rückschauende Betrachtung angestellt: Eine Anzahl von siebenjährigen Erstklässlern wurde nachträglich in zwei Untersuchungsgruppen eingeordnet, nämlich Kindern mit und ohne wiederholte frühkindliche Mittelohrentzündungen. Die zentralen Hörverarbeitungsfähigkeiten auch dieser Kinder wurden wiederum mit einer sorgfältig angelegten Testbatterie erhoben. Professor Campbell: „Die Ergebnisse zeigen, dass die sprachlichen und die zentralen Hörverarbeitungsfähigkeiten der Kinder *mit* frühkindlichen Mittelohrentzündungen signifikant schwächer sind als die der Gleichaltrigen *ohne* Mittelohrentzündungen. Dieses Ergebnis unterstreicht die Wichtigkeit einer vollständigen Erfassung und einer geeigneten Betreuung von Kindern mit einer derartigen Krankheitsgeschichte."

Um dieses Teilthema abzurunden, sei erwähnt, dass eine jüngere amerikanische Studie des *Otitis Research Center* in Pittsburgh an 126 Zwillings- und Drillingsgruppen folgendes Ergebnis zeigte: Alle diese Kinder wurden monatlich auf Mittelohrentzündungen und Paukenhöhlenergüsse untersucht. Dabei ergab sich eine signifikant häufigere Übereinstimmung der Häufigkeit von Mittelohrentzündungen bei den eineiigen Zwillingen als bei den zwei- und dreieiigen Mehrlingen.[43] Daraus lässt sich der Schluss ziehen, dass die Veranlagung zu häufigen Mittelohrentzündungen höchstwahrscheinlich auch vererblich ist.

5. Periphere Hörbehinderung

Falls ein Kind eine – was selbst heute leider immer noch vorkommt – unentdeckte periphere Hörbehinderung womöglich über viele Jahre hat, ist natürlich noch viel ausgeprägter als unter Punkt 4 mit einer Beeinträchtigung der zentralen

---

[43] Casselbrant et al.: „The heribility of otitis media a twin and triplet study", in: *Journal of the American Medical Association,* Nr. 282, S. 2123-2130

Hörverarbeitung zu rechnen, weil hier ständig nur zu leise und unvollständige Informationen in der zentralen Hörverarbeitung und -wahrnehmung ankommen können. In Deutschland wird bis zu dem Zeitpunkt, da ich dieses Manuskript schreibe, eine periphere Hörstörung im Durchschnitt erst im Alter von zweieinhalb Jahren entdeckt. Ich verweise hier noch einmal auf die Wichtigkeit einer heute möglichen Frühesterkennung mittels oto-akustischer Emissionen, die ich weiter oben erläutert habe.

6. Unzureichendes sprachliches Angebot

Wenn sich die sprachliche Interaktion zwischen der Mutter und dem Säugling bzw. dem Kleinkind nicht im üblichen Rahmen abspielt, geht dies natürlich ebenfalls zu Lasten der Jahreshörbilanz dieses Kindes. Statistisch wurde ermittelt, dass die typische deutsche Mutter täglich etwa 22 Minuten mit ihrem Baby sprachlich kommuniziert. Aus dem Kapitel „Hörenlernen beginnt im Mutterleib" wissen wir um die Wichtigkeit dieses sprachlichen Angebotes für die Entwicklung eines gesunden Sprachaufbaues.

7. „Walkman-Syndrom"

Schließlich noch der Hinweis auf einen sicheren Weg, seinem Kind mittels eines in seiner Lautstärke häufig oder ständig zu hoch eingestellten *Walkman* oder Radiorecorders frühzeitig zu einer dauerhaften peripheren Hörstörung zu verhelfen, die natürlich dieselben Auswirkungen auf die zentrale Hörverarbeitung hat wie unter Punkt 4 und 5 beschrieben. In meinem Buch *Der Takt des Gehirns* bin ich sehr ausführlich auf eine Untersuchung von Professor Ising vom Bundesgesundheitsamt Berlin eingegangen, in der dieser Nachweis erbracht wurde.

11. Folgen unzureichender Wahrnehmungs-Trennschärfe

Von den bisher beschriebenen Automatisierungsstörungen ist nach meiner Erfahrung die Beeinträchtigung der Wahrnehmungs-Trennschärfe die folgenschwerste, weil sie am Anfang einer förmlichen Kettenreaktion steht. Erinnern wir uns an das Kapitel „Hörenlernen beginnt im Mutterleib“, in dem wir die Wichtigkeit der ersten Lebensjahre vor allem für den Aufbau gestaltfester innerer Muster für das Erkennen und Unterscheiden der kritischen Laute herausgestellt hatten. Wir können nämlich nur etwas er*kennen*, was wir *kennen.* Ohne saubere Erkennungsmuster auf der untersten Ebene wird dem Kind der weitere sprachliche Aufbau auf den nächsten Ebenen erschwert, wie schon Professor Urban von der Universität Hannover an seinem Stufenmodell dargestellt hat. (Vgl. S. 89)

Sind aber diese grundlegenden Erkennungsmuster auf der Lautebene vorhanden und automatisiert, so geht der weitere Sprachaufbau so vonstatten, wie wir es hier noch einmal zusammenfassen:

Ab der 28. Schwangerschaftswoche nimmt der Fötus die Sprechmelodie der Mutter wahr und erinnert sich daran nach seiner Geburt. Ab der 30. Schwangerschaftswoche kann er bereits Vokale voneinander unterscheiden, wie Messungen an gesunden Frühgeburten ergaben. Als weitere Vorbereitung zum Aufbau ihrer Lautsprache legen der Säugling und das Kleinkind weitere innere Repräsentationen, also Erkennungsmuster, auf der Laut-, Silben-, Wort- und Grammatikebene an. Aufgrund dieser gestaltfesten, auditiven inneren Repräsentationen und weiterhin zugänglicher lautsprachlicher Vorbilder entwickelt das Kind mühelos eine altersgerechte, automatisierte Lautsprache.

Anders bei einem Kind, dem die Anlage dieser wünschenswerten, gestaltfesten Erkennungsmuster nicht vergönnt war, weil es aus den im Kapitel „Mögliche Ursachen zentraler Automatisierungsstörungen“ beschriebenen Ursachen nur verzögerte oder gestaltschwache Muster anzulegen vermochte. Hier gibt es nun zwei Möglichkeiten:

1. Das Kind wird lautsprachlich auffällig. Logopädische oder sprachtherapeutische Bemühungen sind weitestgehend zur Nutzlosigkeit verurteilt, sofern nicht auch die gestaltschwachen inneren Phonemrepräsentationen aufgebaut werden. Bei diesen Kindern wird zwar häufig über die Mundmotorik das erkennbare Symptom behandelt und vermeintlich behoben; aber ein gehöriger Teil dieser Kinder wird Jahre später schriftsprachlich auffällig, und zwar mit genau den Lauten, die als therapiert gegolten hatten.

2. Das Kind gilt trotz einer erkennbar verschliffenen Artikulation nicht als sprachauffällig. Es dürfte kraft seiner Intelligenz einen kompensatorischen Lautsprachaufbau auf der Ganzwortbasis entwickelt haben. In seiner Familie wird dieses Kind zumeist gut verstanden, weil unsere Sprache so redundant, also voller Informationsüberschuss ist, dass man die Mitteilung eines anderen immer noch voll verstehen kann, auch wenn nur 50 Prozent seiner Worte verständlich sind. Die Eltern sind dann oft entsetzt, wenn sie von Dritten darauf angesprochen werden, dass ihr Kind „nuschelt".

Und nun durchlaufen sowohl die sprachgesunden als auch die beiden soeben beschriebenen Gruppen sprachauffälliger Kinder eine wichtige Phase etwa während ihrer beiden letzten Vorschuljahre: Sie erlernen bereits auf eine besondere Weise das Lesen. Natürlich nicht, was die Grundschullehrerin unter Lesen versteht. Ihre Lesetechnik ist das logographische, piktographische oder Ganzwortlesen. Sie erkennen Schriftzüge wie zum Beispiel Coca-Cola, McDonalds, Nutella, Haribo, Barbie, Katjes und Milka – vergleichbar einem Piktogramm – unmittelbar an deren Gesamtgestalt, also an der Kontur ohne Berücksichtigung von Details. Sie blicken auf eines dieser Markenzeichen und „wissen", was es bedeutet, ohne sich um die Buchstaben kümmern zu müssen, die sie ohnehin nicht kennen. Dies kann für das Lesenlernen in der ersten Grundschulklasse eine für manche Kinder gefährliche Weiche stellen.

Nicht so für die sprachgesunden Kinder. Sie lernen auf der Grundlage ihrer gestaltfesten inneren Repräsentationen nach der analytisch-synthetischen Lesemethode alle Graphem-Phonem-Verknüpfungen, also alle Buchstaben-Laut-Verknüpfungen, altersgemäß zu automatisieren. Mit der zunehmenden Beherrschung dieser grundlegenden Lesetechnik gehen sie später zu der Ganzwort-Lesetechnik der Erwachsenen über. Denn wir Erwachsenen lesen überwiegend nach der Ganzwort-Methode. Nur wenn uns ein unbekanntes oder selten benutztes Wort begegnet, sind wir wieder gezwungen, auf die basale Methode der Entschlüsselung auf der Buchstaben-Laut-Ebene zurückzukehren.

Die sprachgesunden Kinder lernen zugleich mit dieser Lesetechnik, jedes Wort wirklich Buchstabe für Buchstabe zu durchdringen und so innere visuelle Abbildungen als echte „Vor-Bilder" für ihre Rechtschreibung anzulegen. Aus ihnen werden umso bessere Rechtschreiber, je solider diese visuellen Abbilder sind. Denn gute Rechtschreiber brauchen keine Regeln – sie haben innere Bilder. Oder was machen Sie, wenn Sie unsicher sind und keinen Duden oder ein PC-Rechtschreibprogramm in der Nähe haben? Sie schreiben das fragliche Wort kurz nieder und vergleichen es mit Ihrem inneren Bild. Wenn Sie dann ein gutes Gefühl haben, war das niedergeschriebene Wort zutreffend.

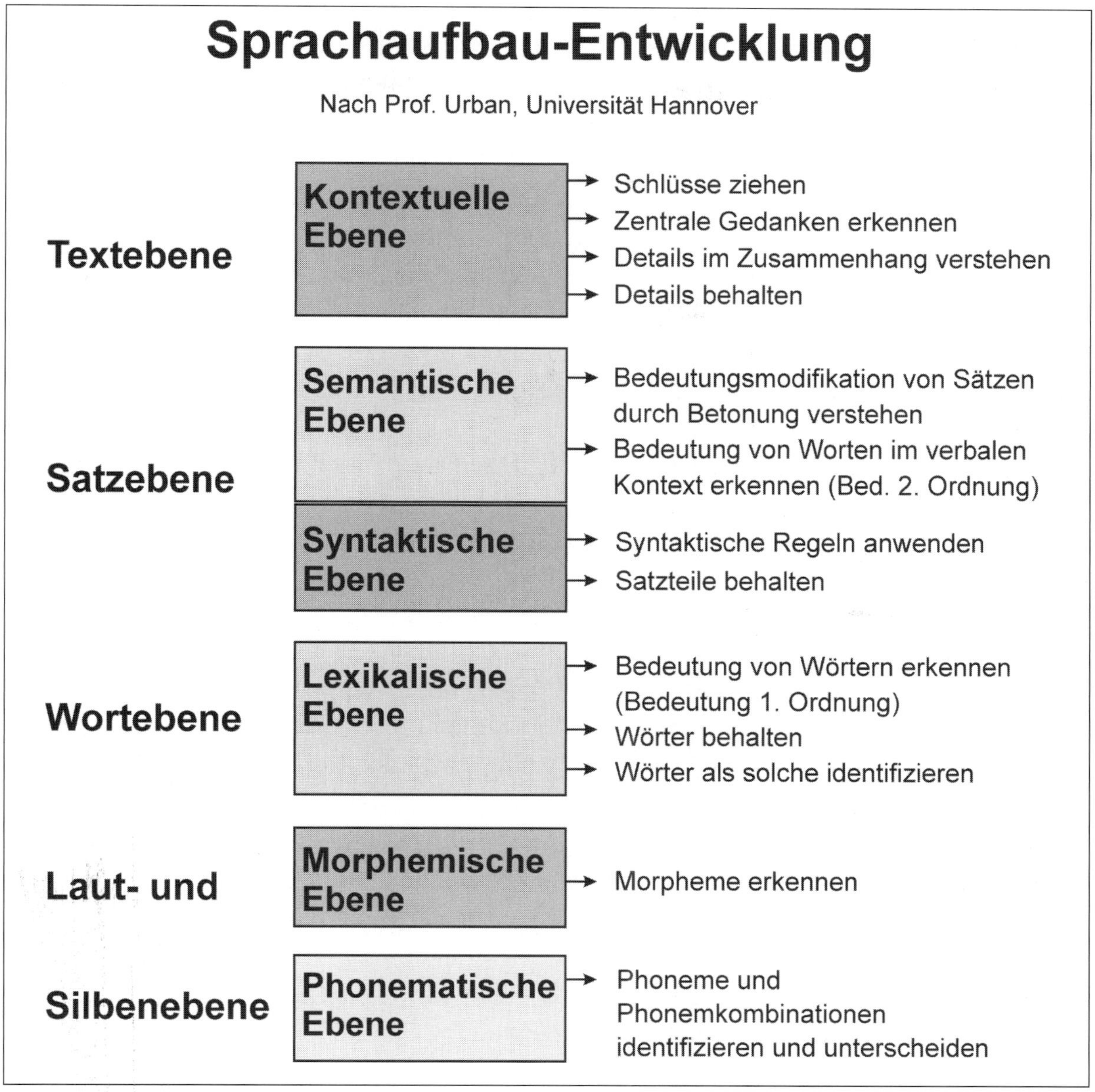

Abbildung 10. Wenn das Fundament eines Hauses nicht solide gegründet ist, wenn also die Phonemerkennung beeinträchtigt ist, wird der gesamte Sprachaufbau gefährdet

Anders wiederum die sprachauffälligen Kinder: Erneut zerfallen sie – abhängig von ihrer Vorgeschichte bezüglich des Piktogramm-Lesens und auch von ihrer Pfiffigkeit – in zwei mögliche Teilgruppen.

Erste Gruppe: Dieses Kind hat große Schwierigkeiten, das Verknüpfen vom Graphem zum Phonem zu automatisieren. Ohne ein basales Automatisierungstraining bleibt es wahrscheinlich zeitlebens ein langsamer und ängstlicher Leser. Die Professorin G. Scheerer-Neumann zitierte in ihrer Antrittsvorlesung an der Universität Potsdam einen erwachsenen Legastheniker mit diesen Worten: „Wenn ich etwas lesen soll, dann werd' ich ganz zittrig; und wenn ich anfangen will, da kann ich die

Buchstaben gar nicht mehr richtig sehen, also die verschwimmen richtig, und dann bricht mir der Schweiß aus.“[44]

Zweite Gruppe: Dieses Kind setzt seine Ersatzstrategien durch Lesen auf Ganzwortbasis unter Kontextnutzung fort. Es erkennt ein Wort weitgehend an seinen Anfangs- und Endbuchstaben, also an der *Kontur*, nicht an der *Struktur*. Es durchdringt somit nicht den Feinaufbau der Wörter, sondern orientiert sich schwerpunktmäßig an markanten Einzelheiten wie Anfangs- und Endbuchstaben und der Länge des Wortes. Manchmal fällt dies daran auf, dass ein solches Kind etwas liest, was gar nicht dort steht, aber dennoch Sinn macht. So gibt es in einem meiner Beispieltexte eine Passage, die in Wirklichkeit so lautet:

„Mama, Timo und Bo gehen zum Teich. Auf dem Teich ist schon Eis.“

Aber häufig genug lesen manche dieser „Ganzwort-Kinder“ stattdessen:

„Mama, Timo und Bo gehen zum *Tisch*. Auf dem Teich ist *schönes* Eis.“

Diese Lesetechnik wurde erstmals in einer Diplomarbeit aufgedeckt, die ebenfalls unter der Leitung von G. Scheerer-Neumann entstand.[45] Bereits im Jahre 1976 lag also die Vermutung vor, dass Leseschwache in deutlich stärkerem Maße als gut Lesende ihre Defizite bei der Graphem-Phonem-Umwandlung durch Ersatzstrategien kompensieren: Frau Scheerer-Neumann ließ durch den Diplompsychologen R. Kempf bei gut lesenden und bei leseschwachen Kindern in einem Text bestimmte Worte durch visuell ähnliche, aber von der Bedeutung unwahrscheinliche Wörter ersetzen. Ein Beispiel dafür:

„Gestern hat der Vater den Traktor ge**t**auft.“

Wie Abbildung 11 (Seite 91) zeigt, haben die schwachen Leser bei weit mehr als der Hälfte der manipulierten Wörter nicht das falsch gedruckte, sondern das sinnvolle und zutreffende Wort gelesen. Ihr Fehler bestand darin, dass sie den tatsächlichen Fehler nicht bemerkten, sondern kraft ihrer andersartigen Lesetechnik darüber hinwegglitten. Unter den gut Lesenden trat dieser Fehler nur bei 30 Prozent aller falsch geschriebenen Wörter auf. Leseschwache Kinder verlassen sich also offenbar wegen ihrer nichtautomatisierten Graphem-Phonem-Umsetzung weitgehend auf die Ersatzstrategie der *Ganzworterkennung.*

[44] Antrittsvorlesung von Prof. G. Scheerer-Neumann an der Universität Potsdam: „Prävention von Analphabetismus: Eine Aufgabe der Grundschule und der Lehrerbildung“, 6. November 1995

[45] Diplomarbeit Rüdiger Kempf, Ruhruniversität Bochum, 1976

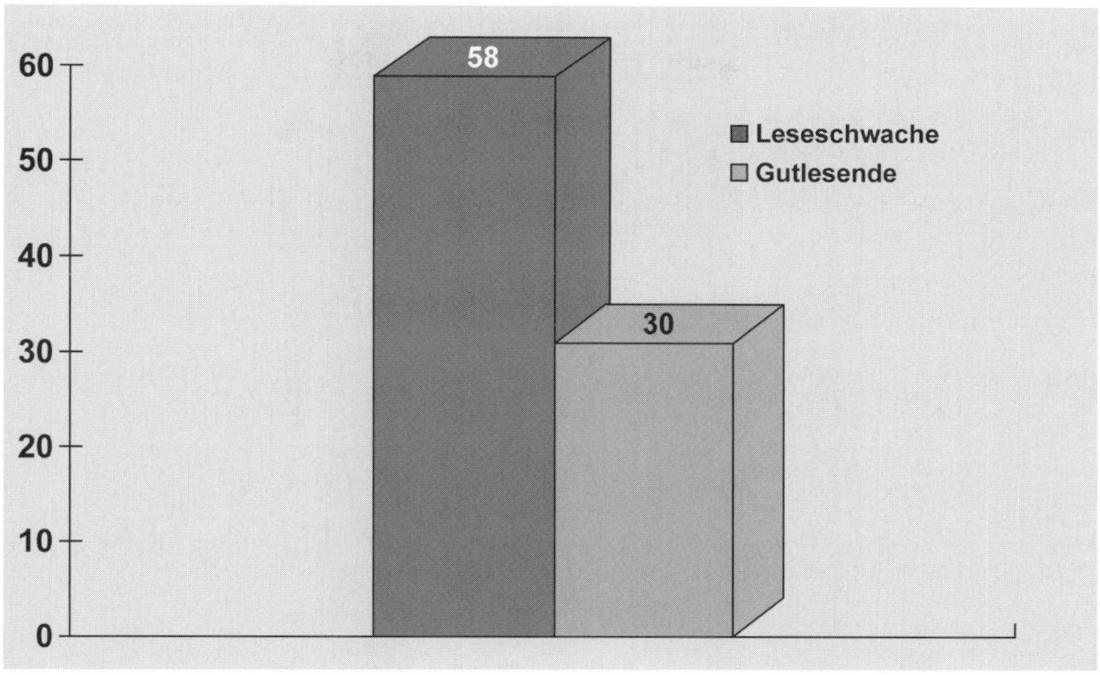

Abbildung 11. Die LRS-Kinder „bretterten" buchstäblich über den Text und erkannten die absichtlich eingebauten, sinnentstellenden Fehler größtenteils gar nicht.

Diese Kinder entwickeln somit auch *kein* inneres visuelles Lexikon mit Vor-Bildern für ihre Rechtschreibung, sondern sie lautieren oder buchstabieren auf der auditiven Ebene mit daraus zwangsläufig entstehenden Fehlern. Denn nur 40 Prozent des deutschen Sprachgutes werden lautgleich geschrieben. Nur für einen Teil der restlichen 60 Prozent gibt es Regeln. Die unterschiedlichen Dehnungen des Vokals a lassen sich (wie viele andere Probleme) nicht in Regeln fassen: der Aal – der Pfahl – das Tal – der Saal – die Ahle – das Mal – das Mahl usw.

In jedes neue Diktat gehen diese Schüler dann mit sehr ähnlichen Ängsten hinein, wie sie oben von G. Scheerer-Neumann zitiert wurden. Durch diese überhöhten Ängste geraten diese Schüler in den Distress, der sie daran hindert überhaupt noch klar genug zu denken. Zu welchen erschreckenden Messwerten dieser Teufelskreis führen kann zeigt die Aufzeichnung der Pulsfrequenz eines neunjährigen Jungen während eines Diktates. Der Betreffende trug die Pulsmessvorrichtung bereits seit Beginn der ersten Stunde, so dass er auch die Pausen damit durchtobte und offensichtlich das ohnehin sehr unauffällige Gerät völlig vergessen hatte, als es in die dritte Unterrichtsstunde mit dem – geübten! – Diktat ging, das er wieder nur mit sehr vielen Fehlern durchstand.

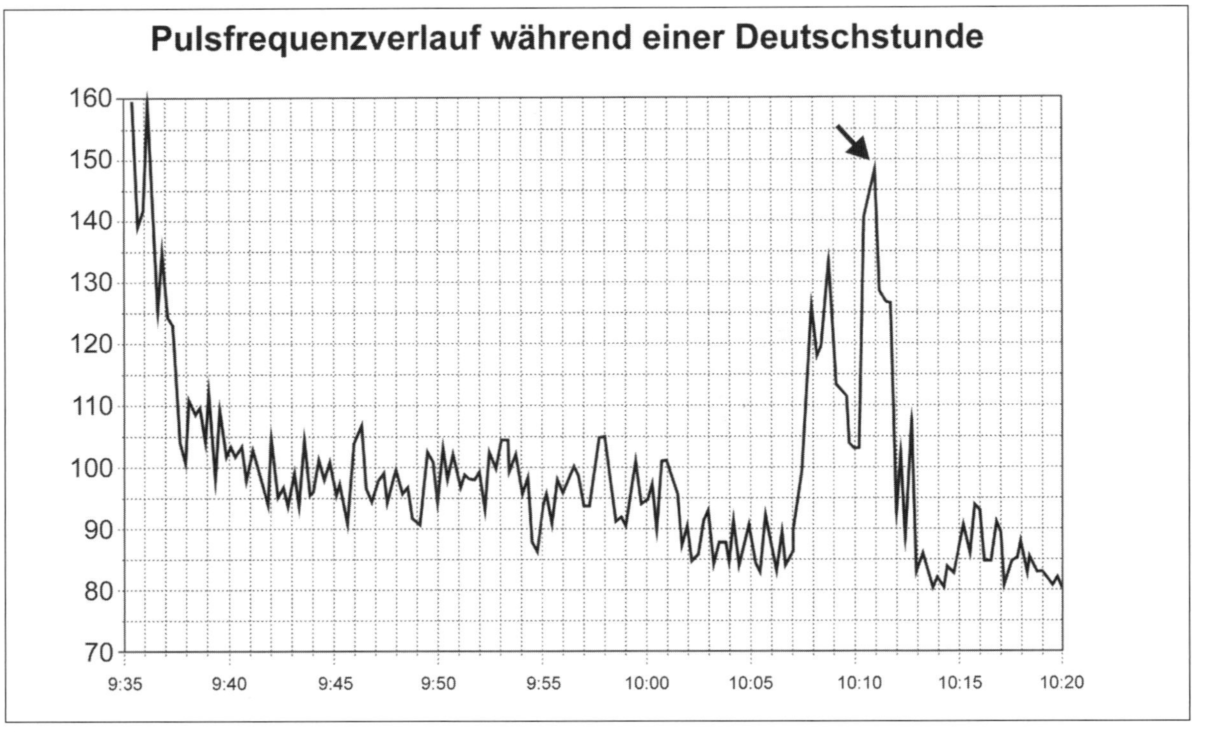

Abbildung 12. In der Klasse 3b einer norddeutschen Grundschule wurde während der dritten Unterrichtsstunde von 10:07 Uhr bis 10:13 Uhr ein Diktat geschrieben. Dies ist der Pulsfrequenzverlauf des LRS-Schülers F. S. in dieser Stunde.

Deutlich ist zu erkennen, dass der Schüler während des Diktates von 10:07 Uhr bis 10:12 Uhr einen Anstieg seiner Pulsfrequenz auf 150 Schläge erlitt. Im Vergleich dazu zeigten gut schreibende Schüler einen wesentlich geringeren Anstieg ihrer Pulsfrequenzen.

Im Kapitel „Was Eltern daheim tun können“ werden Sie im Abschnitt „Visuelles Buchstabieren“ eine flankierende Maßnahme finden, die den visuellen Speicher dieser Kinder mittelfristig stetig auffüllen soll. Diese Maßnahme allein, das sei hier schon ausdrücklich betont, reicht aber bei LRS-Kindern nicht aus, um die eigentlich zugrunde liegenden Defizite auf der Lautebene und der Lesetechnik auszugleichen. Vielmehr sollte ein solches Kind tatsächlich noch einmal Lesen lernen wie ein Erstklässler. Welchen Beitrag dazu das Lateraltraining leisten kann, lesen Sie im nächsten Kapitel.

12. Was ist das Neuartige am Lateraltraining?

In den bisherigen Kapiteln dieses Buches haben Sie fast ausnahmslos eine Zusammenstellung der Forschungsergebnisse von Wissenschaftlern aus aller Welt kennen gelernt, die in einer solchen Weise miteinander verknüpft wurden, dass Sie für die hier folgende Darstellung *neuer* Möglichkeiten gedanklich gerüstet sein sollten. Nun sollen Sie in gebührender Gründlichkeit erfahren, auf welcher Grundlage das von mir entwickelte Training bei derartigen Automatisierungsstörungen, und zwar vor allem bei unzureichender Gehirnhälftenkoordination, beruht und wie es arbeitet:

Lassen Sie uns zunächst an einem Vergleich deutlich machen, was wir unter „unzureichender Gehirnhälftenkoordination" verstehen wollen: Stellen Sie sich bitte vor, zwei äußerst leistungsfähige Computer stünden in zwei getrennten Räumen, obwohl sie eng miteinander verflochten arbeiten müssten, und seien nur durch ein vieladriges Kabel miteinander verbunden. Im Vergleich zur Rechen- und Speicherkapazität jedes der beiden Rechner sei dieses Kabel aber sehr knapp bemessen. Deshalb müssten die Zugriffsberechtigungen der beiden Rechner für die einzelnen Adern dieses Verbindungskabels mit einem Spezialprogramm besonders effizient verwaltet werden. Falls dieses Programm bestimmte Schwächen aufwiese, könnte recht häufig ein dringend erforderlicher Informationsaustausch zwischen den beiden Rechnern nicht sogleich erfolgen, obwohl vielleicht sogar noch Adern in dem Verbindungskabel brachlägen.

So ähnlich können wir uns das Gehirn jedes Menschen vorstellen: In jeder der beiden säuberlich voneinander getrennten Gehirnhälften befinden sich etwa 50 Milliarden Rechen- und Speicherplätze oder Neuronen. Jedes dieser Neuronen ist mit bis zu zehntausend anderen in *derselben* Gehirnhälfte verbunden. Für die Verbindung zur *anderen* Gehirnhälfte dagegen steht nur ein Kabelbaum, das *Corpus callosum*, mit etwa hundert Millionen Nervenfasern zur Verfügung. Rein rechnerisch müsste also jede dieser Fasern rund fünfhundert Neuronen bedienen. Keine Frage, dass sich auch unser Gehirn dafür ein ganz effizientes Programm, eine ganz bestimmte, hochwirksame Strategie selbst erarbeitet haben muss. Höchstwahrscheinlich ist die von vielen späteren LRS-Kindern schon früh erarbeitete Strategie gegenüber der von gut schreibenden und lesenden Kindern benutzten Strategie benachteiligt.

Eine typische Auswirkung dieser Benachteiligung wird offenkundig im zweiten Teil des Wahrnehmungs-Trennschärfe-Tests, wie er weiter vorne ausführlich beschrieben worden ist. Wahrscheinlich erinnern Sie sich, dass in diesem zweiten Teil immer zwei sinnfreie Wörter unmittelbar nacheinander in das linke und in das rechte beziehungsweise in das rechte und das linke Ohr gesprochen werden. Der am häufigsten vorkommende Fehler vieler LRS-Kinder besteht darin, dass sie aus diesen Pärchen jeweils nur *ein* Wort richtig erkennen und es doppelt nennen. Anstelle des richtigen Pärchens „EWI-EBI“ sagen sie dann beispielsweise „EWI-EWI“. Das Gehirn des betreffenden Kindes ist offenbar noch mit dem Dekodieren, dem Erkennen des ersten Wortes beschäftigt, während das zweite Wort gesprochen, aber von der zentralen Hörverarbeitung noch nicht erfasst worden ist. Die zentrale Hörverarbeitung „erfindet“ daraufhin gewissermaßen das Ersatzwort. Es ist anzunehmen, dass dafür die zuvor beschriebene unvollkommene Benutzung des *Corpus callosum*, also des Verbindungskabels zwischen den beiden Gehirnhälften, weitgehend verantwortlich ist.

Diese Annahme wird inzwischen durch eine ganze Reihe interessanter Studien gestützt, wonach LRS-Kinder selbst bei Funktionen, die mit Lesen und Rechtschreiben gar nichts zu tun haben, aber das Zusammenwirken der beiden Gehirnhälften erfordern, deutlich schwächere Leistungen erbringen. In einer besonders interessanten Arbeit[46] erhielt eine Untersuchungsgruppe von 16 neunjährigen LRS-Schülern und zwei Kontrollgruppen von je 16 siebenjährigen und neunjährigen gut schreibenden Schülern folgende Aufgabe:

Drei Finger einer Hand wurden vom Versuchsleiter in einer Zufallsreihenfolge mit einem spitzen Gegenstand leicht berührt. Der Proband sollte unter anderem an der anderen Hand mit dem Daumen angeben, in welcher Reihenfolge die Finger berührt worden waren. Dazu musste zweifelsfrei das *Corpus callosum* in Aktion treten, über das die Information von der einen zur anderen Gehirnhälfte „hinüberzuschieben“ war. Die andere Hand befand sich einmal in einer gleichen Position und einmal in einer umgedrehten Position wie die berührte Hand. Es ergab sich die nachstehende Auswertung (bei jeweils maximal sechzehn möglichen Richtigen). (Vgl. Abbildung 13)

Deutlich ist zu erkennen, dass die LRS-Kinder sowohl bei spiegelbildlicher als auch bei gleichsinniger Haltung der anderen Hand wesentlich geringere Trefferquoten selbst als die Kinder aus der Kontrollgruppe mit Siebenjährigen erzielten. In einer weiteren Studie wurde dieser Versuch mit LRS-Erwachsenen wiederholt. Auch hier lagen die LRS-Erwachsenen in ihren Trefferquoten deutlich hinter der Kontrollgruppe zurück. Das Problem hatte sich also auch auf diesem Gebiet nicht „zurechtgewachsen“.

---

[46] Summerfield, B.: „Processing of Tactile Stimuli and Implications for the Reading Disabled“, in: *Neuropsychologia*, 31 (9), 1993, S. 965-76

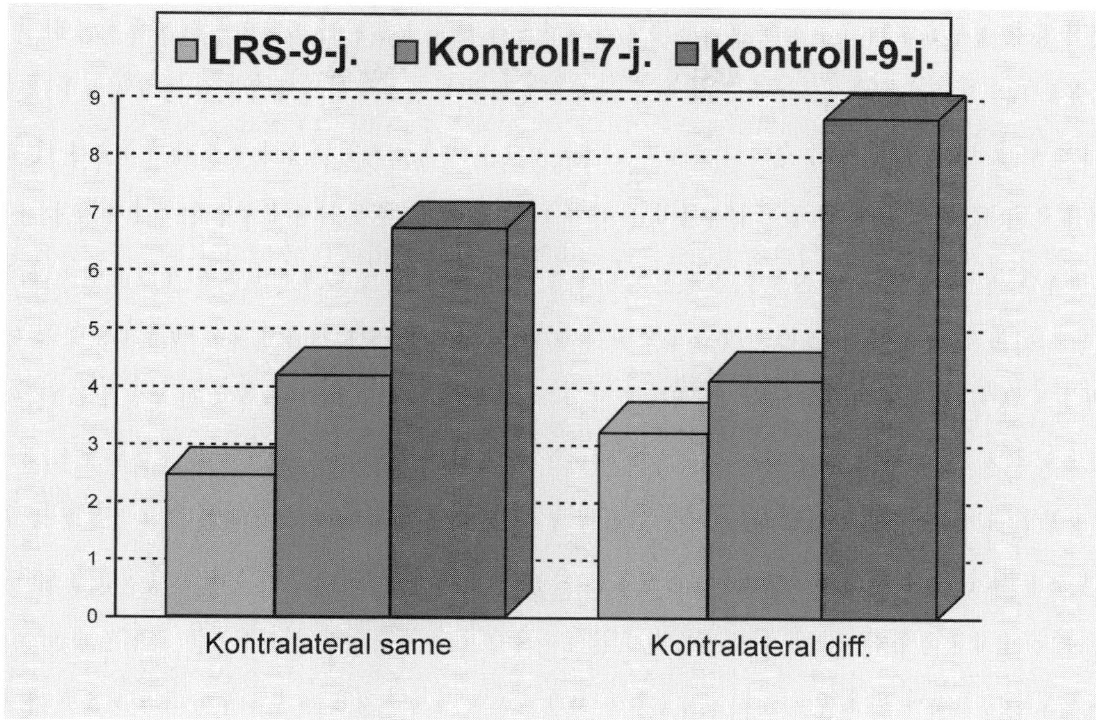

Kinder-Trefferquoten bei Fingerortung

Quelle: Neuropsychologia 32 (9), 1993, Seiten 965-976

B. C. Summerfield; P. T. Michie, Macquarie University, Sydney, Australien

Abbildung 13. Die LRS-Kinder zeigten bei diesem Fingerortungsspiel deutlich geringere Trefferquoten im Vergleich sowohl zu den neunjährigen als auch zu den siebenjährigen Kontrollkindern.

Das *Konzept* der Trainingsidee

Wenn ein Training wirklich an diesen Ursachen ansetzen soll, also eine breite Funktionsverbesserung des *Corpus callosum* leisten soll, kann eine tragfähige Lösung wohl nur darin bestehen, dass beiden Gehirnhälften ständig wechselnde Reize mit ansteigendem Schwierigkeitsgrad zugeführt werden, die somit zwangsläufig zu einer Reorganisation der „Zugriffsberechtigungen“ für das *Corpus callosum* führen. Diese Lösung ist in der Deutschen Patentschrift 39 39 401 vom 28. November 1989 ausführlich und recht gut verständlich dargestellt:

> „In der neurologischen Fachliteratur finden sich seit mehr als zwei Jahrzehnten immer wieder Hinweise, dass die gute Koordination zwischen den beiden Gehirnhälften eines Menschen eine ganz wichtige Voraussetzung für zahlreiche geistige und manuelle Fähigkeiten ... darstellt. Dazu gehören insbesondere das flüssige Schreiben und Lesen, aber auch das Rad- und Autofahren. Vor allem die Legasthenie, also eine im

Grundschulalter erkennbar werdende Teilleistungsschwäche auf dem Gebiet des Schreibens und des Lesens trotz ansonsten oft sogar überdurchschnittlicher Intelligenz, wird in jüngerer Zeit von Fachleuten immer eindeutiger auf eine unzureichende Koordination der Hirnhälften zurückgeführt.

Trotz dieser diagnostischen Erkenntnis werden den von Defiziten auf diesem Gebiet Betroffenen bis heute keine apparativen Vorrichtungen zum Training der wechselseitigen Koordination zwischen beiden Hirnhälften zwecks Vervollkommnung ihrer geistigen und manuellen Fähigkeiten oder zur Beseitigung geistiger oder manueller Defizite angeboten. Die Erfindung hat sich deshalb zur Aufgabe gestellt, in einer benutzerfreundlichen Kombination auditiver und/oder visueller Reize die Querverbindungen zwischen linker und rechter Hirnhälfte für das Hören, das Sehen und die Kombination beider besser auszubauen. Gelöst wird diese Aufgabe mittels einer Trainingsvorrichtung dadurch, dass paarig angeordnete Sinnesorgane eines zu Trainierenden abwechselnd einzeln und/oder gemeinsam mit sinnesgerechten Informationen versorgt werden."

Die *praktische Umsetzung* der Trainingsidee

Die aufgrund dieser Patentschrift entstandenen Audio-Video-Trainer enthalten als Kernstück eine neuartige Elektronikschaltung, die sich am einfachsten am Beispiel des Balancereglers einer Hi-Fi-Stereoanlage verstehen lässt: Mit diesem Regler wird beispielsweise durch Linksdrehen die Lautstärke des linken Kanals erhöht und zugleich die Lautstärke des rechten Kanals entsprechend abgesenkt. Wird er ganz auf einen Anschlag nach links oder rechts gedreht, so ertönt nur der betreffende Kanal, und der andere bleibt ganz stumm. Nun stellen Sie sich bitte eine Schaltung vor, die in der Lage ist, gleichzeitig und gegenläufig die Funktion von *zwei* Balancereglern auszuführen, wie in Abbildung 14 dargestellt:

Während die „Rechts-Information" von rechts nach links wandert, marschiert die „Links-Information" gleichzeitig von links nach rechts. Spielen wir etwa eine CD mit einem kindgerechten Lesetext über diese Schaltung ab und lassen ein Kind denselben Text mitlesen, so bleiben die beiden Stimmen nicht links und rechts stehen, sondern sie umkreisen das Kind ständig – sogar mit einstellbarer Geschwindigkeit, so dass sich das *Corpus callosum* des Kindes fortwährend mit diesen Richtungswechseln auseinander setzen muss. Einen überzeugenden persönlichen Höreindruck können Sie sich auf der schon erwähnten Begleit-CD zu diesem Buch (*Einsicht in das Warnke-Verfahren*) verschaffen: Auf Spur 19 hören Sie ein lesendes Kind, mit dem die Mutter synchron flüstert. Auf Spur 21 singt ein kleineres Kind ein Lied synchron mit einer CD. In beiden Hörbeispielen ist das gegenläufige Hin- und Herwandern der beiden Stimmen über Kopfhörer sehr gut zu verfolgen.

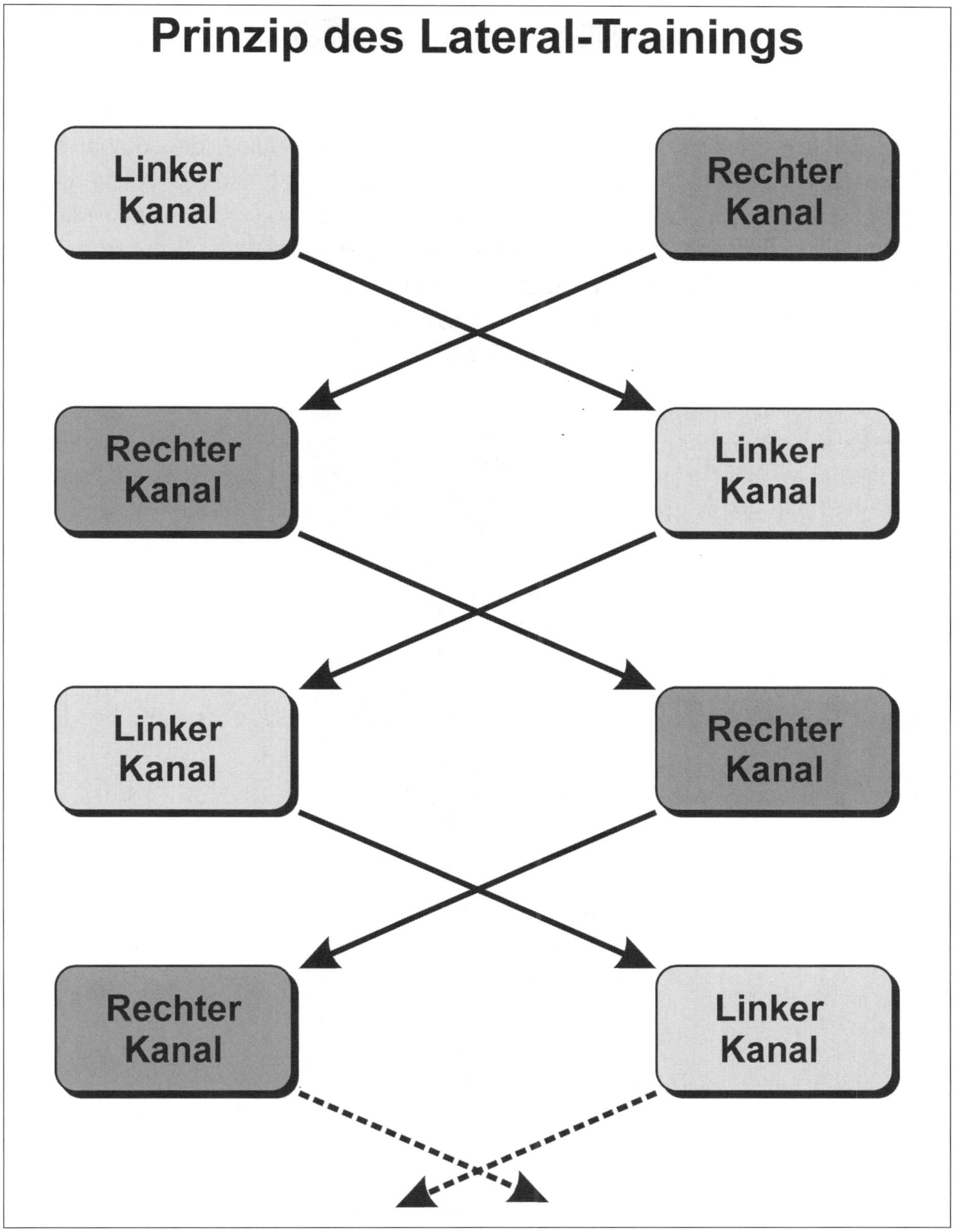

Abbildung 14. Beim Lateraltraining werden die beiden Informationskanäle ständig miteinander vertauscht, damit sich die beiden Gehirnhälften andauernd wechselseitig mit beiden Informationen befassen müssen.

So viel zur grundsätzlichen Arbeitsweise dieser Schaltung. Der vollständige Lieferumfang der Trainingsausrüstung besteht aus dem erwähnten Audio-Video-Trainer, einem CD-Spieler, zwei Mikrofonen und zwei Kopfhörern, die an den Lateral-Trainer angeschlossen und von ihm gesteuert werden.[47] Die „Software" besteht aus einer Leselern-CD, zwei Leseaufbau-CDs (auch mit Begleitbüchern), sechs CDs mit den schönsten *Leselöwen*-Geschichten, weiteren CD-Books sowie einer elektronisch gesteuerten Spezialbrille. Auch diese Brille wird an den Audio-Video-Trainer angeschlossen und zeigt dann eine ungewöhnliche Erscheinung: Abwechselnd werden das linke und das rechte Brillenglas abgedunkelt, und dann sind wieder beide Gläser durchsichtig. Diese Technik für das Sehen ist vergleichbar mit dem oben beschriebenen Hin- und Herwandern für das Hören.

Wenn Sie nun den Wunsch haben sollten, dass Ihr Kind nach meiner Methode geprüft werden möge, um gezielt nach Automatisierungsstörungen zu forschen, haben Sie dazu mehrere Möglichkeiten: Anhand des nachstehenden ausführlichen Berichtes eines typischen „Warnke-Therapeuten" vergewissern Sie sich, ob und gegebenenfalls welche Prüfschritte Sie selbst orientierend mit dem Kind durchführen können, so wie es ja oben bei dem besonders wichtigen Wahrnehmungs-Trennschärfe-Test schon empfohlen wurde, oder ob Sie sich lieber einem auf diesem Arbeitsgebiet besonders erfahrenen Therapeuten anvertrauen wollen.

[47] Siehe Bezugsquellennachweis am Ende dieses Buches

13. Vollständiger Testablauf

Im deutschsprachigen Teil Europas gibt es heute schon eine beträchtliche Anzahl von Ärzten, Psychologen, LRS-Therapeuten, Ergotherapeuten, Logopäden, Sprachheiltherapeuten und Kinesiologen, die sich der vorstehend beschriebenen Trainingsverfahren bedienen. Sie kommen also aus unterschiedlichen Fachrichtungen. Auch sie vertreten weitgehend die im vorigen Kapitel noch einmal deutlich vermittelte Erkenntnis, dass LRS sehr häufig auf eine Beeinträchtigung zentraler Automatisierungsfunktionen zurückzuführen ist. Dazu gehören beispielsweise oft auch weitere Beeinträchtigungen der sensorischen Integration im Sinne des Buches *Bausteine der kindlichen Entwicklung* von Jean A. Ayres. So ist inzwischen ein typischer Ablauf für den Erstkontakt und für die Testarbeit dieser Therapeuten mit einem LRS-Kind entstanden; dieser wird im Folgenden von einem aktiv damit Arbeitenden beschrieben; er wird in dieser Form von zahlreichen Institutionen in Deutschland, Österreich und der Schweiz auch in Seminaren und Workshops sowohl an weitere Therapeuten als auch an interessierte Eltern vermittelt.[48] In diesem Testablauf werden Sie logischerweise auch eine Reihe von Schritten (diesmal aus der Sicht des Therapeuten) wiederfinden, die Ihnen im Abschnitt „Anzeichen zum frühen Erkennen zentraler Automatisierungsstörungen" bereits begegnet sind:

„In der Regel geht dem persönlichen Erstkontakt eine fernmündliche Unterhaltung mit einem Elternteil voraus. Neben der Terminabstimmung für den Erstbesuch und der Aufforderung zum vorherigen Prüfen des peripheren Hörens lege ich großen Wert darauf, dass die Eltern ihr Kind so auf den Besuch vorbereiten, dass es sich möglichst locker und unverkrampft darauf einlassen kann. Meist empfehle ich, dem Kind zu sagen, dass es nicht um einen Arztbesuch geht, sondern dass jemand, der viel vom Hören und Sprechen versteht, mit ein paar Übungen versuchen wird festzustellen, ob deine Lese- und Rechtschreibschwierigkeiten sich auf eine ganz neuartige Weise in den Griff bekommen lassen.'

Daneben gibt es eine Reihe von weiteren Fragen in diesem Telefonat, die mir die bestmögliche Einstimmung auf diesen Test erleichtern sollen. Dazu gehört die Frage nach den Berufen beider Elternteile, damit ich bei meinen Erklärungen die Sprache der Eltern wählen kann. Die nächste Frage nach der Geschwisterkonstellation soll mich auf mögliche seelische Belastungen des Kindes vorbereiten. Beispielsweise

[48] Eine ständig aktualisierte Liste dieser Seminare und Workshops finden Sie im Internet unter www.meditech.de . Dort klicken Sie auf „Termine", dann auf „Alle" und schließlich auf OK.

hat es ein Junge mit einer etwas jüngeren Schwester, die ein echter Überflieger' ist, besonders schwer.

Schließlich frage ich die Eltern, ob in den letzten drei Monaten für ihr Kind ein so genanntes Tonschwellen-Audiogramm aufgenommen wurde. Ist dies nicht der Fall, so bitte ich die Eltern, vor dem Termin bei mir dieses Tonschwellen-Audiogramm bei einem HNO-Facharzt oder einem Hörgeräte-Akustiker-Fachbetrieb aufnehmen zu lassen, damit ich sicher bin, dass das *periphere* Hören des Kindes einwandfrei ist. Für die nun folgende weitere Berichterstattung gehe ich jetzt davon aus, dass es sich um einen Jungen handelt; denn nach meinen Erfahrungen sind ohnehin etwa 80 Prozent der LRS-Kinder männlichen Geschlechts.

Wenn irgend möglich, sollten beim Erstbesuch beide Elternteile dabei sein. Ich erlebe sonst gelegentlich, dass dem nicht anwesenden Vater das für ihn so neuartige Trainingskonzept noch einmal getrennt ausführlich erläutert werden muss. In jedem Falle begrüße ich die Familie schon an der Eingangstür und führe dann alle in meinen Testraum. Den Kontakt zum Jungen stelle ich meistens her, indem ich ihn frage, was ihm als Grund für den Besuch genannt worden sei. Entspricht seine Antwort nicht der fernmündlich getroffenen Sprachregelung, so korrigiere ich behutsam, ohne die Eltern dabei abzuwerten. Ich lasse ihn spüren, dass er für mich heute die Hauptperson ist; und das entspricht auch voll meiner Einstellung.

Die Technik in meinem Testraum besteht aus einem CD-Spieler, auf den der professionelle Lateral-Trainer gestellt und in geeigneter Weise damit verbunden ist. An die beiden Kopfhörerbuchsen des Lateral-Trainers sind insgesamt fünf Kopfhörer desselben Typs angeschlossen, damit nicht nur der Junge und ich, sondern auch seine Eltern – und gegebenenfalls eine begleitende Kollegin, die das Verfahren bei mir kennen lernen möchte – alle Phasen der nun folgenden Übungen in derselben Lautstärke und Tonqualität hören können. So verliere ich die Eltern während des gesamten Testvorganges auf keinen Fall.

Bevor wir mit dem Test beginnen, übergebe ich den Eltern einen vorbereiteten Protokollbogen, mit dessen Hilfe sie dem Testablauf mühelos folgen und etwaigen Trainingsbedarf ihres Kindes gleich ankreuzen können.[49] Nun beginne ich mit dem Testablauf, natürlich genau in der Reihenfolge des Protokollbogens:

1. Tonhöhenunterscheidung

Das Kind und alle anderen Anwesenden setzen ihre Kopfhörer auf. Dem Kind erkläre ich, dass es gleich aus meinem Testgerät zwei Töne hören werde. Es möge mir zunächst sagen, ob es zweimal derselbe oder zwei verschiedene Töne seien. (Es sind zwei deutlich verschiedene, und zwar mit einem Tonhöhenunterschied von

[49] Alle Trainingshinweise werden zwecks bestmöglicher Übersichtlichkeit im nächsten Kapitel ausführlich erklärt.

40 Prozent.) Wenn sich das Kind in diesem Sinne geäußert hat, soll es angeben, in welcher Reihenfolge es die beiden Töne gehört zu haben glaubt. Dann sagt es etwa ‚hoch-tief' oder ‚hell-dunkel'. Die Antwort des Kindes gebe ich in mein Testgerät ein. Ist die Antwort zutreffend, verringert sich das Intervall für das nächste Tonpärchen auf 38 Prozent. Mit jeder weiteren richtigen Antwort verringert sich das Intervall immer mehr. Bei einer falschen Antwort erhält das Kind eine neue Chance, indem das Intervall um mehrere Stufen vergrößert wird. Wenn das Kind bei sieben aufeinander folgenden Tonpärchen drei Fehler gemacht hat, gilt der letzte Wert vor dem ersten Fehler als Bestwert, den dieses Kind erreichte. Diesen Wert notiere ich und nenne ihn natürlich auch den Eltern. Liegt er oberhalb des altersgerechten Normwertes, empfehle ich ein Training mit dem *Brain-Boy-Universal*, auf das später einzugehen sein wird.

2. Auge-Hand-Koordination

Ich bitte das Kind, aus vier leichten Stäben mit unterschiedlich farbigen Banderolen denjenigen mit seiner Lieblingsfarbe herauszusuchen. Ich führe dem Kind vor, wie ich diesen Stab auf meinem Handrücken aufsetze, ganz nach oben auf seine Lieblingsfarbe schaue und meine Hand so bewege, dass der Stab senkrecht stehen bleibt und nicht umkippt. Dabei beziehe ich bewusst nicht nur den Unterarm, sondern zusätzlich den ganzen Körper in die Bewegung ein, um diese Möglichkeit auch dem Kind beispielhaft vorzugeben. Nun soll das Kind dies selbst versuchen. Welche Hand es dabei wählt, ist dem Kind selbst überlassen. Zumeist wählt es seine Schreibhand. Die Balancierleistung wird von mir auf meinem Prüfbogen mit einer Schulzensur' zwischen 1 und 5 bewertet. Den Eltern und dem Kind gebe ich lediglich bekannt, ob Trainingsbedarf besteht. Das ist der Fall, wenn das Kind den Stab nicht wenigstens 10 Sekunden auf seinem Handrücken balancieren konnte.

3. Blicktüchtigkeit

Für die nächste Übung benutze ich einen so genannten Rauschgenerator. Dabei handelt es sich um eine handgehaltene Elektronikschaltung, die sich einfach ein- und ausschalten lässt und über einen eingebauten Winz-Lautsprecher ein so genanntes weißes Rauschen erzeugt, in dem praktisch alle hörbaren Töne gleichzeitig enthalten sind, ähnlich wie weißes Licht sämtliche Spektralfarben enthält. Ich bitte das Kind einen farbigen Punkt anzuvisieren, der auf der Frontseite des Rauschgenerators aufgebracht ist, die dem Kind zugewandt ist. Dabei soll es den Kopf nicht bewegen, sondern nur die Augen. Die anderen Anwesenden werden gebeten, die stetige Augenbewegung des Kindes zu verfolgen. Nun vollführe ich mit dem Gerät mehrere liegende Achten, die stets von der Mitte nach oben beginnen. Auffällig ist das Kind, wenn es mit seinen Augen dieser Bewegung nicht stetig folgt, sondern Sprünge macht. Das geschieht vor allem bei der Annäherung von der Kurve zur Mittellinie. Zeigt sich diese Auffälligkeit, so erkläre ich der Familie die weitere tägliche Zwei-Minuten-Übung zum Trainieren der Blicktüchtigkeit.

4. Richtungshören

Ich bitte das Kind, im Stehen und zunächst noch bei offenen Augen mit dem gerade ausgestreckten Arm und Zeigefinger auf meinen Rauschgenerator zu weisen, den ich jeweils für etwa eine Viertelsekunde einschalte. Funktioniert dies mit offenen Augen, setze ich dem Kind eine Schlafbrille auf. Nun wiederhole ich die kurzen „Rauschbursts“ und beobachte, wie genau das Kind in die Richtung des Rauschgenerators zeigt. (*Burst* = zeitlich eindeutig begrenzter, in der Regel kurzer Abschnitt eines Tons oder eines Geräuschs) Typische Werte, die von zentral gut hörenden Kindern erreicht werden, liegen bei 5 Grad horizontal und bei 10 Grad vertikal. Das entspricht in einer Entfernung von 2,50 Metern einer Abweichung von etwa 20 cm horizontal und 40 cm vertikal. Liegt das Kind, was zumeist der Fall ist, jenseits dieser Richtwerte, so werden die Eltern gebeten, auch bei der Position 4 ihres Protokolls ein Kreuz zu machen. Die beiden Möglichkeiten eines häuslichen Trainings erläutere ich den Eltern.

5. Binokularsehen (= Räumliches Sehen)

Als Nächstes teste ich die binokulare Fusion des Kindes, also die Fähigkeit seiner zentralen Sehverarbeitung zum Verschmelzen der beiden unterschiedlichen Netzhautbilder zu einem gemeinsamen Seheindruck: Für die Screening-Messung im Nahfeld benutze ich eine Vorlage, auf der das Kind mindestens einen Stern, darüber hinaus aber auch drei weitere Gegenstände erkennen muss. Ist dies nicht der Fall, so kann die binokulare Fusion im Nahfeld als gestört gelten. Im Fernfeld benutze ich ein Test-Kit, das aus einer transparenten Folie mit farblich eingebetteten Strichzeichnungen besteht. Das Kind erhält eine Rot-Grün-Brille, mit der es bei einwandfreier binokularer Fusion alle Strichzeichnungen erkennen und benennen kann. Ist dies nicht der Fall oder war das Kind auch schon im Nahfeld auffällig, empfehle ich den Eltern die Kontaktaufnahme zu einem derjenigen Augenoptiker oder Augenärzte, mit denen ich mich in der Beurteilung möglicher Zusammenhänge zwischen einer gestörten binokularen Fusion und LRS einig weiß.

6. Kurzzeit-Merkfähigkeit

Ich kündige dem Kind an, dass es gleich von mir einige sinnfreie Wörter – bei kleineren Kinder spreche ich von 'Quatschwörtern' – hören werde. Es möge diese Wörter so genau wie möglich nachsprechen. Aus der hier abgedruckten Liste (vgl. Tabelle Seite 103) spreche ich ihm an beliebigen Stellen herausgegriffene Silbenfolgen mit einer Geschwindigkeit von vier Silben pro Sekunde vor, also genau so, wie man die Zahl 21 zum Zählen von Sekunden verwendet:

Test- und Übungsbogen
mit 400 Silben
zur Kurzzeit-Merkfähigkeit

	1.	2.	3.	4.	5.	6.	7.	8.	9.	10	11.	12.	13.	14.	15.	16.	17.	18.	19.	20.
1.	bu	fi	ga	lo	te	zu	mi	ka	do	re	hu	di	na	po	se	wu	bi	fa	go	le
2.	zi	ma	ko	de	ru	hi	da	no	pe	su	wi	ba	fo	ge	lu	ti	za	mo	ke	du
3.	ha	do	ne	pu	si	wa	bo	fe	gu	li	ta	zo	me	ku	di	ra	ho	de	nu	pi
4.	wo	be	fu	gi	la	to	ze	mu	ki	da	ro	he	du	ni	pa	so	we	ku	hi	ra
5.	fe	lu	ti	ma	zo	ge	wu	ni	ba	so	ge	du	ki	ha	ro	pe	fu	li	ta	mo
6.	je	wa	nu	bo	si	ge	da	ku	ho	ri	pe	fa	lu	to	mi	ze	ga	wu	no	bi
7.	ga	du	ko	hi	re	pa	fu	lo	ti	me	za	gu	wo	ni	be	sa	gu	do	ki	he
8.	ju	fo	li	te	ma	zu	go	wi	ne	ba	su	go	di	te	wa	su	bo	di	fe	da
9.	no	pi	he	ra	ku	mo	zi	ge	ta	wu	so	bi	de	fa	du	lo	ni	pe	ha	ru
10.	mi	ze	ga	tu	wo	si	be	da	fu	do	li	ne	pa	hu	ro	ki	me	za	gu	to
11.	je	ba	du	fo	di	le	na	pu	ho	ri	ke	ma	zu	go	ti	we	sa	bu	do	fi
12.	la	nu	po	hi	re	ka	mu	zo	gi	me	ta	fu	so	ki	he	da	zu	no	bi	le
13.	pu	do	gi	re	ma	tu	fo	si	ke	ha	du	zo	ni	be	la	wu	po	di	ge	ra
14.	to	fi	se	ka	hu	do	zi	ne	ba	lu	wo	pi	de	ga	ru	mo	ti	fe	sa	ku
15.	de	zo	nu	bi	la	we	po	du	gi	ra	me	to	fu	si	ka	he	do	zu	ni	ba
16.	wo	pu	di	ga	re	bo	nu	di	pa	re	fo	ku	li	sa	me	go	zu	ti	ha	de
17.	bu	ni	da	pe	ro	fu	ki	la	se	mo	gu	zi	ta	he	do	wu	bi	na	de	po
18.	fi	ka	le	so	mu	gi	za	te	ho	du	wi	ba	ne	do	pu	ri	fa	ke	lo	su
19.	ja	ze	to	hu	di	wa	be	no	du	pi	ra	fe	ko	lu	si	ma	ge	zo	tu	hi
20.	we	mo	su	li	ka	fe	ro	pu	di	na	be	wo	du	hi	za	ge	mo	su	li	fa

Ich beginne mit sechs Silben, wenn das Kind sieben Jahre oder älter ist. Darunter verfahre ich nach der Formel „Alter minus eins", beginne also zum Beispiel bei einem Fünfjährigen mit vier Silben. Sobald er drei verschiedene Reihungen von je sechs Silben richtig nachgesprochen hat, gilt diese Silbenzahl als beherrscht. Beim ersten Fehler innerhalb einer Silbenzahl verringere ich um eine Silbe. Dreimal sechs fehlerfreie Silben habe ich bei sprachauffälligen Kindern aber noch nicht erlebt. Ihre Kurzzeit-Merkfähigkeit liegt fast immer um zwei bis drei Silben unter dem alterstypischen Richtwert. Deshalb kommt es mit den Sechssilbern zumeist bei der zweiten, spätestens bei der dritten Reihung zu Fehlern beim Nachsprechen. Die tatsächliche vom Kind sicher erreichte Nachsprechsilbenzahl trage ich in meinen Prüfbogen ein und gebe den Eltern für eine weitere tägliche Zwei-Minuten-Übung die nötigen Hinweise.

7. Ordnungsschwelle

Den Begriff der Ordnungsschwelle den Eltern in aller Ausführlichkeit zu erklären würde ein eigenes Buch füllen. Dieses Buch wurde auch schon geschrieben.[50] Daraus entnehme für die interessierten Eltern etwa die nachstehende Erklärung, weil dieser Begriff den meisten Eltern noch völlig neu ist:

> ‚Die Ordnungsschwelle ist ein Maß dafür, wie präzise ein Mensch seine Sinneseindrücke im Hören und auch im Sehen in kleinste Zeiteinheiten zerlegen kann. Ja kürzer die Ordnungsschwelle, umso feiner differenziert nimmt der Betreffende zum Beispiel Sprache wahr.'

So weit meine kurzen Erläuterungen gegenüber den Eltern. Um die Ordnungsschwelle des Kindes festzustellen, setze ich diesem wieder den Kopfhörer auf und erkläre ihm Folgendes:

> ‚In deinem Kopfhörer wirst du gleich nacheinander zwei kurze Geräusche hören. Achte darauf, auf welcher Seite du das erste Geräusch gehört hast. Auf dieser Seite hebst du dann die Hand. Ich sage meinem Gerät, auf welcher Seite du die Hand gehoben hast. Für richtige Antworten wird es immer ein bisschen schwieriger, bei einer falschen Antwort ein gehöriges Stückchen leichter, damit du eine neue Chance hast.'

Und genau so vollzieht sich dieser Testschritt. Die meisten der von mir getesteten Kinder, die wegen einer LRS zu mir kamen, hatten Ordnungsschwellenwerte, die meistens um das Doppelte höher lagen als ihr alterstypischer Wert. Wenn dies der Fall ist, prüfe ich auch noch die visuelle Ordnungsschwelle. Hierbei schaut das Kind auf ein kleines Kreuz zwischen zwei Leuchtdioden. Es soll nun angeben, welche der beiden Leuchtdioden zuerst aufgeblitzt ist. Wiederum übertrage ich die Antworten des Kindes in das Testgerät, das in derselben Weise wie oben beschrieben nach *richtigen* Antworten den Schwierigkeitsgrad stetig erhöht, die beiden Blitze also schneller aufeinander folgen lässt, und bei unzutreffenden Antworten eine neue Chance durch verlangsamte Blitzabstände eröffnet.

Erfreulicherweise liegt bei diesen Kindern die visuelle Ordnungsschwelle sehr oft im altersgerechten Bereich. Das sind dann gute Voraussetzungen für ein gezieltes Ordnungsschwellentraining des Kindes, das ich den Eltern anrate.

8. Wahrnehmungs-Trennschärfe

Nun setzen wir wieder alle die Kopfhörer auf. Auf dem CD-Spieler spiele ich die Spur 11 der CD *Einsicht in das Warnke-Verfahren* ab und stelle die Lautstärke so

---

[50] Warnke, F.: *Der Takt des Gehirns*, 2. Aufl., Dortmund: verlag modernes lernen, 1999

ein, dass das Kind die leisen Messtöne auf dieser Spur gerade eben wahrnehmen kann. Am sichersten kann ich diese richtige Lautstärke erkennen, indem ich das Kind bitte, zu den intermittierenden Tönen den Takt zu schlagen, sobald sie zu hören sind. Hat das Kind bei einer Lautstärke, die es eigentlich sicher wahrnehmen müsste, doch Probleme, so vergewissere ich mich, ob wirklich beim HNO-Arzt oder beim Hörgeräteakustiker unlängst der von mir erbetene Hörtest vorgenommen wurde, und lasse ihn notfalls nachholen oder wiederholen.

Bei einer besonders reinlichen Familie hat sich dabei zum Beispiel herausgestellt, dass die äußerst bemühte Mutter durch ständiges Reinigen der Gehörgänge ihres Sohnes mit Wattestäbchen die Cerumenproduktion stark angekurbelt und vor beiden Trommelfellen einen Cerumenpfropf aufgebaut hatte. Da dies ein langsam ablaufender Vorgang war, musste dem Kind die dadurch verursachte, über Wochen sich erstreckende schleichende Verschlechterung seines Hörvermögens gar nicht auffallen.

Nun kommen wir zum eigentlichen Wahrnehmungs-Trennschärfe-Test. Ich betone gegenüber dem Kind, dass wir weiterhin miteinander Übungen machen und dass es keine Zensuren geben wird. Die Eltern bitte ich eindringlich, sich während der nächsten sechs Minuten jeglicher Bemerkungen zu enthalten. Gerade bei diesem Testabschnitt ist nämlich vor allem für Väter nach meinen Erfahrungen die Versuchung groß, ihren Sohn im fliegenden Start zu korrigieren. Ist dies geklärt, gehe ich ohne weitere Testerläuterungen auf Spur 12 mit dem Wahrnehmungs-Trennschärfe-Test über.

Ergibt sich im Teil 1 eine Richtigenzahl von weniger als zehn pro Seite, so breche ich den Test ab, um das Kind nicht unnötig zu belasten. Ich erkläre den Eltern in diesem Falle, dass ich bereits eine klare Aussage habe. Brachte der Teil 1 jedoch noch keine so starken Auffälligkeiten, so lasse ich die CD ohne Unterbrechung in den Teil 2 weiterlaufen. Er beginnt bekanntlich mit den Worten: ‚So, bei diesem ersten Teil hast du so gut abgeschnitten, dass wir es dir jetzt ein bisschen schwieriger machen wollen.' Da kommt es gelegentlich vor, dass besonders gewitzte Kinder dazwischen fragen, woher der Mann das weiß. Dann und nur dann unterbreche ich kurz und erkläre, dass ich es weiß und deshalb diesen Text weiter laufen gelassen habe.

Nun gibt es drei Möglichkeiten: Höchst selten kommt es vor, dass die zentrale Hörverarbeitung eines LRS-Kindes auch im Teil 2 einwandfrei ist, dass das Kind also mehr als 10 richtige Paare auf beiden Ohren erreicht. Ebenfalls selten sind die Fälle mit einer ausgeprägt einseitigen Benachteiligung. Auch hier würde ich im Zweifelsfalle zunächst auf eine einseitige periphere Hörbeeinträchtigung tippen und dies aufklären. Am größten aber ist die Zahl der Kinder, die im Teil 2 die typischen Fehler einer zu ungenauen und/oder zu langsamen zentralen Hörverarbeitung bei diesen sinnfreien Wörtern zeigen. Typische Fehler bestehen in einer Wiederholung der ersten oder auch der zweiten Silbe eines Pärchens. Auch d-g-Verwechslungen, k-t-Verwechslungen und b-w-Verwechslungen treten häufig auf.

9. Lesetest

Der Lesetest ist vor allem dazu bestimmt, die Lesestrategie des Kindes zu ergründen, ob es also die wünschenswerte Anfängertechnik der basalen Umwandlung von Buchstaben in Laute beherrscht oder etwa zu früh auf die Ganzwort-Lesetechnik der Erwachsenen hinübergesprungen ist. Zu diesem Zweck gebe ich dem Kind zunächst einen ganz einfachen Lesetext. Darin findet es praktisch ausnahmslos vertraute Worte vor. Kein Wort ist länger als sieben Buchstaben, kein Satz länger als sieben Worte:

Bo im Eis

Es ist Winter.
Timo, Mama und Bo gehen raus.

Bo ist der Hund von Timo.
Timo und Bo sind gute Freunde.

Timo, Mama und Bo gehen zum Teich.
Auf dem Teich ist schon Eis.

Timo will auf das Eis gehen.
Doch Mama will das nicht.

Mama sagt:
„Das Eis ist noch zu dünn.“

Also gehen sie nicht über den Teich.
Sie gehen lieber um den Teich herum.

Falls das Kind schon bei diesem einfachen Text eine schwache Leseleistung zeigt, die nicht altersgerecht ist, wäre das ein weiteres wichtiges Anzeichen für die wahrscheinlichen Ursachen auch seiner Rechtschreibprobleme. Liest das Kind diesen Text dagegen trotz vorhandener Rechtschreibprobleme sehr flüssig, achte ich besonders scharf auf kleine Abweichungen vom geschriebenen Text. Typisch sind beispielsweise „Tomi“ statt „Timo“ oder auch „Bobo“ oder „Po“ statt „Bo“. In allen Fällen geht es an den weiteren, nun sinnfreien Lesetest, von dem ich hier einen Ausschnitt wiedergebe:

Bufi galote zu mika. Jo rehudi napo se wubi. Fago lezima ko jeru. Hi dano pesu wibafo. Geluti zamoke juha. Do nepusi wabo feguli. Tazo meku jira hodenu. Piwo befugi lato zemu. Kija rohedu ni paso. We kuhi ra felu ti. Mazo gewuni basoje. Duki harope fuli tamo. Ge wanubo sije daku. Hori pe faluto folite mazu gowine. Ba sujo dite wasebo jife da. Nopi heraku mozi geta.

Das Lesetempo von Kindern mit LRS, die sinnvolle Texte flüssig lesen können, geht hier fast immer deutlich merkbar zurück. Anhand einer Auswertungstabelle mit typischen Zeiten und Fehlerzahlen von gut schreibenden Schülern gewichte ich die Leseleistung und gehe zum letzten Schritt über, der im Lautieren oder Buchstabieren eines Wortes besteht, das nicht lautgleich geschrieben wird und auch nicht durch Regeln erfasst werden kann, also beispielsweise „Pfahl". In der weitaus überwiegenden Zahl der Fälle buchstabiert das Kind brav und überzeugt: „F – a – l".

Nun habe ich aus allen Einzelschritten ein vollständiges Bild von den Leistungen und dem Trainingsbedarf des Kindes. In Abhängigkeit von diesem Ergebnis trage ich abschließend dem Kind und den Eltern mein Therapiekonzept vor, das zumeist in einer Mischung aus ein bis zwei wöchentlichen Therapiestunden bei mir und den anfänglichen zwanzig bis dreißig Minuten täglichen häuslichen Trainings mit der für den jeweiligen Fall zu empfehlenden Trainingsausrüstung besteht.

Zwei wichtige Voraussetzungen für das häusliche Training müssen natürlich erfüllt sein: Da zumindest bis zum Redaktionsschluss dieses Buches die deutschen Krankenkassen nur in wenigen Einzelfällen die Kosten für die Hard- und Software der Trainingsausrüstung zur Hälfte übernommen haben, müssten die Eltern bereit und in der Lage sein, die Anlage für ihr Kind anzuschaffen. Ebenso wichtig aber ist die Selbstverpflichtung des Kindes, also seine Bereitschaft, dass es wirklich jeden Wochentag fünfzehn bis zwanzig Minuten mit den Geräten üben will. Das ist mir so wichtig, dass ich dem Kind anhand der bei mir vorhandenen Geräte den Übungsablauf für die ersten Wochen erkläre und auch typische Übungen der ersten Wochen schon anspiele. Erst wenn das Kind einen vollständigen Eindruck gewonnen hat, worauf es sich einlassen würde, erfrage ich seine Bereitschaft.

Wenn das Kind spontan zustimmt, gehe ich in den meisten Fällen noch einen Schritt weiter und frage das Kind, ob es bereit sei, mir sein Wort darauf zu geben, dass es im Regelfall täglich üben wird. Durch diese teilweise Verlagerung der Verantwortung von den Eltern auf das Kind entsteht eine wünschenswerte Entlastung der bei LRS-Problemen oftmals stark angespannten häuslichen Atmosphäre. Und gelegentlich ist es tatsächlich vorgekommen, dass ein Kind mich am Samstagnachmittag angerufen und mitgeteilt hat, dass es den einen in der abgelaufenen Woche ausgefallenen Übungstag ganz gewiss am Sonntag nachholen werde.

Stimmt das Kind nicht spontan zu, so empfehle ich den Eltern ihr Kind daheim in aller Offenheit zu befragen, ob es wirklich bereit ist jeden Tag etwa 10 bis 15 Minuten zunächst mit der Leselern-CD, den Leseaufbau-CDs, den *Leselöwen-*, den *Hifino*-Geschichten und später mit den CD-Books und weitere 10 bis 15 Minuten mit dem *Brain-Boy-Universal* zu üben. Dieses Training wäre nämlich aussichtslos, wenn die Eltern das Kind nicht überzeugen, sondern überreden oder gar zwingen würden. Die besten Erfolgsaussichten haben diejenigen Eltern, die mit ihrem Kind eine verbindliche Verabredung etwa von der Art treffen, wie sie hier als Beispiel abgedruckt ist. (Vgl. Abbildung 15) Danach sind sowohl das Kind selbst als auch die Eltern für ihre jeweiligen Beiträge zu den täglichen Trainingszeiten verantwortlich.

Erst wenn diese Zustimmung ihres Kindes vorliegt, so rate ich den Eltern weiter, sollten sie die Trainingsausrüstung auf dem im Anhang dieses Buches angegebenen Bezugswege bestellen. Die Erfahrung hat gezeigt, dass ein in der Familie möglicherweise schon vorhandener CD-Spieler dem Kind auch mühelos *jederzeit zugänglich* sein sollte. Ist dies nicht sichergestellt, so empfiehlt es sich, einen weiteren CD-Spieler anzuschaffen, der ständig mit der Trainingseinrichtung verbunden ist. Damit wird das häufige Hin- und Hertragen und das Umstecken von Verbindungskabeln vermieden, so dass das Kind jederzeit – möglichst sogar in seinem eigenen Zimmer – sein Training beginnen bzw. fortsetzen kann."

* * *

So weit der Bericht des Therapeuten. Er gibt den Eltern einen vorbereiteten Text mit auf den Weg, aus dem sie Art und Umfang des täglichen häuslichen Trainings ersehen und verfolgen können. Wegen seiner Wichtigkeit und auch zur umfänglichen Vorbereitung der Leser dieses Buches, die selbst ein betroffenes Kind haben, widmen wir diesem häuslichen Training – sei es mit oder ohne therapeutische Begleitung – ein eigenes, nämlich das nachfolgende Kapitel. Dabei sind einige Wiederholungen von Informationen und Gedanken, die diesem Buch bereits erwähnt wurden, durchaus beabsichtigt, damit Eltern, die sich zu diesem Training entschlossen haben, diskussionssicherer werden.

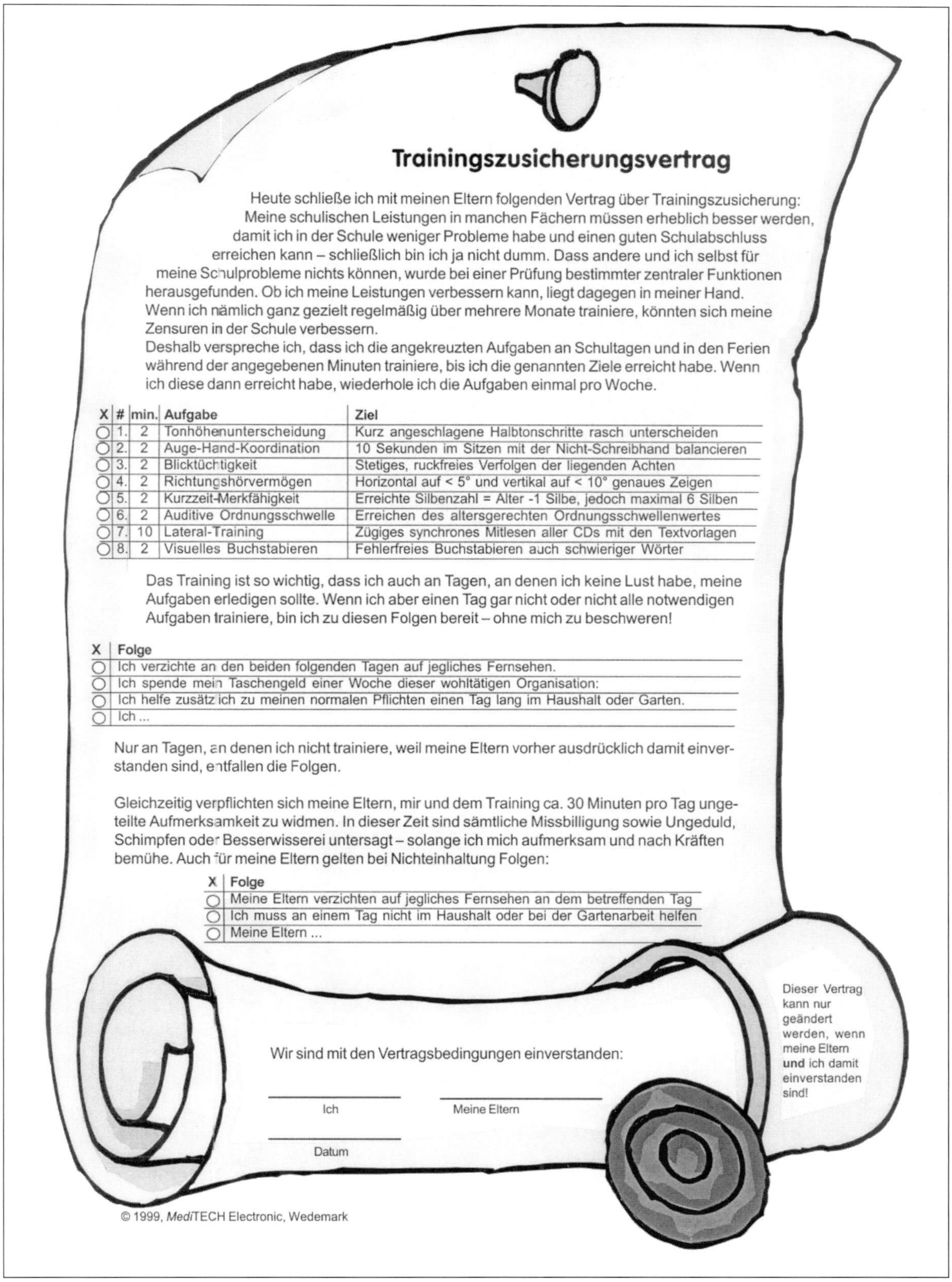

Trainingszusicherungsvertrag

Heute schließe ich mit meinen Eltern folgenden Vertrag über Trainingszusicherung: Meine schulischen Leistungen in manchen Fächern müssen erheblich besser werden, damit ich in der Schule weniger Probleme habe und einen guten Schulabschluss erreichen kann – schließlich bin ich ja nicht dumm. Dass andere und ich selbst für meine Schulprobleme nichts können, wurde bei einer Prüfung bestimmter zentraler Funktionen herausgefunden. Ob ich meine Leistungen verbessern kann, liegt dagegen in meiner Hand. Wenn ich nämlich ganz gezielt regelmäßig über mehrere Monate trainiere, könnten sich meine Zensuren in der Schule verbessern.

Deshalb verspreche ich, dass ich die angekreuzten Aufgaben an Schultagen und in den Ferien während der angegebenen Minuten trainiere, bis ich die genannten Ziele erreicht habe. Wenn ich diese dann erreicht habe, wiederhole ich die Aufgaben einmal pro Woche.

X	#	min.	Aufgabe	Ziel
○	1.	2	Tonhöhenunterscheidung	Kurz angeschlagene Halbtonschritte rasch unterscheiden
○	2.	2	Auge-Hand-Koordination	10 Sekunden im Sitzen mit der Nicht-Schreibhand balancieren
○	3.	2	Blicktüchtigkeit	Stetiges, ruckfreies Verfolgen der liegenden Achten
○	4.	2	Richtungshörvermögen	Horizontal auf < 5° und vertikal auf < 10° genaues Zeigen
○	5.	2	Kurzzeit-Merkfähigkeit	Erreichte Silbenzahl = Alter -1 Silbe, jedoch maximal 6 Silben
○	6.	2	Auditive Ordnungsschwelle	Erreichen des altersgerechten Ordnungsschwellenwertes
○	7.	10	Lateral-Training	Zügiges synchrones Mitlesen aller CDs mit den Textvorlagen
○	8.	2	Visuelles Buchstabieren	Fehlerfreies Buchstabieren auch schwieriger Wörter

Das Training ist so wichtig, dass ich auch an Tagen, an denen ich keine Lust habe, meine Aufgaben erledigen sollte. Wenn ich aber einen Tag gar nicht oder nicht alle notwendigen Aufgaben trainiere, bin ich zu diesen Folgen bereit – ohne mich zu beschweren!

X	Folge
○	Ich verzichte an den beiden folgenden Tagen auf jegliches Fernsehen.
○	Ich spende mein Taschengeld einer Woche dieser wohltätigen Organisation:
○	Ich helfe zusätzlich zu meinen normalen Pflichten einen Tag lang im Haushalt oder Garten.
○	Ich ...

Nur an Tagen, an denen ich nicht trainiere, weil meine Eltern vorher ausdrücklich damit einverstanden sind, entfallen die Folgen.

Gleichzeitig verpflichten sich meine Eltern, mir und dem Training ca. 30 Minuten pro Tag ungeteilte Aufmerksamkeit zu widmen. In dieser Zeit sind sämtliche Missbilligung sowie Ungeduld, Schimpfen oder Besserwisserei untersagt – solange ich mich aufmerksam und nach Kräften bemühe. Auch für meine Eltern gelten bei Nichteinhaltung Folgen:

X	Folge
○	Meine Eltern verzichten auf jegliches Fernsehen an dem betreffenden Tag
○	Ich muss an einem Tag nicht im Haushalt oder bei der Gartenarbeit helfen
○	Meine Eltern ...

Wir sind mit den Vertragsbedingungen einverstanden:

Ich ____________ Meine Eltern ____________

Datum ____________

Dieser Vertrag kann nur geändert werden, wenn meine Eltern **und** ich damit einverstanden sind!

Abbildung 15. Mustervertrag zwischen Eltern und Kind

14. Was Eltern daheim tun können

Bis hierher dürfte jedem Leser deutlich geworden sein, dass LRS keinesfalls auf schuldhaftes Verhalten oder Unterlassen seitens der Eltern oder der betroffenen Kinder zurückzuführen ist, dass sie aber ebenso wenig wie eine unabwendbare Schicksalsfügung hingenommen werden muss. Deshalb kommt diesem Kapitel wohl die größte Bedeutung im gesamten Buch zu. Falls Eltern trotz der Ausführlichkeit und auch nach dem Zurückblättern zu anderen Teilen dieses Buches noch Erklärungsbedarf haben, sei noch einmal auf die Möglichkeit verwiesen, an einem der etwa dreißig jährlich im gesamten deutschsprachigen Raume Europas stattfindenden Grundseminare auch als Eltern teilzunehmen.[51] Nun also zum Training in der häuslichen Sphäre:

Ergänzende Hinweise zum Automatisierungstraining

Wir gehen davon aus, Sie haben Ihr Kind auf Automatisierungsstörungen mit dem Schwerpunkt im Hörbereich untersuchen lassen. Dabei ist Ihnen die Schrift *Automatisierungstraining bei zentralen Wahrnehmungsproblemen* ausgehändigt worden, in der straff zusammengefasst die möglichen Probleme Ihres Kindes aufgelistet sind. Sie haben diejenigen Testabschnitte, in denen Ihr Kind keine altersgerechte Leistung zeigte, bereits in der Praxis des Therapeuten angekreuzt, so dass daraus Empfehlungen für das häusliche Training abgeleitet werden konnten. Es ist abzusehen, dass diese kurzen Hinweise nicht in jedem Einzelfalle zum vollen Verständnis und zur zielgerechten Durchführung des Trainings ausreichen. Deshalb erhalten Sie hier zusätzliche Hinweise. Darin finden Sie, damit Sie nicht ständig hin- und herblättern müssen, zunächst jeweils die Originalfassung des erwähnten Textes *Automatisierungstraining bei zentralen Wahrnehmungsproblemen* als Kästchen und darunter ausführlichere Hinweise.

> Die nachstehende Übersicht enthält neun Maßnahmen zu der äußerst wichtigen Automatisierung grundlegender Teilfunktionen bei Kindern mit zentralen Wahrnehmungsproblemen. Bitte kreuzen Sie in dem Quadrat neben der jeweiligen Ziffer die für Ihr Kind wichtigen Maßnahmen an. Die Übungen sollen, soweit nicht im Einzelnen anders angegeben, täglich etwa zwei Minuten durchgeführt werden, bis das jeweils angegebene Ziel erreicht ist. Danach genügt es, das Erreichte mit jeweils zwei Minuten einmal pro Woche aufrechtzuerhalten.

[51] Eine ständig aktualisierte Liste dieser Seminare und Workshops finden Sie im Internet unter www.meditech.de. Dort klicken Sie auf „Termine", dann auf „Alle" und schließlich auf OK.

Es besteht kein Grund zur Beunruhigung, falls Sie für Ihr Kind tatsächlich *viele* der neun Prüfabschnitte ankreuzen mussten. Genau nach den Gesichtspunkten des häufigen Auftretens von bisher unentdeckten Automatisierungsproblemen von Kindern ist ja der Prüfablauf aufgrund der Erfahrungen mit vielen tausend Kindern aufgebaut worden. Falls Ihr Kind, dem ja das Ankreuzen dieser Trainingsabschnitte nicht verborgen bleiben sollte, betroffen oder traurig reagiert, können Sie ihm getrost vermitteln, dass es sich damit in bester Gesellschaft mit vielen anderen Kindern befindet, die ebenfalls sein Problem haben. Jetzt aber besteht wenigstens die Chance, diese Schwierigkeiten durch das maßgeschneiderte Training abzubauen. Man kann getrost sagen, dass die Erfolgsaussichten eines Trainings umso größer sind, je mehr Automatisierungsstörungen erkannt und einem Training zugeführt werden.

1. Tonhöhenunterscheidung – Sofern die Tonhöhenunterscheidung des Kindes nicht altersgerecht entwickelt ist, ist der *Brain-Boy-Universal*[52] mit seinem Spiel Sound-Boy zum eigenständigen Training durch das betroffene Kind ohne Hilfe einer Bezugsperson am besten geeignet. Bei diesem Spiel hört das übende Kind nach der Wahl des gewünschten Schwierigkeitsgrades in seinem Kopfhörer zwei unmittelbar aufeinander folgende, kurze Töne, zunächst in größerem Tonabstand voneinander. Es entscheidet sich durch Betätigen einer Taste, ob der dunklere bzw. tiefere Ton an erster oder zweiter Stelle zu hören war. Danach hört es – in Abhängigkeit vom Erfolg – die beiden Töne in immer kleiner werdenden Intervallen voneinander. Ziel: Erreichen der Anerkennungsstufe „Spitze!“, die dem Kind über seinen Kopfhörer vom Gerät mitgeteilt wird.

Viele Menschen, vor allem Kinder, fühlen sich oft unverstanden, obwohl sie sich klar ausgedrückt zu haben glauben. Oder sie verstehen nicht recht, was ein anderer „wirklich meint“. Ein wichtiger Grund dafür ist zumeist das mangelnde Beherrschen der „Prosodie“. Unter diesem Begriff versteht man neben der Sprechlautstärke, dem Sprechrhythmus und der Sprechgeschwindigkeit vor allem die *Sprechmelodie* mit ihrer Wirkung auf die Satz- und Wortbetonung der Sprache eines Menschen. Wichtigste Voraussetzung für eine „effiziente“ Prosodie ist natürlich die Fähigkeit, diese kleinen Tonhöhenunterschiede in der eigenen Sprache überhaupt *wahrzunehmen*.

Doch eine unzureichende Tonhöhenunterscheidung hat noch eine weitere nachteilige Auswirkung: Der Betroffene kann auch die Feinheiten in der Sprache anderer, die mit deren Sprechmelodie verknüpft sind, nicht voll verstehen und gilt dann oft als unsensibel. Versuche haben aber ergeben, dass Kinder mit Lernproblemen bei

---

[52] Bezugsquelle: *Medi*TECH Electronic GmbH, Langer Acker 7, 30 900 Wedemark, Ruf 0 51 30 – 9 77 78~0, Fax 0 51 30 – 9 77 78~22

zwei unmittelbar aufeinander folgenden Tönen nicht einmal Tonhöhenunterschiede von mehr als 10 Prozent (!) bestimmen können – ohne dass ihnen dies bisher überhaupt bewusst war.

Erfreulicherweise lässt sich diese Fähigkeit aber trainieren. Eine umfängliche Studie von Professor J. Meyer von der Physikalisch-Technischen Bundesanstalt Braunschweig weist unter anderem beispielsweise nach, dass 67 Prozent der getesteten Musiker, die ein Streichinstrument spielten, noch Tonintervalle von 0,4 Prozent voneinander unterscheiden konnten.[53] Noch besser waren die getesteten Tonmeister, die dieses Intervall ausnahmslos, also zu 100 Prozent, richtig unterscheiden konnten. In der Rangfolge danach kamen Gitarren-, Klavier-, Blockflöten-, Akkordeonspieler und Chorsänger.

Auf diesen wissenschaftlichen Erkenntnissen baut der *Sound-Boy* auf: Für ein derartiges Training liefert der *Sound-Boy* jeweils zwei kurze „Tonbursts" unterschiedlicher Tonhöhe, die unmittelbar aufeinander folgen. Dann ist es die Aufgabe des Trainierenden, sich in aller Ruhe durch Betätigen der linken oder rechten Taste zu entscheiden, ob der tiefere Ton zuerst oder zuletzt wahrgenommen wurde. Ist diese Entscheidung richtig, so wird nach einem vorgegebenen, einprogrammierten System der Schwierigkeitsgrad erhöht, also der Tonhöhenabstand – das Intervall – zwischen den beiden Tönen verkleinert. Ist die Entscheidung einmal falsch, so wird der Schwierigkeitsgrad nach demselben einprogrammmierten Mechanismus verringert, also der Tonhöhenabstand zwischen den beiden Tönen vergrößert. So gelangt der Trainierende irgendwann an die Grenze seines Tonhöhenunterscheidungsvermögens und kann dann von dort aus weiter trainieren.

2. Auge-Hand-Koordination – Sofern die Auge-Hand-Koordination des Kindes nicht altersgerecht entwickelt ist, sollte ein Elektriker-Montagerohr PG-16 von 18 mm Außendurchmesser und 1 m Länge angeschafft werden.[54] Am oberen Ende wird es mit einem kurzen Stück Klebeband in der Lieblingsfarbe des Kindes (als Fixationshilfe) umwickelt. Das Kind sollte dann zunächst im Stehen mit der Schreibhand, dann im Stehen mit der anderen Hand, danach im Sitzen mit der Schreibhand und schließlich im Sitzen mit der anderen Hand das Balancieren üben. Gegebenenfalls erhalten Sie für den Einstieg die Vorlage für eine Starthilfe zum Selbstbau. Ziel: 10 Sekunden im Sitzen mit der „Nicht-Schreibhand" balancieren.

[53] Meyer, J.: „Zur Tonhöhenempfindung bei musikalischen Klängen in Abhängigkeit vom Grad der Gehörschulung", in: ACUSTICA (42), 1979, 4, S. 189-204

[54] Bezugsquellen: Elektroinstallations-Fachhandel und Baumärkte mit Elektroabteilung. Oder: Spezialbalancierstab aus Aluminium, siehe dazu Bezugsquellennachweis am Ende dieses Buches.

Die Auge-Hand-Koordination muss beispielsweise auch beim Schreiben innerhalb ganz kurzer Zeitspannen einwandfrei arbeiten: Das Auge verfolgt, ob die Hand die vorgeplanten Schreibbewegungen auch tatsächlich ausführt. (Probieren Sie einmal, wie Ihr Geschriebenes aussieht, wenn Sie mit geschlossenen Augen schreiben.) Hier wird nun die Auge-Hand-Koordination auf ganz andere, nämlich spielerische Weise trainiert. Rückmeldungen bestätigen immer wieder, dass Kinder es förmlich genießen, wenn es ihnen innerhalb kurzer Fristen gelingt, das oben angegebene Ziel zu erreichen. Natürlich bedeutet dies nicht, dass sich allein dadurch etwa auch die Rechtschreibleistungen des Kindes schlagartig verändern. Diese Übung ist – wie alle anderen Übungen auch – nur *ein* Mosaikbaustein zur Leistungsverbesserung Ihre Kindes.

3. Blicktüchtigkeit – Sofern sich bei diesem Vortest zum Richtungshören ergab, dass das Kind die liegenden Achten mit den Augen nicht stetig, sondern nur in Sprüngen verfolgen konnte, sollte es jeden Morgen nach dem Aufstehen und jeden Nachmittag vor den Schulaufgaben folgende Übung durchführen: Es hält den Daumen zunächst der Schreibhand am gestreckten Arm in Augenhöhe vor die Körpermittellinie. Das wird der Mittelpunkt einer liegenden Acht, die es gleich in die Luft schreiben wird. Zuerst macht es eine langsame, kreisähnliche Bewegung nach links oder rechts *oben* und dann weiter im Kreis zurück bis zum Mittelpunkt. Nun führt es den Bogen zur anderen Seite nach oben und weiter, bis die liegende Acht vollendet ist, und *verfolgt dabei seinen Daumennagel mit beiden Augen.* Diese Übung macht es jeweils fünfmal mit der Schreibhand, fünfmal mit der anderen Hand und fünfmal mit zusammengefalteten Händen. Anfänglich kann – vor allem bei kleineren Kindern – die Bezugsperson die Hand des Kindes führen. Ziel: Stetiges, *ruckfreies* Verfolgen der Bewegungen mit beiden Augen.

Diese sehr wirksame Übung stammt aus der Kinesiologie. Bei einem gehörigen Teil der geprüften Kinder ergab sich, dass diese Übung nicht erforderlich war. Auf Befragen erklärten diese Kinder nahezu ausnahmslos, dass sie solche liegenden Achten schon vorher entweder in der Schule oder bei einer Therapeutin mit Erfolg eingeübt hätten. Auch hier ist es angezeigt, diese Übung einmal pro Woche für zwei Minuten zu wiederholen. Zu weiteren typischen Übungen in diesem Zusammenhang gehören Über-Kreuz-Bewegungsmuster, also beispielsweise die Kombination von gleichzeitiger Bewegung des linken Arms und des rechten Beins oder des rechten Arms und des linken Beins. Es gibt Grundschullehrerinnen, die regelmäßig vor dem Beginn bestimmter Unterrichtsstunden diese und andere Übungen nur wenige Minuten systematisch mit der gesamten Klasse durchführen. Glaubhaft berichten sie, dass die damit verbrachte Zeit keinesfalls vertan, sondern dem Lernverhalten der Kinder sehr zuträglich sei.

4. Richtungshörvermögen – Sofern das Richtungshören des Kindes nicht altersgerecht entwickelt ist, ist der *Brain-Boy-Universal* mit seinem Spiel *RiHö-Boy* zum eigenständigen Training durch das betroffene Kind ohne Hilfe einer Bezugsperson am besten geeignet. Bei diesem Spiel hört das übende Kind nach der Wahl des gewünschten Schwierigkeitsgrades in seinem Kopfhörer eine *einzelnes* Klickgeräusch. Es entscheidet sich durch Betätigen einer Taste, ob der Klick mehr von links oder von rechts zu hören war. Danach hört es – in Abhängigkeit vom Erfolg – den Klick immer näher an seiner Kopfmitte. Ziel: Erreichen der Anerkennungsstufe „Spitze!“, die dem Kind über seinen Kopfhörer vom Gerät mitgeteilt wird.

Für die meisten Menschen ist es selbstverständlich, dass sie auch mit geschlossenen Augen die Richtung eines herannahenden Autos wahrnehmen oder sich auf einer Party inmitten vieler sprechender Menschen auf den jeweils für sie wichtigen Sprecher konzentrieren können. In der Schulklasse ist diese Fähigkeit von besonderer Wichtigkeit: Der weitgehend unvermeidliche Geräuschpegel in typischen deutschen Schulklassen liegt bei etwa 50 dB(A). Je besser sich ein Schüler auf die Stimme des Lehrers oder des gerade antwortenden Mitschülers konzentrieren kann, die sein Ohr nur mit 60 bis 65 dB(A) erreicht, desto leichter fällt es ihm dem Unterrichtsgeschehen zu folgen, ohne sich durch diese Störgeräusche ablenken zu lassen.

Wenn aber beispielsweise ein Schüler diese Fähigkeit des Richtungshörens nur unzureichend besitzt, wird er durch die Störgeräusche ständig so sehr abgelenkt, dass er einen Teil der sprachlichen Informationen nicht versteht und das Unverstandene aus dem Zusammenhang ergänzen muss. Diese Schüler gelten dann als unaufmerksam oder leicht ablenkbar. Professor Jens Blauert hat dieses Phänomen sehr gründlich beschrieben[55] und als eine wesentliche Voraussetzung für das Richtungshören in der horizontalen Ebene die genaue Auswertung der *Laufzeitunterschiede* zwischen den beiden Ohren dargestellt: Nur genau von vorn kommender Schall erreicht beide Ohren gleichzeitig, während seitlich auftreffender Schall die Ohren mit Laufzeitunterschieden bis zu 630 Mikrosekunden erreicht. Diese Laufzeitunterschiede werden von unserer zentralen Hörverarbeitung automatisch ausgewertet. Bei sprachauffälligen Kindern ist die Fähigkeit dazu oft beeinträchtigt.

Auf diesen wissenschaftlichen Erkenntnissen baut der „Richtungshörtrainer“ auf. Die benötigten Laufzeitunterschiede werden vom *Rihö-Boy*-Spiel elektronisch über den Kopfhörer nachgebildet: Je ein Klick erreicht beide Ohren, aber nicht genau gleichzeitig, sondern mit ganz geringer Zeitdifferenz im Bereiche von 1.000 bis 20 Mikrosekunden. In Abhängigkeit davon, welcher der beiden Klicks der erste war

[55] Blauert, J.: *Spatial Hearing. The Psychophysics of Human Sound Localization*, Cambridge: MIT-Press, 1997

und wie groß der Zeitabstand, das so genannte „Inter-Stimulus-Intervall“, zwischen dem Eintreffen der beiden Klicks war, wird nur ein *einziger* Klick mehr oder weniger weit links oder rechts von der Mittellinie wahrgenommen.

Dann ist es die Aufgabe des Trainierenden, sich in aller Ruhe durch Betätigen der linken oder rechten Taste zu entscheiden, ob dieser Klick mehr von links oder mehr von rechts kommend wahrgenommen wurde. Ist diese Entscheidung richtig, so wird nach einem vorgegebenen System der Schwierigkeitsgrad erhöht, also der Abstand von der Kopfmitte, verkleinert. Ist die Entscheidung einmal falsch, so wird der Schwierigkeitsgrad nach demselben programmierten System verringert, also der vermeintliche Abstand von der Kopfmitte wieder vergrößert. So gelangt der Trainierende irgendwann an die augenblickliche Grenze seines Richtungshörvermögens, um von hier aus weiter zu trainieren. Mit zunehmender Übung verbessert sich so die Richtungswahrnehmung des Übenden.

Professor Peter Plath, Chefarzt der Universitäts-HNO-Klinik Recklinghausen, schrieb dazu: „Die Abteilung Logopädie unseres Hauses verwendete den Richtungshörtrainer mit Erfolg zur Konzentrationssteigerung vor Beginn einer geplanten logopädischen Therapie bei Verdacht auf zentrale Verarbeitungsstörungen. Bei dieser Anwendung zeigte sich, dass das Gerät geeignet ist, die Konzentration und Aufmerksamkeit der zu therapierenden Kinder zu steigern. Hier zeigte sich nach mehreren Anwendungen ein Fortschritt in Hinblick auf die Länge des Interstimulus-Intervalls.“

5. Binokulare Fusion (= Räumliches Sehen) – Sofern die binokulare Fusion des Kindes, also sein räumliches Sehen, nicht altersgerecht entwickelt ist, sollte eine Institution aufgesucht werden, die in der Lage ist, dieses Teilproblem abzuklären. Eine Liste mit Namen und Anschriften geeigneter Institutionen steht Ihnen hier zur Verfügung, aus der Sie sich die nächstgelegene heraussuchen können. Bitte melden Sie sich dort vorher telefonisch an, da die Prüfung bis zu einer Stunde dauern kann, und erkundigen Sie sich vorsorglich nach den Kosten. Ziel: Anstrengungsfreies und unverkrampftes Lesen nach den fachkundig verordneten Maßnahmen, gegebenenfalls Anpassung einer Prismenbrille.

Unter der binokularen Fusion verstehen Augenärzte und Augenoptiker die Fähigkeit der zentralen Sehverarbeitung in unserem Gehirn, aus den von unseren beiden Augen gelieferten unterschiedlichen Bildern einen ganzheitlichen, *räumlichen* Seheindruck zu errechnen. Aufgrund umfänglicher Messungen bei LRS-Kindern besteht Anlass zu der Annahme, dass 70 bis 80 Prozent der LRS-Kinder *unentdeckt* ihre binokulare Fusion und damit auch ihr räumliches Sehvermögen eingebüßt haben. Hier erübrigt sich eine detaillierte Besprechung, da im Kapitel „Wie steht es um das Sehvermögen Ihres Kindes?“ ausführlich darauf eingegangen wurde.

6. Kurzzeit-Merkfähigkeit – Sofern die Merkfähigkeit des Kindes nicht altersgerecht entwickelt ist, sollten Sie diese als weitere flankierende Maßnahme mit dem Kind trainieren, indem Sie anhand der getrennt an Sie übergebenen Tabelle mit 400 sinnfreien Silben nach dem dort beschriebenen Ablauf verfahren. Daneben ist auch der *Brain-Boy-Universal* mit seinem Spiel *Trio-Boy* zum eigenständigen Training durch das betroffene Kind ohne Hilfe einer Bezugsperson geeignet. Bei diesem Spiel hört das übende Kind nach der Wahl des gewünschten Schwierigkeitsgrades in seinem Kopfhörer drei aufeinander folgende Töne, von denen einer in seiner Tonhöhe abweicht. Es entscheidet sich durch Betätigen einer Taste, ob der abweichende Ton am Anfang, in der Mitte oder am Ende zu hören war. Danach hört es – in Abhängigkeit vom Erfolg – immer kürzere drei Töne in immer kleineren Zeitabständen. Ziel: Erreichen der Anerkennungsstufe „Spitze!", die dem Kind über seinen Kopfhörer vom Gerät mitgeteilt wird.

Die deutsche Psychologieprofessorin Hede Helfrich hat in ihrem Buch *Time and Mind* unter anderem eine bemerkenswerte Versuchsreihe beschrieben, die sie mit deutschen und japanischen Studenten durchgeführt hat: Jeder dieser Studenten erhielt über Kopfhörer mehrmals entweder genau gleichzeitig oder nahezu gleichzeitig zwei verschiedene Tonmuster zugespielt. Nahezu gleichzeitig bedeutet, dass die Startpunkte dieser beide synthetischen Laute eine veränderbare zeitliche Verschiebung von bis zu 50 Millisekunden gegeneinander aufweisen konnten. Die Studenten sollten bei jedem dieser Lautpärchen entscheiden, ob sie diese völlig gleichzeitig wahrgenommen oder ob sie einen zeitlichen Versatz wahrgenommen hatten. Das interessante Ergebnis: Die japanischen Studenten konnten den zeitlichen Versatz im Durchschnitt bereits bei 5 Millisekunden wahrnehmen, während die deutschen Studenten dazu erst bei 17 Millisekunden in der Lage waren.

Der amerikanische Neurowissenschaftler Frank E. Musiek hat in längeren Versuchsreihen einen sehr interessanten Test erprobt, bei denen er seinen Versuchspersonen rasche Folgen von jeweils *drei* aufeinander folgenden Tönen mit *zwei* verschiedenen Frequenzen von 880 Hertz (**A**) und 1122 Hertz (**B**) vorspielte.[56] Jeweils eine dieser beiden Frequenzen musste somit zweimal vorkommen. Welche der beiden das war und in welcher Reihenfolge dies geschah, wurde zufallsgesteuert. Es gab also die sechs folgenden Möglichkeiten: **AAB – ABA – BAA – BBA – BAB – ABB**. Die Versuchspersonen sollten entscheiden, an welcher Stelle der *abweichende* Ton eingebaut worden war. Das konnte also an erster, zweiter oder dritter Stelle sein. Musiek fand heraus, dass die Ergebnisse seiner zahlreichen Versuchspersonen bei diesem Test wiederum in engem Zusammenhang mit deren sprachlicher Kompetenz standen.

[56] Musiek, F.: „Auditory Perception Problems in Children", in: *Lyrangoscope* 90 (1980), S. 962-971

Auf dieser wissenschaftlichen Erkenntnis beruht die Arbeitsweise des *Trio-Boy*: In völliger Übereinstimmung mit dem Versuchsaufbau von Professor Musiek hört der Übende im Kopfhörer jeweils eine der sechs oben aufgeführten Tonfolgen. Er entscheidet, ob der *eine* von den beiden anderen *abweichende* Ton an erster, zweiter oder dritter Stelle zu hören war. Dementsprechend drückt er entweder nur die linke Taste, beide Tasten gleichzeitig oder nur die rechte Taste. Mit jeder richtigen Entscheidung verringern sich die Dauer der drei Töne *und* ihr zeitlicher Abstand voneinander. Mit jeder falschen Entscheidung verlängern sich die Werte. So gelangt der Trainierende irgendwann an die Grenze seines Mustermerk- und Musterunterscheidungsvermögens, um von dort aus weiter zu trainieren.

7. Auditive Ordnungsschwelle – Die Ordnungsschwelle[57] ist diejenige Zeitspanne, die zwischen zwei Sinnesreizen mindestens verstreichen muss, damit wir sie getrennt wahrnehmen und in eine zeitliche Reihenfolge, also in eine Ordnung, bringen können. Sie ist gleichsam der Takt unseres Gehirns. Sofern die auditive Ordnungsschwelle des Kindes nicht den altersgerechten Wert aufweist, ist der *Brain-Boy-Universal* mit seinem Spiel *Brain-Boy* zum eigenständigen Training durch das betroffene Kind ohne Hilfe einer Bezugsperson am besten geeignet. Bei diesem Spiel hört das übende Kind nach der Wahl des gewünschten Schwierigkeitsgrades in seinem Kopfhörer zwei kurze Klickgeräusche. Es entscheidet sich durch Betätigen einer Taste, ob der erste Klick von links oder von rechts zu hören war. Danach hört es – in Abhängigkeit vom Erfolg – die beiden Klicks in immer kürzeren Zeitabständen. Zielwert = oooooo Millisekunden. (Bitte aus den folgenden Richtwerten den passenden auswählen und eintragen: 10-jähr. 30 ms I 9-jähr. 40 ms I 8-jähr. 50 ms I 7-jähr. 60 ms I 6-jähr. 70 ms)

Schon in den frühen achtziger Jahren hat Professor Ernst Pöppel von der Abteilung Medizinische Psychologie an der Ludwig-Maximilian-Universität zu München grundlegende Untersuchungen zur Ordnungsschwelle, der Taktfrequenz unseres Gehirns, angestellt und die Ergebnisse in seinem Buch *Grenzen des Bewusstseins* dargelegt, das unlängst in einer Neuauflage erschienen ist.[58] Sein Kollege Professor Gerd Kegel, der an derselben Universität Psycholinguistik lehrt, hat den Zusammenhang zwischen der Ordnungsschwelle und der sprachlichen Kompetenz des Menschen erforscht und in seinem Buch *Olaf – Kind ohne Sprache* belegt.[59] Danach nehmen wir Sprache nicht stetig wahr, sondern in den regelmäßigen „Portionen“ der Ordnungsschwelle von etwa 30 bis 40 Millisekunden Länge. Nur wenn unser Gehirn in der Lage ist, diese Zeitabstände einzuhalten, wenn unsere Ord-

---

[57] Einzelheiten finden Sie in dem Buch *Der Takt des Gehirns*, Dortmund: verlag modernes lernen, 2. erweiterte Aufl. 1999

[58] Pöppel, E.: *Grenzen des Bewusstseins*, Frankfurt: Insel, 1997, S. 9-42

[59] Kegel, G.: *Olaf, Kind ohne Sprache*, Köln: Westdeutscher Verlag, 1991, S. 69-85

nungsschwelle also in *diesem* Zeitmaß taktet, können wir Sprache mühelos wahrnehmen und verstehen. Sprachauffällige Kinder beispielsweise haben dagegen sehr häufig eine deutlich verlangsamte Ordnungsschwelle.

Beim *Brain-Boy*-Spiel des *Brain-Boy-Universal* werden vier verschiedene Einstiegspunkte mit unterschiedlichen Schwierigkeitsgraden angeboten, und zwar mit Startwerten von 400, 200, 100 und 50 Millisekunden. Praktisch ist hier außerdem, dass die einzelnen Schwierigkeitsgrade nahtlos ineinander übergehen, so dass auch ein trainierendes Kind, das mit dem *geringsten* Schwierigkeitsgrad beginnt, sich ohne Neuwahl eines anderen Startwertes in die nächsthöhere Stufe hineintrainieren kann. Auch bei diesem Spiel wird das Kind durch ein abgestuftes Lob, das mit „Gut!" beginnt und mit „Spitze!" endet, über seinen Trainingsfortschritt verbal informiert. Daneben kann es die erreichten Werte ständig im Display ablesen.

Für dieses Spiel ist das patentierte Prinzip des Ordnungsschwellentrainings benutzt worden.[60] Dabei *hört* das trainierende Kind die auditiven Reize in seinem Kopfhörer und *sieht* gleichzeitig die visuellen Reize. Da die Hörreize im Gehirn früher eintreffen, wirken die Sehreize wie eine Verstärkung und führen in der Regel zu einer zügigen Verbesserung der auditiven Ordnungsschwelle.

8. Lateraltraining mit dem Audio-Video-Trainer – Falls die Prüfung des zentralen Hörvermögens des Kindes ein lateralisiertes Synchronlesen erforderlich macht, ist ein regelmäßiges tägliches Training von etwa zehn Minuten mit dem Audio-Video-Trainer AVT-7000 – in bestimmten Fällen auch mit dem Lateral-Trainer-Professional – zu empfehlen. Dieses Training wird hier auszugsweise für die erste Trainingswoche des Kindes ausprobiert, damit gemeinsam festgestellt werden kann, mit welchen Inhalten und in welcher zeitlichen Abfolge Ihr Kind das Training voraussichtlich bewältigen kann, so dass Sie und das Kind eine klare Entscheidungsgrundlage für das Training und die eventuelle Anschaffung haben. Ziel: Flüssiges *synchrones* Mitlesen aller Textvorlagen mit steigenden Schwierigkeitsgraden.

Dieser Trainingsabschnitt ist besonders wichtig, so dass wir dessen drei Phasen im Folgenden in aller Ausführlichkeit darstellen werden. Vorab sei betont, dass die Wahl des sehr einfachen und auch sehr langsam gesprochenen Textes „Bo im Eis" als Einstiegslektüre mit Bedacht erfolgt ist. Die noch einmal „wie in der ersten Klasse" zu erlernende analytisch-synthetische Lesemethode erfordert vom Kind so viele innere Umstellungen, dass Sie sein Verständnis dafür erwirken müssen, dass es sich zumindest für eine gewisse Zeit mit dieser vermeintlichen Unterforderung befassen sollte, zumal sie Ruhe und Gelassenheit einkehren lässt.

---

[60] Deutsches Bundespatent Nr. 43 18 336: „Verfahren und Vorrichtung zum Training der menschlichen Ordnungsschwelle", Anmeldung 2. 6. 1993, Erteilung 1. 6. 1994

Kennzeichnend für das Lateraltraining ist vor allem die Erkenntnis, dass das *Corpus callosum* bei LRS-Kindern häufig sowohl in seinem Querschnitt[61] als auch in seiner Funktion[62] beeinträchtigt ist und somit seinen Aufgaben der Koordination und Synchronisation beider Gehirnhälften nur unzureichend gerecht werden kann. Beim Lateraltraining wird zum Trainieren des *Corpus callosum* eine Modellstimme in Kunstkopf-Stereophonie ständig abwechselnd beiden Ohren zugeführt, während das synchron mit dieser Modellstimme lesende oder singende Kind *seine eigene* Stimme stets von der entgegengesetzten Seite hört und sie so mit der Modellstimme gut vergleichen kann.

Hier also zunächst in Kurzform die drei Übungsschritte, die zusammen täglich mit etwa zehn Minuten anzusetzen sind. Weitere Varianten des Lateraltrainings für unterschiedliche Problemgruppen finden Sie im Kapitel „Was vermag das Lateraltraining noch?“:

Schritt 1: Mitleseübungen mit den Leselern- und Leseaufbau-CDs

In dieser Phase wird dem Kind ein stummes Mit*lesen* mit der Leselern-CD *Bo und seine Freunde* angeboten. Jeder der sechs ersten Tracks auf der CD beginnt nach der Ansage des Titels mit einem Kinderlied, das auf einer Flöte gespielt wird. In dieser Zeit sollte das übende Kind das zugehörige Leseheft aufschlagen und schon das erste Bild betrachten. Wenn die Flöte aufhört zu spielen, beginnt die Modellstimme von der CD ganz langsam zu lesen. Das Kind verfolgt den vorgelesenen Text sorgfältig mit dem Finger. Die Bezugsperson hat ständig einen Finger auf der Pausentaste des CD-Spielers, um die CD unverzüglich anzuhalten, sobald das Kind offenkundig dem Text nicht mehr buchstabengetreu folgen kann. Immer wenn eine Seite gelesen wurde, setzt die Flöte wieder mit einem kurzen Zwischenspiel ein, die zum Übergang auf die nächste Seite und zum Betrachten des neuen Bildes einlädt. Sobald diese Zwischenmusik ausklingt, setzt die Modellstimme von der CD wieder ein. Zweck dieses ersten Schrittes ist die Automatisierung der Graphem-Phonem-Verknüpfungen. Dazu ist es wichtig, dass die Bezugsperson auf das *buchstabengetreue* Verfolgen des Textes mit dem Finger genau Acht gibt, damit sich die Graphem-Phonem-Verknüpfungen automatisieren; denn ein bloßes Antippen des *gesamten* Wortes mit dem Zeigefinger wäre ein zuverlässiges Zeichen für einen „Rückfall“ des Kindes in seine häufig vorhandene, bisherige Ganzwort-Lesestrategie. Dann müsste die betreffende Zeile noch einmal von vorn begonnen werden.

---

[61] Hynd, G. W., et al.: „Dyslexia and Corpus callosum Morphology“, in: *Arch-Neurol.* 52 (1), 1995, S. 32-38

[62] Summerfield, B.: „Processing of Tactile Stimuli and Implications for the Reading Disabled“, in: *Neuropsychologia* 31 (9), 1993, S. 965-76

Schritt 2: Synchronlesen mit der Bezugsperson

In dieser Phase liest das Kind die eben bearbeitete Passage aus den Leselern- und Leseaufbautexten in sein Mikrofon und verfolgt sie wiederum buchstabengetreu mit dem Finger. Die Bezugsperson liest synchron dazu in ihr Mikrofon flüsternd mit. Dabei kommt es wieder sehr darauf an, dass die Bezugsperson ständig wirklich *genau synchron* mitliest, damit das Kind beim Lesen und Sprechen die Modellaussprache als behütende, „eichende" Begleitung erlebt. Wenn das Kind ein bestimmtes Wort nicht gleich erlesen kann, ist es zulässig, ja sogar erwünscht, dass die Bezugsperson das Wort ganz langsam, auch leicht vorauseilend spricht und darauf vertraut, dass das Kind einfallen wird. Bei Lesefehlern sollte die betreffende Zeile wiederholt werden.

Schritt 3: Synchronlesen mit den Leselern- und Leseaufbau-CDs

Abweichend vom zweiten Schritt hört das Kind in dieser Phase die Modellstimme *von der CD*, also *nicht* von der Bezugsperson, und bemüht sich synchron dazu mitzulesen. Das stellt natürlich eine weitere Steigerung des Schwierigkeitsgrades dar, weil sich das Kind nun auf das von der CD vorgegebene Sprechtempo einzustellen hat. Deshalb kommt es zunächst noch nicht so sehr darauf an, dass das Kind ständig absolut synchron mitliest, sondern es darf durchaus ein wenig nachhinken oder vorauseilen. Hier ist es aber ebenfalls wieder wichtig, dass das Kind weiterhin den Text mit dem Finger buchstabengetreu verfolgt. Bei dieser Übung ist das oben geschilderte gegenläufige Hin- und Herwandern der Modellstimme von der CD und der Mitsprechübung seitens des Kindes im Kopfhörer besonders gut zu verfolgen.

In besonderen Fällen, in denen das Kind beim Test extreme Schwierigkeiten in der Lautunterscheidung zeigte, also beim ETI-EKI-Test nur einen Bruchteil der sechzehn Pärchen im zweiten Teil richtig erkannte, ist ein Konsonantentraining vorzuschalten. Dafür ist der Lateral-Trainer Professional LT-3.0 **L** erforderlich. Er enthält einen Zufallsgenerator, der dem Kind die kritischen Kunstwörter EBI – EDI – EFI – EGI – EKI – EPI – ETI – EWI über Kopfhörer vorspricht. Das Kind soll dann auf einer Tastatur mit den acht Mittelbuchstaben B – D – F – G – K – P – T – W jeweils eintasten, was es gehört zu haben glaubt. Im Display zählt ein doppeltes Register die Anzahl der Aufgaben und der Treffer. Der Schwierigkeitsgrad dieser Übung ist stufenlos zu steigern, bis das Kind auch unter extremen Störgeräuschen eine hohe Trefferquote erreicht und so eine ganz wesentliche Voraussetzung für den Umgang mit Sprache, nämlich eine treffsichere Lauterkennung, erreicht hat.

9. Visuelles Buchstabieren – Sofern das visuelle Buchstabieren des Kindes nicht altersgerecht entwickelt ist, sollte folgende Übung mit täglich zwei bis drei Wörtern durchgeführt werden, wobei zunächst mit vierbuchstabigen Wörtern begonnen und in Abhängigkeit vom Erfolg um jeweils einen Buchstaben gesteigert wird: Zusammen mit der Hand des Kindes schreibt die Bezugsperson das schwierige Wort unter Benutzung eines Stiftes in der Lieblingsfarbe des Kindes in einen gedachten blauen Himmel oder auf eine gedachte weiße Fläche. Das Kind wird gebeten sich dieses Wort anzuschauen und zweimal zu lautieren bzw. zu buchstabieren. Dabei ist darauf zu achten, dass das Kind nicht wieder in das auditive Buchstabieren zurückfällt, was an seiner horizontalen Blickrichtung und an leichten Mundbewegungen zu erkennen wäre. Wenn das Kind das Wort offenbar in seiner Vorstellung „sieht", soll es abschließend das Wort noch einmal, und zwar *rückwärts*, buchstabieren. Das funktioniert nur, wenn sich das Kind das Wort auch tatsächlich *sichtbar* vorstellen kann. Ziel: Fehlerfreies Buchstabieren bzw. Lautieren auch schwieriger Wörter durch Schaffung visueller innerer Vorstellungen des detaillierten Schriftbildes.

Die oben beschriebene Methode, sich die Schreibweise von Wörtern visuell abzuspeichern und so leicht abrufbar zu machen, wird normalerweise ganz automatisch vom allergrößten Teil unserer Grundschüler mit einem Beginn spätestens im Verlaufe des zweiten Schuljahres benutzt. „Gute Rechtschreiber kennen keine Regeln, sondern sie haben innere Bilder der richtigen Schreibweise auch schwieriger Wörter." (Falls Sie als vermutlich guter Rechtschreiber bei der Schreibweise eines selteneren Wortes einmal nicht ganz sicher sind, was machen Sie dann? Sie schreiben es probeweise nieder, vergleichen es mit Ihrem inneren Bild des Wortes und haben entweder ein gutes oder ein ungutes Gefühl. Dies ist übrigens auch die wichtigste Folgerung aus der Habilitationsschrift von Dr. G. Thomé an der Universität Oldenburg.[63]) Dieser automatische Übergang vom auditiven zum visuellen Buchstabieren findet jedoch beim größten Teil der sprachauffälligen Kinder gar nicht statt und muss somit nachvollzogen werden. Wer sich ganz ausführlich mit diesem Thema befassen möchte, sei auf ein Buch des Pädagogen Klaus H. Schick verwiesen.[64] Aber wohlgemerkt – das visuelle Buchstabieren ist bei Kindern mit zentralen Automatisierungsstörungen kein Ersatz, sondern lediglich eine wichtige Ergänzung zu dem ganzheitlichen Training, das wir hier gerade erörtern.

Dieses visuelle Buchstabieren muss sich natürlich nicht auf das Deutsche beschränken. Ganz im Gegenteil – im Englischen und im Französischen ist der Prozentsatz der *nicht* lautgleich geschriebenen Wörter noch deutlich höher als im Deutschen. Somit kann und soll dieses visuelle Buchstabieren auch in den Fremdsprachen eingesetzt werden.

[63] Thomé, G.: *Orthographieerwerb*, Peter Lang – Europäischer Verlag der Wissenschaften, 1999

[64] Schick, K. H.: *NLP & Rechtschreibtherapie*, Paderborn: Junfermann, 1995

Diktate spielerisch vorbereiten

Im Zusammenhang mit dem kostenlosen Wahrnehmungs-Trennschärfe-Test war schon erwähnt worden, dass Übungsdiktate bei diesen Kindern häufig gute Ergebnisse bringen, während das echte Diktat am nächsten Morgen in der Schule völlig misslingt. Im Zusammenwirken mit Psychologen und erfahrenen Lehrkräften sind die nachstehenden Ursachen dafür ergründet worden:

Figur-Grund-Wahrnehmung

Die diktierende Mutter sitzt dem Kind meist am Tisch in einem Abstand von einem halben Meter schräg gegenüber. Somit erreicht ihre Stimme das Kind mit einem Schalldruckpegel von etwa 75 db(A) im Vergleich zu einem Störschall in der Wohnung von etwa 40 dB(A). Die Differenz zwischen der Mutterstimme und dem Störschall beträgt also etwa 35 dB(A). Das sind ideale Verhältnisse, unter denen selbst ein Kind mit gestaltschwachen inneren Mustern hervorragend verstehen kann. Die Stimme der diktierenden Lehrerin dagegen erreicht das Kind mit einem Schalldruckpegel von etwa 65 db(A) im Vergleich zu dem schon erwähnten typischen Störschall von etwa 50 dB(A) in *disziplinierten* deutschen Klassen. Hier beträgt die Differenz zwischen der Lehrerstimme und dem Klassengeräusch nur 15 dB(A). Das ist für zentral gut hörende Schüler allemal ausreichend. Aber für das zentral hörbeeinträchtigte Kind stellt diese geringe Differenz zwischen Nutzschall und Störschall eine Quelle ständiger Unsicherheit beim Verarbeiten und bei der Wahrnehmung der Lehrerstimme dar. Das Kind würde somit daheim unnötig verwöhnt, statt gefordert zu werden.

Die naheliegende Abhilfe besteht darin, dass sich die diktierende Mutter nicht mit dem Kind zusammen an einen Tisch setzt, sondern dass sie sich – so weit wie in dem betreffenden Raume möglich – von dem Kind entfernt und auch nicht in Richtung des Kindes spricht, sondern zur Wand hin. Außerdem können als weitere Annäherung an die Klassenraumsituation zwei weitere Erschwernisse eingeführt werden: Erstens kann die Hi-Fi-Anlage in dem betreffenden Raum auf das Rauschen zwischen zwei UKW-Sendern eingestellt werden, das wir im Abschnitt über den kostenlosen Wahrnehmungs-Trennschärfe-Test schon kennen gelernt haben. Zweitens kann über die Hi-Fi-Anlage von der CD *Einsicht in das Warnke-Verfahren* entweder die Spur 23 mit einem gleichmäßigen Stimmengewirr oder die Spur 24 mit echten Klassenraumgeräuschen in einer solchen Lautstärke eingespielt werden, dass das Kind den Stress des nächsten Tages vorwegnehmen kann.

Richtungshören

Infolge der oben beschriebenen *typischen* Sitzposition von Mutter und Kind kann das Kind sich mühelos auf die Stimme seiner sitzenden Mutter einhören, die stets aus derselben Richtung zu hören ist. Sein zumeist beeinträchtigtes Richtungshörvermögen wird also nicht gefordert. Anders wiederum in der Klasse am nächsten Tage: Das Kind muss sich auf die zumeist ständig wechselnden Schalleinfallsrichtungen der Lehrerstimme einstellen, die allein aus Gründen der Aufsichtsführung die Klasse durchwandert. Es kann dabei nicht einmal den Kopf wenden, weil es ja (beim Diktat) mit den Augen ständig auf sein Schreibheft schauen muss.

Die wiederum naheliegende Abhilfe besteht auch hier im Nachvollziehen der Klassenraumsituation: Auch die Mutter wandert durch das Wohnzimmer, in dem sich das Probediktat abspielt. Dabei bleibt ihre Sprechrichtung aber – wie oben beschrieben – weiterhin vom Kind abgewandt. Diese beiden Erschwernisse allein bewirken häufig schon eine deutliche Verschlechterung der häuslichen Diktatergebnisse. Dann mag die Mutter sich entschließen, die Bedingungen nicht schlagartig, sondern in kleinen Stufen zu erschweren.

Hallen im Klassenzimmer

Wer nach längerer Pause wieder einmal zum Elternsprechtag in einer Klasse erscheint, erschrickt vielleicht über den Hall, der in typischen deutschen Klassenzimmern zu hören ist. Dieser Nachhall vermischt sich mit dem Direktschall aus dem Munde der diktierenden Lehrkraft. Bereits ab einer Entfernung von 50 Zentimetern (vom Munde des Lehrers) überwiegt im „Luftraum“ des Klassenzimmers bereits der Nachhall gegenüber dem Direktschall des Lehrers. Kein Schüler in der Klasse hört deshalb die Stimme des Lehrer „pur“. Daheim im Wohnzimmer dagegen gibt es so gut wie keinen Nachhall. Das Kind hört die Stimme der Mutter präzise und unverwaschen, muss sich somit nicht anstrengen, den Direktschall und den Nachhall auseinander zu halten. In der Klasse dagegen wird es durch den Nachhall abgelenkt und an der genauen Verarbeitung und Wahrnehmung des Diktattextes gehindert.

Abhilfe ist hier nur für solche Familien möglich, die einen schönen, großen Partykeller oder einen ähnlichen Raum mit einer Hi-Fi-Anlage besitzen; denn das Störgeräusch zum Erschweren der Figur-Grund-Wahrnehmung wird ja weiterhin benötigt.

Mundablesen

Viele Kinder mit zentralen Hörstörungen haben unbewusst eine Ersatzstrategie des Mundablesens zum Aufbessern ihrer beeinträchtigten Lautunterscheidung entwikkelt. Diese Ersatzstrategie kann das Kind bei der ihm direkt gegenüber sitzenden Mutter ständig einsetzen. Bei der in der Klasse umhergehenden Lehrerin lässt sie sich dagegen kaum anwenden – eine weitere Informationsquelle, die dem Kind vorenthalten bleibt.

Die Abhilfe ist naheliegend und ergibt sich schon aus den oben genannten Vorschlägen, dass die Mutter den Raum durchwandert und vom Kind abgewandt spricht.

Überartikulation

Gelegentlich habe ich zuhören können, wenn eine Mutter ihrem Kind ein Probediktat ansagte. Die Mutter ist in der Regel daran interessiert, dass das Kind hierbei ein Erfolgserlebnis hat. Wahrscheinlich ist ihr – bewusst oder unbewusst – klar, dass das Kind zentrale Verarbeitungsprobleme hat. Also spricht sie ganz besonders langsam und deutlich bis zur Überartikulation: „Un**d** ... **d**ann ... sa**g** – **t**e ... die ... Mu**t** – **t**er ...". Die Lehrerin wird beim Klassendiktat zwar deutlich, jedoch keinesfalls überartikuliert sprechen, so dass sich auch diese Hilfe der Mutter eher nachteilig für das Kind auswirkt.

Die Abhilfe ist offenkundig: Die Mutter vermeidet diese Überartikulation, sondern spricht lediglich in einer solchen Deutlichkeit, wie sie auch beim Klassendiktat üblich ist.

Minimale Rückmeldungen

Die am Erfolg ihres Kindes sehr interessierte Mutter verfolgt dessen Rechtschreibung schon während des Diktates und gibt häufig unbewusst beim Erkennen eines eben entstandenen Fehlers etwas von sich, was die Amerikaner als *minimal cues*, als geringfügige Hinweise bezeichnen. Sie holt vielleicht tiefer Luft oder räuspert sich. Diese Signale kennt das Kind und nimmt sie zum Anlass, das soeben geschriebene Wort noch einmal anzuschauen und gegebenenfalls auch zu verbessern. Die Lehrerin hingegen muss ständig die gesamte Klasse beaufsichtigen, kann sich allein deshalb nicht mit der aktuellen Schreibleistung eines einzelnen Kindes befassen und schon gar nicht bei jedem erkannten Fehler tief einatmen.

Die Abhilfe liegt auch hier auf der Hand: Allein durch das empfohlene Umherwandern ist die Mutter daran gehindert, sich der aktuellen Diktatleistungen ihres Kinder zu vergewissern. (Dagegen sollte das Diktat nach der Fertigstellung mit dem Kind unverzüglich gründlich durchgegangen werden. Dabei sind tunlichst alle gut gelungenen schwierigen Wörter ausdrücklich zu loben und die fehlerhaften Wörter visuell zu buchstabieren.)

Diktiergeschwindigkeit

Die am Erfolg des Kindes interessierte Mutter wird den Schreibfortschritt nach einem soeben diktierten Teilsatz verfolgen, sich ganz automatisch genau auf die Schreibgeschwindigkeit ihres Kindes einstellen und erst nach Vollendung des vorher Diktierten weiter diktieren. In der Klasse dagegen kann es vorkommen, dass das Kind beim vorletzten Wort eines Satzes innehält um nachzudenken und seinen Füllfederhalter kurz ablegt. Das missdeutet die Lehrkraft bei einem schweifenden Blick über die Klasse und denkt, alle seien mit diesem Satz fertig. Sie diktiert weiter. Und nun ist für dieses Kind die Lage noch schwerer, weil es den alten Satz noch nicht vollendet hat, aber mit dem neuen Satz schon beginnen müsste.

Die Abhilfe besteht einerseits in einem zügigen Diktieren beim Probediktat daheim und andererseits in dem Hinweis an das Kind, seinen Füllhalter beim Klassendiktat wirklich erst dann abzulegen, wenn der diktierte Satz oder Teilsatz fertig niedergeschrieben wurde – oder auch sich zu melden, wenn es dem Diktatfortschritt nicht mehr folgen kann.

Psychische Belastungen

Zuhause befindet sich das Kind vergleichsweise in einer Schonsituation; denn in diesem Probediktat steht selbst bei zahlreichen Fehlern außer einigen tadelnden Worten der Mutter praktisch nichts auf dem Spiele. Die beim Kind ansatzweise vorhandene Automatisierung seiner Rechtschreibung kann zum Tragen kommen. Beim Klassendiktat dagegen steht das Kind in einer echten Stresssituation; denn bei diesem echten Diktat kann wieder einmal sehr viel auf dem Spiele stehen. Die Automatisierung seiner Rechtschreibung, sofern vorhanden, wird durch Angst weiter gefährdet und teilweise abgebaut.

Zur Abhilfe in Bezug auf diese Einflussgröße und letztlich sogar in Bezug auf die meisten anderen oben genannten Faktoren, das heißt zur bestmöglichen Annäherung an die tatsächlichen akustischen und damit auch psychischen Bedingungen des Klassenraumes gibt es nun seit einiger Zeit eine CD-ROM, die sich auf jedem modernen PC mit Soundkarte und CD-ROM-Laufwerk einsetzen lässt.

CD-ROM „Diktate spielerisch vorbereiten"

Unter diesem Titel wurde in Zusammenarbeit zwischen dem Schulbuchverlag Schroedel und der *Medi*TECH Electronic GmbH ein erheblicher Aufwand getrieben:

An einem Samstagnachmittag sprach eine Lehrkraft in einem ganz normalen Klassenzimmer insgesamt 57 Diktate – für die Jahrgangsstufen 2, 3, und 4 je 19 Diktate –, während sie in üblicher Weise das Klassenzimmer durchschritt. Aufgenommen wurden ihre Stimme – und auch ihre Schritte – in der Kunstkopf-Stereophonie, die wir bereits vom Abschnitt „Genauer Wahrnehmungs-Trennschärfe-Test" kennen. Der einzige Unterschied gegenüber einem „echten" Klassendiktat bestand darin, dass die Klasse ansonsten völlig leer war und dass auch kein Lärm aus anderen Klassen oder von der Straße zu hören war.

Wenn man sich diese Aufzeichnungen anhörte, hatte man tatsächlich den Eindruck, ganz allein in einem leeren Klassenraum zu sitzen und von einer Privatlehrerin einen Text diktiert zu bekommen. Gelegentlich war man versucht sich umzuwenden, um nachzuschauen, ob dort nicht wirklich die Person wandelte, zu der diese angenehme Stimme gehörte.

Aber so sollte die Aufnahme nicht bleiben – das wäre ja wieder eine „Verwöhnsituation" gewesen. Tatsächlich wurde am darauffolgenden Montag wiederum in Kunstkopf-Stereophonie eine weitere Aufnahme in derselben Klasse angefertigt. Diesmal waren die 30 Schülerinnen und Schüler damit beschäftigt, einen Aufsatz zu schreiben. Kein Wort war zu hören. Aber war es deshalb ruhig? Keineswegs. Da legte einer eben einmal seinen Füller hin. Da blätterte ein anderer eine Seite im Heft um. Da veränderte einer seine Sitzposition. Da räusperte sich eine unwillkürlich. Da knarrte ein Stuhl. Da atmete einer tief ein oder aus. Und dies multipliziert mit 30 erbrachte das typische Klassengeräusch, das auf einer neuen Tonspur aufgenommen wurde.

Die fertige CD-ROM erlaubt es nun, die Lehrerstimme und das Klassengeräusch in jedem beliebigen Verhältnis miteinander zu mischen. Um das Kind in kleinen Schritten an die echte Klassensituation heranzuführen, sollte man das Geräusch natürlich nicht gleich beim ersten Übungsdiktat in voller Stärke einmischen. Die Erfahrungen mit den zahlreichen bereits eingesetzten CD-ROMs *Diktate spielerisch vorbereiten* haben gezeigt, dass das in der Lautstärke allmählich, stufenweise gesteigerte Beimischen des Klassengeräuschs einen weiteren wichtigen Schritt zum Abbau von Ängsten bei den betroffenen Kindern darstellt. Gewarnt sei allerdings vor der Annahme, dass diese Maßnahme allein bereits aus dem rechtschreibschwachen Kind einen perfekten Rechtschreiber machen könnte. Es ist *ein* weiterer Mosaikstein einem großen Bild.

Sie werden zunächst sogar überrascht sein, wie viel mehr Fehler Ihr Kind bei einem solcherart wirklichkeitsnahen Diktat daheim *zunächst* machen wird. Aber nach einiger Zeit des zusätzlichen Übens mit dem Audio-Video-Trainer und der Fortsetzung der Übungsdiktate dürften sich erste Zeichen einer langsamen Verbesserung einstellen. Dann dürfen Sie auch allmählich die zunächst gewählte Lautstärke des Störgeräusches steigern. Die vom Kind bei diesen Übungsdiktaten dennoch anhaltend gemachten Fehler sind natürlich hervorragend dazu geeignet, nach der Methode des visuellen Buchstabierens aus dem vorigen Abschnitt abgebaut zu werden.

15. Was vermag das Lateraltraining noch?

Im vorigen Kapitel wurde gewissermaßen der Standardfall des Lateraltrainings besprochen. Dieses Lateraltraining ist jedoch in hohem Maße individualisierbar, also auf die konkreten Fähigkeiten und Bedürfnisse des jeweils Trainierenden abstimmbar. Insbesondere im Bereich der Leseanfänger wird dafür inzwischen ein fein differenziertes Programm an CDs und Texten angeboten. Führen Sie das trainierende Kind möglichst seinem Alter und seinen Fähigkeiten entsprechend an das Lateraltraining heran. Vermeiden Sie Situationen, durch die das Kind nachhaltig überfordert und dadurch frustriert werden könnte. Den größten Trainingseffekt erreichen Sie beim Training durch die Verknüpfung mehrerer Informationen und Sinneskanäle. Dennoch kann es sich anbieten, das Kind bewusst langsam in mehreren Teilstufen an das Training heranzuführen. Da dieses Training, wie sich inzwischen herausgestellt hat, auch bei Erwachsenen mit überdauernder LRS hilfreich ist, wird fortan gelegentlich auch vom „Trainierenden" gesprochen werden:

Die Tabelle auf Seite 130 sowie die anschließende detaillierte Darstellung sollen Ihnen dabei helfen, das Lateraltraining mit dem AVT 7000 III für den einzelnen Trainierenden altersgerecht und seinen Fähigkeiten entsprechend zu gestalten. Die Hinweise zu den einzelnen möglichen Phasen und deren Verbindung miteinander stellen dabei nur ein Rahmenkonzept dar. Es wird Trainierende geben, die einzelne Phasen mit Leichtigkeit bewältigen oder gar überspringen können. Bei anderen werden Sie bestimmten Phasen besonders viel Aufmerksamkeit widmen und dem Trainierenden zusätzliche Hilfestellungen anbieten müssen. Das Finden des für den einzelnen Trainierenden optimalen Trainingskonzeptes stellt auch für Sie sicher manchmal eine Herausforderung dar. In Zusammenarbeit mit mehreren Therapeuten und ihren sehr differenzierten Erfahrungen wurde für fünf unterschiedliche „Problemgruppen" das nachstehende Rahmenkonzept für das Lateraltraining entwickelt.

Gruppe A: Vorschulkinder und Grundschüler mit verzögerter Lautsprachentwicklung

Gerade bei dieser Problemgruppe sind Übungen zur deutlichen Aussprache besonders wichtig. Folgende erprobte Anwendungsmöglichkeiten sind daher für diese Kinder vorzusehen:

Problemgruppe	Training
A: Vorschulkinder etwa ab vier Jahren sowie Grundschüler mit verzögerter Lautsprachentwicklung und mit Artikulationsproblemen	1. Einführungsgeschichte mit dem „Kanon in D“ 2. Synchronsprechen bei Artikulationsübungen 3. Mitsingübungen mit der Kinderlieder-CD 4. Mitsprechübungen der Leselerntexte 5. Geschichten erzählen im Wechselspiel 6. Gegebenenfalls Lesetafel für Zwerge
B: Grundschüler, die noch nicht selbstständig unbekannte Texte erlesen können und keine Artikulationsprobleme haben	1. Einführungsgeschichte mit dem „Kanon in D“ 2. Mitsingübungen mit der Kinderlieder-CD 3. Mitleseübungen mit den Leselerntexten 4. Selbstlesen der Leselerntexte 5. Synchronlesen mit Betreuer 6. Frage- und Antwortspiel mit Betreuer
C: Schüler bis zur sechsten Klasse, deren Lesetempo bei unbekannten Texten weniger als 80 Wörter pro Minute beträgt	1. Einführungsgeschichte mit dem „Kanon in D“ 2. Mitleseübungen mit Leselern-/Leseaufbau-CDs 3. Selbstlesen der Leselern-/Leseaufbautexte 4. Synchronlesen mit Leselern-/Leseaufbau-CDs 5. Frage-Antwort-Spiel mit Betreuer Anschließend möglichst Übergang zu **D**
D: Schüler und Erwachsene jeglichen Alters, deren Lesetempo bei unbekannten Texten mehr als 80 Wörter pro Minute beträgt	1. Phase: Hifino-Lateral-Trainings-CD I hören 2. Phase: Hifino-Textbuch lesen 3. Phase: Hifino-Lateral-Trainings-CD I mitlesen 4. Phase: Hifino-Lateral-Trainings-CD II hören 5. Phase: Hifino-Lateral-Trainings-CD II synchron mitlesen Anschließend möglichst Übergang zu **E**
E: Erfolgreicher Abschluss der Gruppe **D**, so dass nun ein weiterführendes Aufbautraining angezeigt ist, das auch den Einsatz des Lateral-Trainings für andere sprachliche Bereiche einschließt	1. Synchronlesen unterschiedlichen Lesestoffes 2. Jegliche Texte lateralisiert lesen 3. Lateralisierte Diktate mit Störgeräuschen 4. Vokabeln im Synchrondialog lernen 5. Musik-CDs lateralisiert hören

A-1. Einführungsgeschichte mit dem „Kanon in D“

Das Kind sollte vor dem Training zur Ruhe kommen, um konzentriert und entspannt die Trainingsabschnitte durchführen zu können. Geben Sie ihm also dazu Gelegenheit.

- Spielen Sie auf dem CD-Spieler langsame Musik vor (wie zum Beispiel J. Pachelbels „Kanon in D“ von der CD *Relax with the Classics* 1).
- Diese Musik sollte der Trainierende lateralisiert, also hin- und herwandernd, über seinen Kopfhörer erleben. Wenn Sie beim Einstellen der Geschwindigkeit des Hin- und Herwanderns sehr geschickt sind, können Sie das Hin- und Herwandern sogar im Takt mit den gezupften Bratschen synchronisieren.
- Erzählen Sie dazu mit verhaltener Stimme über Ihr Mikrofon eine für das Kind noch unbekannte Geschichte. Hierdurch bewirken Sie, dass das Kind aufmerksam zuhört. Da gerade beim Kanon in D die Lautstärke über seinen größten Teil ständig zunimmt, verschaffen Sie dem Kind damit zugleich eine hilfreiche Übung darin, sich auf den Nutzschall Ihrer Stimme konzentrieren zu lernen, also seine Figur-Grund-Wahrnehmung zu verbessern.

A-2. Synchronsprechen bei Artikulationsübungen

Bei Artikulationsübungen sollten Sie und Ihr Kind grundsätzlich mit dem Audio-Video-Trainer und zwei Mikrofonen arbeiten, so dass die Stimmen gegenläufig hin- und herwandern.

- Sprechen Sie Übungswörter synchron zum Sprechtempo des Kindes. Das Kind hört so bei jeglicher Artikulationsübung Ihre Modellstimme fast immer zeitgleich als Vergleichsnorm zu seiner eigenen Aussprache. Bei nachhaltigen Artikulationsproblemen wiederholen Sie schwierige Wörter bis zu zwanzigmal genau synchron mit dem Kind, indem Sie mit Ihrem freien Arm den Rhythmus vorgeben.
- Verringern Sie möglichst bald die Zeiten für das Hin- und Herwandern der beiden Stimmen. So werden die zumeist kurzen Übungswörter nicht einseitig, sondern von links nach rechts oder umgekehrt wandernd gehört. Dazu drehen Sie den Einsteller „Audio-Transfer“ am Audio-Video-Trainer bis zum rechten Anschlag.

A-3. Mitsingübungen mit der Kinderlieder-CD

Von der CD *Sing mit* hören Sie und das Kind anfänglich möglichst solche Titel, die dem Kind schon bekannt sind. Besonders gut eignet sich für den Anfang das Lied „Backe, backe Kuchen, der Bäcker hat gerufen“, und zwar sowohl wegen des besonders einfachen Textes als auch wegen seiner Artikulationsstolpersteine: „Backe, backe **T**uchen, der Bäcker hat **d**erufen".

- Spielen Sie dem Kind eine Liedzeile vor und stoppen Sie die CD dann mit der Pausentaste am CD-Spieler oder über die Fernbedienung.
- Lassen Sie den gerade gehörten Text zunächst nachsprechen, mitsprechen, dann mitsummen und schließlich mitsingen. Auf diese Weise erlernen Sie gemeinsam das vollständige Lied.
- Unterbrechen Sie das Kind jeweils behutsam, wenn die Aussprache des Textes verwaschen und undeutlich ist, und wiederholen Sie die Worte gemeinsam, gegebenenfalls auch mehrfach synchron, wie unter A-1 beschrieben.

A-4. Mitsprechübungen mit den Leselerntexten

Setzen Sie für diese Übung das Textmaterial des Leselernsets *Bo im Eis* ein. Die Texte wurden speziell für Kinder erstellt. Kein Wort hat mehr als sieben Buchstaben; kein Satz hat mehr als sieben Worte, keine Seite mehr als zwei Zeilen.

- Lesen Sie dem Kind einen Satz aus einem dieser einfach getexteten sechs Leselernhefte ganz langsam vor.
- Lassen Sie den Text nachsprechen.
- Lesen Sie den Text ähnlich wie in A-2 synchron mit.

A-5. Geschichten erzählen im Wechselspiel

Mit dieser Übung soll als positiver Nebeneffekt die Fantasie des Kindes angeregt werden.

- Tragen Sie und das Kind jeweils einen Kopfhörer und benutzen Sie je ein Mikrofon.
- Beginnen Sie eine ausgedachte Geschichte zu erzählen oder den Anfang einer Geschichte vorzulesen.
- Fordern Sie dann das Kind über das Mikrofon auf, einen Satz zur Fortsetzung dieser Geschichte hinzuzufügen.
- Setzen Sie auf diese Weise im Wechselspiel die Geschichte fort.

Immer, wenn das Kind verwaschen oder gar falsch artikuliert, korrigieren Sie es behutsam und setzen auch hier bei Bedarf das synchrone Mitsprechen ein.

Als eine Möglichkeit immer wieder neue und lustige Geschichten zu erfinden bietet sich übrigens der *Geschichten-Generator* an. Dieses Buch liefert Ihnen (fast) unendlich viele „Satzgerüste", die Sie einfach lustig und fantasievoll miteinander verbinden.

A-6. Lesetafel für Zwerge

Auf einer Vorlage, die wahlweise im Format DIN A 1, DIN A 2 oder DIN A 3 verfügbar ist, sind in gleich großen Feldern 140 Gegenstände aus dem Wortschatz von Vorschulkindern zeichnerisch dargestellt.

- Deuten Sie jeweils auf eines der Felder und fragen Sie das Kind, was das ist.
- Das Kind spricht seine Antwort in sein Mikrofon.
- Sprechen Sie das genannte Wort zunächst nach, veranlassen Sie das Kind dann zur mehrfachen rhythmischen Wiederholung und fallen Sie dabei wieder synchron mitsprechend ein.
- Verringern Sie die Lateralisierungszeiten bei dieser Übung möglichst bald. Dadurch können selbst kurze Bezeichnungen nicht nur einseitig, sondern von links nach rechts oder umgekehrt wandernd gehört werden.

Erweitern Sie diese Übung durch Fragen wie: „Und was ist das darüber?" – „Und das schräg links oder schräg rechts darunter?" Das schult die Raumlageorientierung des Kindes.

Gruppe B: Grundschüler mit geringem Lesetempo

Hier werden im Wesentlichen Erst- und Zweitklässler erfasst, die unbekannte Texte noch nicht selbstständig erlesen können, aber keine Artikulationsprobleme mehr haben. Mehrere Übungen sind teilweise recht ähnlich zu den Übungen für Vorschulkinder im Abschnitt A. Dennoch werden diese Übungen hier noch einmal vollständig erläutert, damit Ihnen manchmal vielleicht verwirrende Rückverweise erspart bleiben.

B-1. Einführungsgeschichte mit dem „Kanon in D"

Das Kind sollte vor dem Training zur Ruhe kommen, um konzentriert und entspannt die Trainingsabschnitte durchführen zu können. Geben Sie ihm also dazu Gelegenheit.

- Spielen Sie auf dem CD-Spieler langsame Musik vor (wie zum Beispiel J. Pachelbels „Kanon in D" von der CD *Relax with the Classics* 1).

- Diese Musik sollte der Trainierende lateralisiert, also hin- und herwandernd, über seinen Kopfhörer erleben. Wenn Sie beim Einstellen der Geschwindigkeit des Hin- und Herwanderns sehr geschickt sind, können Sie sogar im Takt mit den gezupften Bratschen lateralisieren.

- Erzählen Sie dazu mit verhaltener Stimme über Ihr Mikrofon eine für das Kind noch unbekannte Geschichte. Hierdurch bewirken Sie, dass das Kind aufmerksam zuhört. Da gerade beim Kanon in D die Lautstärke über seinen größten Teil ständig zunimmt, verschaffen Sie dem Kind damit zugleich eine hilfreiche Übung darin, sich auf den Nutzschall Ihrer Stimme konzentrieren zu lernen.

B-2. Mitsingübungen mit der Kinderlieder-CD

Von der CD *Sing mit* hören Sie und das Kind anfänglich möglichst solche Titel, die ihm schon bekannt sind. Besonders gut eignet sich für den Anfang das Lied „Backe, backe Kuchen, der Bäcker hat gerufen“, und zwar sowohl wegen des besonders einfachen Textes als auch wegen seiner Artikulationsstolpersteine: „Backe, backe **T**uchen, der Bäcker hat **d**erufen“.

- Spielen Sie dem Kind eine Liedzeile vor und stoppen Sie die CD dann mit der Pausentaste am CD-Spieler oder über die Fernbedienung.

- Lassen Sie den gerade gehörten Text zunächst nachsprechen, mitsprechen, dann mitsummen und schließlich mitsingen. Auf diese Weise erlernen Sie gemeinsam das vollständige Lied.

- Unterbrechen Sie das Kind jeweils behutsam, wenn die Aussprache des Textes verwaschen und undeutlich ist, und wiederholen Sie die Worte gemeinsam, gegebenenfalls auch mehrfach synchron, wie unter A-1 beschrieben.

Nachdem Sie die Lieder gemeinsam erarbeitet haben, lassen Sie das Kind ein ganzes Lied oder wenigstens kurze Passagen allein, also ohne die stützende Modellstimme von der CD singen. Kommt es dabei ins Stocken, so helfen Sie durch Synchronsingen.

B-3. Mitleseübungen mit der Leselern-CD

In dieser Übung soll das Kind die Texte der Leselern-CD stumm mitlesen. Jedes der sechs ersten Stücke auf der CD beginnt nach der Ansage des Titels mit einem Kinderlied, das auf einer Flöte gespielt wird.

- Wählen Sie eine der Geschichten auf der CD aus und geben Sie dem Kind das entsprechende Leselernheft.

- Starten Sie die Geschichte und achten Sie darauf, dass das Kind den vorgelesenen Text sorgfältig und buchstabengetreu mit dem Finger verfolgt. Wenn das Kind mit dem Finger jeweils auf das vollständige Wort zeigt und so von Wort zu Wort springt, ist zu vermuten, dass es sich zu früh die Ganzwort-Lesemethode angewöhnt hat. Dann sollten Sie darauf bestehen, dass es die Buchstaben wirklich nacheinander rutschend bezeichnet.

- Stoppen Sie den CD-Spieler, sobald das Kind dem Text offenkundig nicht mehr wortgenau folgen kann.

B-4. Selbstlesen der Leselerntexte

In dieser Phase liest das Kind den Text allein, also ohne die Begleitung durch die CD oder Sie selbst. Diese Phase kann übersprungen werden, wenn das Kind offenkundig gleich in der Lage ist, in die Phase B-5 einzutreten

- Greifen Sie behutsam ein, falls das Kind Schwierigkeiten beim Lesen hat oder sinnentstellende Fehler liest.

- Lesen Sie kurze Passagen synchron mit, wenn das Kind ein Wort gar nicht oder einen Satz nicht sinnentnehmend gelesen hat. Passen Sie sich dabei möglichst genau dem Lesetempo des übenden Kindes an.

B-5. Synchronlesen mit Betreuer

In dieser Phase liest das Kind den Text in den Leselernheften *Bo im Eis*, später gegebenenfalls in den *28 Lachgeschichten*, den *Leselöwen-* oder *Hifino*-Geschichten und anderen Texten. Sie selbst lesen flüsternd synchron dazu mit. Dabei kommt es sehr darauf an, dass Sie möglichst genau synchron mitlesen, damit das Kind beim Lesen und Sprechen dauernd Ihre Modellartikulation als unterstützende Begleitung erlebt.

B-6. Frage- und Antwortspiel mit Betreuer

Möglichst gleich im Anschluss an das Synchronlesen eines Leselernheftes mit Betreuer sollte ein munteres Frage- und Antwortspiel eingebaut werden, das sich auf den Inhalt der betreffenden Geschichte bezieht.

- Stellen Sie zunächst ganz einfache Fragen, zu deren Beantwortung nur ein oder zwei Worte nötig sind: „Wie heißt der Hund von Timo?“

- Erschweren Sie die Fragestellung, damit das Kind längere Antworten geben muss, zum Beispiel: „Warum soll Timo nicht auf das Eis gehen?“

- Sprechen Sie die Antworten synchron mit, wenn das Kind sachliche, grammatikalische oder artikulatorische Fehler produziert, und korrigieren Sie dabei die auftretenden Fehler.

Gruppe C: Schüler bis zur sechsten Klasse mit Lesetempo < 80 Wörter pro Minute

Hier werden Schüler bis zur sechsten Klasse erfasst, deren Lesetempo bei unbekannten Texten weniger als 80 Wörter pro Minute beträgt, die aber auch keine Artikulationsprobleme mehr haben. Auch hierbei sind mehrere Übungen nahezu identisch mit den Übungen in vorangegangenen Abschnitten. Dennoch werden alle Übungen vollständig besprochen, damit Ihnen die zeitraubenden und wahrscheinlich manchmal verwirrenden Rückbezüge so weit wie irgend möglich erspart bleiben:

C-1. Einführungsgeschichte mit dem „Kanon in D“

Das Kind sollte vor dem Training zur Ruhe kommen, um konzentriert und entspannt die Trainingsabschnitte durchführen zu können. Geben Sie ihm also dazu Gelegenheit.

- Spielen Sie auf dem CD-Spieler langsame Musik vor (wie zum Beispiel J. Pachelbels „Kanon in D“ von der CD *Relax with the Classics* 1).

- Diese Musik sollte der Trainierende lateralisiert, also hin- und herwandernd, über seinen Kopfhörer erleben. Wenn Sie beim Einstellen der Geschwindigkeit des Hin- und Herwanderns sehr geschickt sind, können Sie sogar im Takt mit den gezupften Bratschen lateralisieren.

- Erzählen Sie dazu mit verhaltener Stimme über Ihr Mikrofon eine für das Kind noch unbekannte Geschichte. Hierdurch bewirken Sie, dass das Kind aufmerksam zuhört. Da gerade beim Kanon in D die Lautstärke über seinen größten Teil ständig zunimmt, verschaffen Sie dem Kind damit zugleich eine hilfreiche Übung darin, sich auf den Nutzschall Ihrer Stimme konzentrieren zu lernen.

Als Ergänzung gegenüber dem für die anderen Gruppen erläuterten Ablauf fordern Sie das Kind zum Ende der Geschichte auf, einige kurze Sätze von vier bis zu sieben Wörtern möglichst genau zu wiederholen.

C-2. Mitleseübungen mit den Leselern-/Leseaufbau-CDs

In dieser Übung soll das Kind die Texte der Leselern-CD stumm mitlesen. Jedes der sechs ersten Stücke auf der CD beginnt nach der Ansage des Titels mit einem Kinderlied, das auf einer Flöte gespielt wird.

- Wählen Sie eine der Geschichten auf der CD aus und geben Sie dem Kind das entsprechende Leselernheft.
- Starten Sie die Geschichte und achten Sie darauf, dass das Kind den vorgelesenen Text sorgfältig und buchstabengetreu mit dem Finger verfolgt. Wenn das Kind mit dem Finger jeweils auf das vollständige Wort zeigt und so von Wort zu Wort springt, ist zu vermuten, dass es sich zu früh die Ganzwort-Lesemethode angewöhnt hat. Dann sollten Sie darauf bestehen, dass es die Buchstaben wirklich nacheinander rutschend bezeichnet.
- Stoppen Sie den CD-Spieler, sobald das Kind offenkundig nicht mehr dem Text wortgenau folgen kann.

Wurde auch der Text auf der letzten Seite des Leseheftes auf diese Weise gehört und gelesen, kann das Kind eine Pause einlegen.

C-3. Selbstlesen der Leselern-/Leseaufbautexte

In dieser Phase liest das Kind den Text allein, also ohne die Begleitung durch die CD oder Sie selbst. Diese Phase kann übersprungen werden, wenn das Kind offenkundig gleich in der Lage ist, in die Phase B-5 einzutreten

- Greifen Sie behutsam ein, falls das Kind Schwierigkeiten beim Lesen hat oder sinnentstellende Fehler liest.
- Lesen Sie kurze Passagen synchron mit, wenn das Kind ein Wort gar nicht oder einen Satz nicht sinnentnehmend gelesen hat. Passen Sie sich dabei möglichst genau dem Lesetempo des übenden Kindes an.

C-4. Synchronlesen mit den Leselern-/Leseaufbau-CDs

In dieser Übung hört das Kind die Modellstimme von der CD – also nicht von Ihnen – und liest parallel dazu mit. Dabei kommt es nicht so sehr darauf an, dass das Kind ständig genau synchron mitliest. Vielmehr darf es zunächst durchaus ein wenig „nachhinken“ oder vorauseilen. Stoppen Sie aber den CD-Spieler, sobald das Kind offenkundig dem Text nicht mehr folgen kann. Auf längere Sicht bleibt es das Ziel dieser Phase, dass das Kind möglichst genau synchron mit dem Sprecher auf der CD liest.

C-5. Frage- und Antwortspiel mit Betreuer

Möglichst gleich im Anschluss an das Synchronlesen eines Leselernheftes mit Betreuer sollte ein munteres Frage- und Antwortspiel eingebaut werden, das sich auf den Inhalt der betreffenden Geschichte bezieht.

- Stellen Sie zunächst ganz einfache Fragen, zu deren Beantwortung nur ein oder zwei Worte nötig sind: „Wie heißt der Hund von Timo?"
- Erschweren Sie die Fragestellung, damit das Kind längere Antworten geben muss, zum Beispiel: „Warum soll Timo nicht auf das Eis gehen?"
- Sprechen Sie die Antworten synchron mit, wenn das Kind sachliche, grammatikalische oder artikulatorische Fehler produziert, und korrigieren Sie dabei die auftretenden Fehler.

In Abhängigkeit vom erreichten Fortschritt des Kindes können natürlich auch von Anfang an anspruchsvollere Fragen gestellt werden, die dem tatsächlichen sprachlichen Niveau des Kindes angepasst sind.

Für diese Phase C stehen auch die schönsten *Leselöwen*-Geschichten auf insgesamt sechs CDs zur Verfügung, falls noch Trainingsbedarf vor dem Übergang in die Phase D besteht.

Gruppe D: Schüler und Erwachsene mit Lesetempo > 80 Wörter pro Minute

Hier werden nun die beiden CDs „Lateraltraining I" und „Lateraltraining II" mit den sechs *Hifino*-Geschichten eingesetzt, die ebenfalls – wie die Leselern-CDs – in Kunstkopf-Stereophonie aufgezeichnet wurden. Setzen Sie bei dieser Problemgruppe je nach Erfolg auch das Störgeräusch und die Spezialbrille regelmäßig und entsprechend den Fähigkeiten des Kindes ein. Einzelheiten über dieses Störgeräusch, das den Klassenlärm nachbildet, und über die Spezialbrille finden Sie in der Bedienungsanleitung für den Lateral-Trainer.

Die fünf Einzelphasen dieses Trainings verlaufen folgendermaßen:

D-1. *Hifino*-CD „Lateraltraining I" hören

- Legen Sie dem Trainierenden das Textbuch *Mein Freund, der Hifino* vor.
- Erklären Sie ihm, er solle die anschließend über Kopfhörer von der CD erzählte Geschichte in diesem Textbuch sorgfältig und buchstabengetreu mit dem Finger verfolgen. Wenn das Kind mit dem Finger jeweils auf das vollständige Wort zeigt

und so von Wort zu Wort springt, ist zu vermuten, dass es sich zu früh die Ganzwort-Lesemethode angewöhnt hat. Dann sollten Sie darauf bestehen, dass es die Buchstaben wirklich rutschend nacheinander bezeichnet.

- Stellen Sie die Lateralisierungszeiten am AVT 7000 zunächst vorsorglich auf den linken Anschlag des Reglers **Audio-Transfer** ein, um diese bald zügig auf die raschesten Werte am rechten Anschlag zu reduzieren.

- Stoppen Sie den CD-Spieler, wenn der Trainierende in Verzug kommt oder in eine falsche Zeile gerät. Sorgen Sie dann dafür, dass er – ohne sich unter Druck setzen zu müssen – wieder an der richtigen Stelle mit dem stummen Lesen und buchstabengetreuen Verfolgen des Textes einsetzen kann.

D-2. *Hifino*-Textbuch lesen

- Der Trainierende erhält sein Mikrofon; halten Sie Ihr eigenes Mikrofon bereit, um den Trainierenden gegebenenfalls zu unterstützen.

- Stellen Sie die Lateralisierungszeiten am AVT 7000 III wieder zunächst auf den linken Anschlag des Reglers **AUDIO-Transfer** ein, um diese bald auf die raschesten Werte am rechten Anschlag zu reduzieren.

- Fordern Sie den Trainierenden auf, den Text langsam und sehr deutlich zu lesen.

- Greifen Sie stets behutsam – aber konsequent – ein, wenn auch nur geringe Abweichungen und eine verwaschene Aussprache vorkommen. Wiederholen Sie gegebenenfalls den Satz, indem Sie gemeinsam die einzelnen Wörter synchron und vor allem korrekt mitsprechen.

D-3. *Hifino*-CD „Lateraltraining I“ mitlesen

In dieser Übungsphase werden die in den Phasen 1 und 2 erworbenen Fertigkeiten zusammen ausgeübt:

- Der Trainierende liest den von der CD gehörten Text gleichzeitig im Begleitbuch (möglichst synchron) mit, indem er halblaut ins Mikrofon spricht. Er hört dann die Modell- und die eigene Sprechstimme jeweils ständig wechselnd von entgegengesetzten Seiten.

- Betätigen Sie die Pausenfunktion am CD-Spieler über die Taste am Gerät oder über die Fernbedienung an einer sinnvollen Stelle, wenn der Trainierende einmal in Verzug gerät, so dass er mit dem Lesen nachkommen kann.

Falls das synchrone Mitlesen dem Trainierenden anfangs zu schwierig ist, kann als Variante auf das Nachsprechen übergegangen werden: Er hört die Modellstimme von der CD und versucht, das Gehörte – natürlich mit einer geringen Verzögerung – nachzusprechen. Unterbrechen Sie die CD, wenn der Trainierende sonst nicht mitkommt.

D-4. *Hifino*-CD „Lateraltraining II" hören

Der Ablauf dieser Phase ist sehr ähnlich wie in der Phase 1. Der entscheidende Unterschied besteht in der CD: Hier wird einmalig die speziell hochtongefilterte CD „Lateraltraining II" eingesetzt.

- Legen Sie dem Trainierenden das Textbuch *Mein Freund der Hifino* vor.
- Erklären Sie ihm, er solle die anschließend über Kopfhörer von der CD erzählte Geschichte in seinem Textbuch sorgfältig mit dem Finger verfolgen.
- Stellen Sie die Lateralisierungszeiten am AVT 7000 III vorsorglich auf den linken Anschlag des Reglers **Audio-Transfer** ein, um diese bald auf die raschesten Werte am rechten Anschlag zu reduzieren.
- Stoppen Sie den CD-Spieler, wenn der Trainierende in Verzug kommt oder in eine falsche Zeile gerät. Sorgen Sie dann dafür, dass er – ohne sich unter Druck setzen zu müssen – wieder an der richtigen Stelle einsteigen kann.

Wichtig: Wenn Sie oder das Kind diese CD „Lateraltraining II" zum ersten Mal hören, könnte es sein, dass Sie die gefilterte Sprache nur schwer verstehen. Die spezielle Bearbeitung des Tonmaterials ist dafür verantwortlich. In der Regel kann die Sprache nach erneutem Hören bald verstanden werden.

D-5. *Hifino*-CD „Lateraltraining II" mitlesen

Diese Übungsphase entspricht der Phase **D-3**, dem Mitlesen der *Hifino*-CD I, allerdings mit dem Unterschied, dass hierbei die *Hifino*-CD „Lateraltraining II" eingesetzt wird und der Trainierende den Text synchron zur gefilterten Sprache ins Mikrofon *mitflüstert.*

Wenn auch diese Phase beherrscht wird, kann zur Gruppe E übergegangen werden. Die Aufbauabschnitte E-2 bis E-5 dürfen durchaus schon vorher parallel begonnen werden.

Gruppe E: Weiterführendes Aufbautraining

Die Kernidee auch der nachfolgend beschriebenen Möglichkeiten bleibt es, durch möglichst vielseitige, lateralisiert angebotene Schallereignisse – also nicht nur Sprache – die zentrale Verarbeitung aller auditiven Sinnesreize zu beschleunigen. Zugleich soll sie so weit automatisiert werden, dass bestimmte Gehirnbereiche für bewusstes Arbeiten verfügbar gemacht werden. Setzen Sie bei dieser Problemgruppe das Störgeräusch und die Spezialbrille möglichst häufig und in Abhängigkeit vom Erfolg dosiert ein. Diese Maßnahme erhöht den Trainingseffekt des Lateraltrainings.

E-1. Synchronlesen unterschiedlichen Lesestoffes

Als veränderter Ablauf wird bei allen nachstehend aufgeführten Kombinationen von CD und den zahlreichen weiter verfügbaren wortgleichen Textbüchern eine Verknüpfung aus D-1 bis D-3 in *einem* Durchlauf empfohlen. Dies geschieht, indem der Trainierende jeweils eine oder mehrere Seiten aus Textbüchern auf folgende Weise bearbeitet:

- Der Trainierende trägt den Kopfhörer, hört den Text von der CD und verfolgt ihn im zugehörigen Textbuch.

- Schalten Sie nun den CD-Spieler ab, so dass der Trainierende den eben gehörten Text in aller Ruhe in das Mikrofon liest.

- Als dritten Schritt liest der Trainierende dieselbe Textpassage nun synchron zur CD noch einmal.

Dabei sollte die Geschwindigkeit des Hin- und Herwanderns am Lateral-Trainer spätestens jetzt den höchstmöglichen Wert erreicht haben. Stoppen Sie den CD-Spieler, wenn der Trainierende den Anschluss an den Text verliert. Alternativ können Sie gemeinsam eine grundsätzliche Verabredung treffen, dass er erst beim nächsten Satzbeginn wieder mit seiner Stimme einfällt.

E-2. Jegliche Texte lateralisiert lesen

Wenn eine Schulaufgabe des Trainierenden lautet, sich für ein Unterrichtsfach durch Lesen eines bestimmten Abschnittes aus einem Lehrbuch vorzubereiten, so kann er dieses Lehrbuch lateralisiert lesen. Er setzt dann den Kopfhörer auf und liest den Text in das Mikrofon, so dass er in bekannter Weise seine eigene Stimme wieder hin- und herwandernd erlebt und damit einen gesteigerten Lernerfolg erzielt. In ähnlicher Weise kann und sollte jeglicher Lesestoff – sei es als Schulaufgabe oder als Hobby – lateralisiert über Mikrofon und Kopfhörer gelesen werden.

E-3. Lateralisierte Diktate mit Störgeräusch

Wie Sie im Abschnitt „Was Eltern daheim tun können" noch ausführlicher erfahren werden, hängt das Schreiben von Diktaten nicht zuletzt von den unterschiedlichen Lernsituationen zu Hause und in der Schule ab. Daher bietet es sich an, beim Üben für Diktate die Sprache zu lateralisieren und durch das Störgeräusch mit dem Regler **Noise** zu „stören".

- Sprechen Sie das Diktat aus unterschiedlicher Entfernung in das Mikrofon, um die Figur-Grund-Wahrnehmung – eine ebenfalls meist Not leidende Fähigkeit – zu trainieren.
- Verändern Sie zwischenzeitlich die Balance zwischen den beiden Kopfseiten am Einsteller **AUDIO-Balance**, um unkontrollierte Bedingungen für das Kind zu schaffen.

Diese Maßnahmen klingen zwar unfair, bereiten das Kind aber besser auf die Klassenraumsituation beim realen Schuldiktat vor.

Als noch effizientere Möglichkeit, Diktate zu üben, kann die CD-ROM *Diktate spielerisch vorbereiten* genutzt werden, die ebenfalls im Abschnitt „Was Eltern daheim tun können" ausführlich erläutert wird. 57 klassenstufengerechte Diktate, die von einem Lehrer gesprochen werden, können in Diktiergeschwindigkeit, Lautstärke der Lehrerstimme und eines realen Störgeräusches aus einem Klassenraum den Bedürfnissen des Kindes angepasst werden. Es ist möglich, über ein entsprechendes Kabel eine Verbindung zwischen der PC-Soundkarte und dem AVT 7000 herzustellen.

E-4. Vokabeln im Synchrondialog lernen

Das sonst so lästige „Vokabelnpauken" beim Erlernen einer Fremdsprache kann auf einfache Weise auch in das Lateraltraining eingebunden werden. Lassen Sie uns dies am Beispiel des Wortes „gestern" = *yesterday* durchspielen:

- Bitten Sie den Trainierenden zur Ersteinstimmung, dass er gleich in Ihren Sprechrhythmus möglichst genau einfallen möge. Er möge diesen Rhythmus beibehalten und sich nicht irritieren lassen, wenn Sie später etwas anderes sagen.
- Beginnen Sie, anfänglich von einer rhythmischen Handbewegung begleitet: „gestern – *yesterday*, gestern – *yesterday*" usw. zu sprechen, wozu der Trainierende rhythmisch mitspricht. Beachten Sie dabei, dass sich die beiden Stimmen stets auf gegenüberliegenden Seiten befinden.

- Nach einigen synchronen Wortpärchen lassen Sie den Trainierenden seinen Rhythmus fortsetzen; Sie selbst aber vertauschen die Wörter. Erhöhen Sie Ihre Sprechlautstärke auf die des Trainierenden. So werden die deutsche und die englische Bedeutung besonders intensiv miteinander vernetzt.

E-5. Musik-CDs lateralisiert hören

Wenn der Trainierende seine Lieblings-Musik-CD benutzen möchten, können Sie ihm zeigen, wie ungewohnt diese klingt, wenn man sie lateralisiert hört. Soweit es sich um Gesangstitel handelt, die von Kindern und Jugendlichen gern mitgesungen werden, bietet es sich ganz besonders an, hierfür den Audio-Video-Trainer einzusetzen. Wenn Sie dem Kind zudem versichern, dass auch dieses Hören von Musik-CDs und das erwähnte lateralisierte Mitsingen automatisch einen weiteren Trainingseffekt mit sich bringen, haben Sie seine Beziehung zum Training wahrscheinlich schnell verbessert.

* * *

Danach sollte das Training keinesfalls abgebrochen werden. Vielmehr sollte fortan möglichst jeglicher Lesestoff – auch aus dem vielleicht schon begonnenen Fremdsprachenunterricht! – entsprechend der Übungsmethode in der letzten Trainingsphase unter Benutzen der Spezialbrille, des Mikrofons und des Kopfhörers laut ins Mikrofon gelesen werden, so dass der Text in bekannter Weise abwechselnd zwischen den beiden Ohren hin- und herwandert. So werden die bisher erreichten Trainingserfolge vertieft und gegebenenfalls gleich auf andere Sprachen übertragen. Dieser Hinweis erfolgt aus gutem Grunde:

Aus einer Reihe von Familien, deren Kind im Verlaufe der vierten Grundschulklasse mit dem Audio-Video-Trainer zu arbeiten begonnen hatte, wurde Folgendes berichtet: Als zu Beginn des fünften Schuljahres mit dem Englischunterricht begonnen wurde, zeigte das Kind von Anfang an sowohl im Lesen als auch in der Rechtschreibung dieser Fremdsprache gute Leistungen. Das lässt sich wahrscheinlich dadurch erklären, dass das Kind die durch das mehrmonatige Hör- und Sprechtraining erworbenen neuen Strategien bei der Fremdsprache von Anfang an voll einsetzen konnte, ohne durch frühere Misserfolgserlebnisse belastet zu sein. Mit der weiteren Verbreitung dieser Trainingsmethode auch außerhalb des deutschen Sprachraumes steht zu hoffen, dass in absehbarer Zeit auch fremdsprachige CDs mit Textbüchern zum gezielten Üben verfügbar sein werden.[65]

---

[65] Unmittelbar vor Redaktionsschluss dieser Neuausgabe wird bekannt, dass alle Harry-Potter-Bücher in englischer Sprache auf CD verfügbar sind, und zwar gesprochen von Peter Fry, einem der profiliertesten britischen Sprecher. Allerdings ist sein Lesetempo so hoch, dass diese CDs erst etwa ab dem dritten Englisch-Schuljahr zu empfehlen sind.

Abschließend zu diesem Abschnitt noch einige Anmerkungen zu den Erfolgsaussichten eines nach dieser Methode trainierenden einzelnen LRS-Kindes. Wie bei jedem therapeutischen Ansatz gilt auch hier, dass zwar statistische Werte genannt werden können, dass eine verbindliche Prognose im Einzelfall jedoch unseriös wäre. Nach den vorliegenden Berichten wird dieses Training von den bisher damit arbeitenden Kindern und teilweise auch Erwachsenen fast ausnahmslos so bewertet, dass sie dadurch eine ganz neue Beziehung zur Sprache und mehr Sicherheit im Umgang mit ihrer eigenen Sprache gefunden haben. Eine Umfrage bei 50 Familien ergab für die trainierenden Kinder nach sechs Monaten die aus Abbildung 16 abzulesenden Verbesserungen ihrer Leseleistungen, ihrer Rechtschreibleistungen und ihrer Sicherheit.

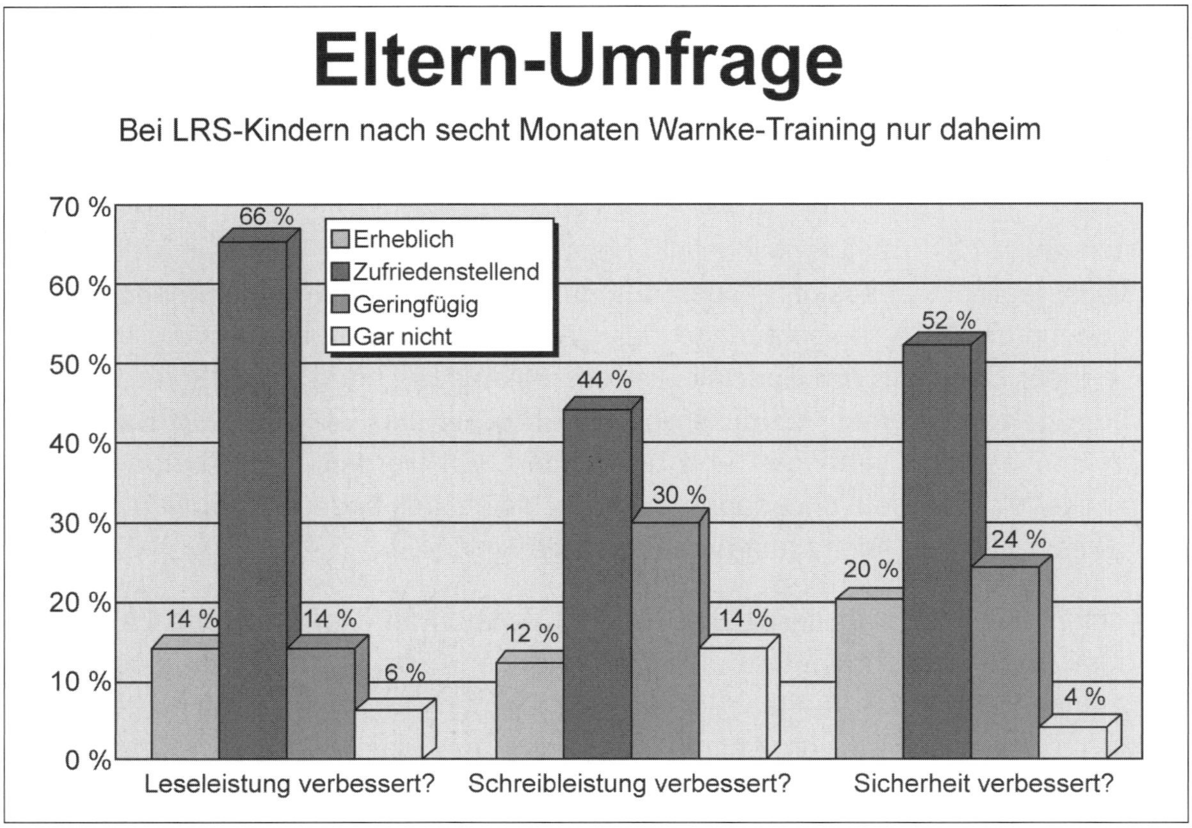

Abbildung 16. Umfrage bei Eltern von LRS-Kindern nach sechs Monaten Warnke-Training (nur daheim)

Natürlich wurde versucht, bei den 6 Prozent ohne Verbesserung der Leseleistung und den 14 Prozent ohne Verbesserung der Rechtschreibleistung nachzuprüfen, welche Ursachen dafür maßgebend waren. Dabei ergaben sich folgende Erkenntnisse: Die dritte Trainingsphase, bei der das Kind zum gehörten Text synchron mitlesen soll, stellt für manche Kinder einen schwer zu bewältigenden Sprung im Anspruchsniveau dar, so dass sie zum Aufgeben neigen. Ein erneutes Ansetzen mit der zweiten Trainingswoche und das Mitsprechen statt des Mitlesens, wie oben beschrieben, kann hier helfen.

Außerdem gibt es die Erscheinung des „sekundären Leidensgewinnes“. Darüber habe ich ebenfalls ausführlich in meinem Buch *Der Takt des Gehirns* berichtet, so dass ich mich hier kurz fassen möchte: Wenn der Nutzen, den das Kind aus seiner Lese-Rechtschreib-Schwäche zieht, größer ist als die erlebte Belastung, wenn also besonders viel Zuwendung, immer neue Reisen zu weit entfernten Therapeuten, Rücksichtnahme in der Schule, Wahl einer Schule ohne jegliche Zensuren ... ein allzu beglückendes Gegengewicht darstellen, dann fehlt dem LRS-Kind schlicht die grundlegende Motivation, etwas zu verändern.

Dann kann sich die Erwartung, dieses Trainingsverfahren werde etwas verändern, geradezu als Bedrohung auswirken. Ich erinnere mich eines Jungen mit einem überdurchschnittlich hohen Intelligenzquotienten, der nach der Erläuterung des Verfahrens schon den Beginn eines solchen Trainings mit den Worten ablehnte: „Nein, ich habe mich entschlossen, klein zu bleiben . . .“ Hier muss natürlich erst eine Bearbeitung des zugrunde liegenden psychischen Problems stattfinden, ehe von dem Trainingsverfahren etwas zu erwarten ist.

Mit den vorstehend beschriebenen Trainingsmethoden besteht ein gehöriges Maß an Wahrscheinlichkeit, dass ein regelmäßig übendes Kind seine Defizite weitgehend ausgleichen kann. Daneben sollten die Eltern, soweit es ihre Zeit erlaubt, die im nächsten Kapitel noch einmal aufgerollte Liste aus dem Abschnitt „Früherkennungs-Warnzeichen“ daraufhin durchsehen, ob sie weitere flankierende Maßnahmen für sinnvoll halten.

16. Flankierende Maßnahmen bei Automatisierungsstörungen

Sie erinnern sich gewiss noch an die Aufstellung, mit der wir den Abschnitt zur frühen Erkennung oder zur Absicherung der Vermutung einer zentralen Automatisierungsstörung begonnen haben.

1. Links-rechts-Unterscheidung
2. Verzögertes Verstehen
3. Konzentrationsschwäche
4. Hyperaktivität
5. Außenseiterverhalten
6. Schnürsenkelprobleme
7. Ablenkbarkeit durch Geräusche
8. Verwaschene Artikulation
9. Erhöhte Sprechlautstärke der Mutter
10. Erhöhte Sprechlautstärke des Kindes
11. Homolateraler Gang
12. Niedriger Muskeltonus
13. Auditives Ortungsvermögen (= räumliches Hören)
14. Tonhöhen-Unterscheidungsvermögen (Tonhöhen-Diskrimination)
15. Auditive Ordnungsschwelle
16. Wahrnehmungs-Trennschärfe (= phonematische Diskrimination)
17. Merkfähigkeit auf der Lautebene (= phonetische Merkfähigkeit)
18. Gleichgewichtsprobleme
19. Rhythmische Probleme
20. Auditiv-motorische Probleme

Viele dieser Auffälligkeiten sind im Kapitel „Was Eltern daheim tun können" mit geeigneten Trainingsmaßnahmen bearbeitet worden. Jetzt ist die Zeit gekommen gründlich zu prüfen, ob und welche dieser restlichen Auffälligkeiten noch einer besonderen und bisher nicht besprochenen Hilfe bedürften. Dabei überspringen wir diejenigen Auffälligkeiten, die im bisherigen Teil dieses Buches bereits abgehandelt wurde. Dadurch ergibt sich eine unterbrochene Nummerierung:

1. Links-rechts-Unterscheidung

Ich bin heute recht sicher, dass diese Schwäche – wie auch die Gleichgewichtsprobleme (Punkt 18) – auf eine unzureichende *Automatisierung* des *inneren Vorganges* der Körpereigenwahrnehmung (des Körperschemas) zurückzuführen sein dürfte. Das würde auch eine Erklärung der Ersatzstrategie darstellen, wenn diese Kinder, wie oben erwähnt, sich zum Beispiel zunächst klarmachen müssen, mit welcher Hand sie schreiben, um daraus abzuleiten, dass dann die andere Hand die linke sein müsse. Als Training müsste dann die motorische Hemisphärenkoordination des Kindes gestärkt werden:

Aus den USA stammt eine inzwischen auch bei uns bewährte Methode zur allgemeinen Verbesserung der Gesundheit, der Ausgeglichenheit und der Lernfähigkeit sowie der Propriozeption, der Selbstwahrnehmung von Kindern, durch ein weitgehend spielerisches Training der Zusammenarbeit zwischen den beiden Gehirnhälften, aber auch durch allgemeine Haltungsverbesserung des Kindes. Zu den typischen Übungen gehören Überkreuz-Bewegungsmuster, also beispielsweise die Kombination von gleichzeitiger Bewegung des linken Arms und des rechten Beins oder des rechten Arms und des linken Beins. (Falls Sie sich mit diesem Thema gründlicher befassen wollen, empfehle ich Ihnen das Buch *Brain-Gym*® von Paul und Gail Dennison, erschienen bei der VAK Verlags GmbH, Kirchzarten bei Freiburg. Auf Seite 149 finden Sie zwei Übungsbeispiele aus diesem Buch, dort abgedruckt auf S. 13 und 14. Illustrator: Haralds Klavinius)

3. Konzentrationsschwäche

Bei dieser Auffälligkeit neige ich nicht zu einer Trainingsempfehlung, weil ich recht sicher bin, dass die Konzentrationsschwäche – ähnlich der Lese-Rechtschreib-Schwäche – gewissermaßen die Spitze des Eisberges, also ein Symptom darstellt, das sich nach erfolgreicher Arbeit an der basalen Beeinträchtigung der zentralen Hörverarbeitungsschwäche ganz von selbst mildern oder völlig abbauen lassen müsste. Da das Kind infolge seiner vielen Ersatzstrategien sehr viele – bei anderen Kindern automatisierte – Fertigkeiten auf der bewussten Ebene steuern muss, wird seine Konzentrationsspanne zwangsläufig eingeschränkt sein.

Abbildung 17. Brain-Gym-Übungen (Illustrationen: Haralds Klavinius)

4. Hyperaktivität

Da meine Vermutung offenbar zutrifft, dass die hyperaktiven und zugleich automatisierungsgestörten Kinder genau wegen dieser Defizite verzweifelt bemüht sind, um jeden Preis *mehr* Informationen hereinzuholen, müsste auch diese Auffälligkeit nach erfolgreicher basaler Arbeit an den zentralen Automatisierungsstörungen abklingen. Tatsächlich gibt es von Eltern solcher Kinder bereits Rückmeldungen, die diesen Schluss zulassen. Unabhängig davon würde ich aber in jedem Falle etwa schon begonnene therapeutische Maßnahmen wegen der Hyperaktivität auf jeden Fall fortsetzen.

Ich bin mir darüber klar, dass die häufigste ärztliche Maßnahme bei Hyperaktivität weiterhin überwiegend in der Verschreibung von *Ritalin* oder verwandten Medikamenten besteht. Ich weiß auch, dass gut die Hälfte der Eltern dieser Kinder dieser Medikation mit höchst gemischten Gefühlen gegenübersteht. Zum Zeitpunkt des Erscheinens der 5. Auflage dieses Buches ergibt sich für diese Familien ein neuer Hoffnungsschimmer durch das so genannte „Neurofeedback". Das ist eine nichtmedikamentöse Behandlung, bei der geeignete Fachkräfte nach entsprechender Ausbildung eine Verhaltensänderung des hyperaktiven Kindes durch die Steuerung von Videospielen mittels Hirnstromaktivitäten bewirken. Diese Methode wird – im Gegensatz zum *Ritalin* – gegenwärtig nicht von den Krankenkassen getragen. Sollten Leser dieses Abschnittes für ihre betroffenen Kinder weitere Informationen wünschen, so können sie unter der E-Mail-Adresse Fred.Warnke@t-online.de mit mir Kontakt aufnehmen. Im Großraum München ansässige Familien können sich auch direkt an einen der deutschen Pioniere auf diesem Gebiete wenden, Dr. Wolfgang Keeser (w.keeser@real-net.de). Das Gleiche gilt für Familien im Großraum Stuttgart, wo Dr. Thomas Fuchs, der die schon erwähnte, bisher einzige deutsche Vergleichsstudie erarbeitet hat, unter dr.thomas.fuchs@t-online.de erreichbar ist.

5. Außenseiterverhalten

Auch hier gilt das unter Punkt 4 bereits Erläuterte. Mit dem Aufhören der ständigen Frustrationserlebnisse als Folge der LRS steigt – wie zahlreiche Rückmeldungen seit geraumer Zeit bestätigen und wie Sie auch aus der Umfrage bei den 50 Familien wissen – das Selbstwertgefühl der übenden Kinder stetig an, so dass sie wieder leichter Zugang zur Gruppe finden. Aber auch hier sollten etwa schon laufende psychotherapeutische oder ähnliche Bemühungen so lange fortgesetzt werden, bis der betreuende Therapeut die Behandlung als erfolgreich abgeschlossen ansieht.

6. Schnürsenkelprobleme

Da es sich hier wieder um ein Problem der motorischen Hemisphärenkoordination handeln dürfte, verweise ich auf die Empfehlungen zu Punkt 1 und 20 dieses Abschnittes.

7. Ablenkbarkeit durch Geräusche

Ein wesentlicher Teil des Lateraltrainings mit dem AVT-7000 (in der häuslichen Sphäre) oder dem Lateral-Trainer Professional (in der Praxis der Therapeutin) besteht im dosierten Zumischen eines so genannten weißen Rauschens. Der Zweck dieses Störgeräusches besteht in der Verbesserung der Figur-Grund-Wahrnehmung des LRS-Kindes, so dass zugleich auch seine Ablenkbarkeit durch Geräusche vermindert wird. Zur Behandelbarkeit einer Hyperakusis, also einer krankhaften Geräuschempfindlichkeit, gibt es inzwischen eine neuartige stationäre Therapie nach Dr. G. Hesse, die erfreulicherweise auch bereits von den Krankenkasse übernommen wird.[66]

8. Verwaschene Artikulation

Auch diese Auffälligkeit beseitigt sich gewissermaßen von selbst während des Lateraltrainings, und zwar beginnend in dem Augenblick, in dem das trainierende Kind seine eigene Stimme über das Mikrofon und den Lateral-Trainer auf eine völlig neue und überraschende Weise wahrzunehmen beginnt. Ich habe manchmal erlebt, dass Kinder schon nach wenigen Sätzen begonnen haben deutlich klarer zu artikulieren.

9. Erhöhte Sprechlautstärke der Mutter

Hier hilft, weil dieser Vorgang oft schon in unerwünschter Weise automatisiert ist, nur eine konsequente Selbstdisziplin der Eltern, ihre Sprechlautstärke auf das normale Maß zurückzuschrauben. Der innere Beschluss der Eltern, die mit ihrer ständig erhöhten Sprechlautstärke verbundene auditive Verwöhnung ihres Kindes einzustellen, ist gar nicht so leicht durchzuhalten. Vor allem zu Beginn der Lautstärkeumstellung wird das Kind unwirsch, verzögert oder gar nicht reagieren, weil die frühere Lautstärke doch so herrlich bequem war. Ich kann aber jeder Mutter nur empfehlen den Beschluss konsequent durchzuhalten.

10. Erhöhte Sprechlautstärke des Kindes

Da die erhöhte Sprechlautstärke des Kindes – wie oben erläutert – einen automatischen Anpassungsvorgang in Verbindung mit Punkt 9 darstellt, ergibt sich die Rückführung der Sprechlautstärke des Kindes ganz automatisch als Folge der konsequenten Durchführung von 9.

---

[66] Tinnitus-Klinik Dr. G. Hesse, Große Allee 28, D-34454 Arolsen, Tel. 05691-896727, Fax 05691-896800

11. Homolateraler Gang

Da es sich hier ebenfalls um ein Problem der motorischen Hemisphärenkoordination handeln dürfte, verweise ich erneut auf die Empfehlungen in Punkt 1 und 20 dieses Abschnittes.

12. Niedriger Muskeltonus

Hier kann ich mangels eigener konkreter Erfahrungen nur die Empfehlung erfolgreicher Ergotherapeutinnen und Ergotherapeuten wiedergeben, wonach alles dienlich ist, was dem Kind dazu verhilft, seinen eigenen Körper besser zu spüren. Die Fachleute sprechen da von „Tiefenwahrnehmung". Dazu gehört beispielsweise der Rat, das Kind möge gelegentlich mit dem Vater oder größeren Geschwistern freundschaftlich rangeln, es möge Bäume erklettern, laufen, springen, balancieren, rückwärts gehen und das Hinfallen üben. Hilfreich ist ferner, wenn die Eltern dazu übergehen – was in deutschen Familien immer seltener wird – sich mit einem Händedruck zu verabschieden und zu begrüßen. So wird der Muskeltonus automatisiert.

13. Auditives Ortungsvermögen (= räumliches Hören)

Das Training mit dem *RiHö-Boy* wurde bereits beschrieben. Daneben lässt sich hier, wie so häufig auch woanders, die zum Feststellen der Auffälligkeit benutzte Methode auch zum Trainieren heranziehen. Am meisten dürfte Ihr Kind durch die im Folgenden beschriebene Methode motiviert werden, die allerdings nur im Freien oder in wasserunempfindlichen Räumen geübt werden kann:

Sie geben Ihrem Kind eine gefüllte Wasserpistole. Damit soll es sich so aufstellen, dass ringsherum zwei bis drei Meter freier Raum ist, und die Augen schließen. In diesem Abstand von zwei bis drei Metern umkreisen Sie das Kind auf leisen Sohlen und sagen von Zeit zu Zeit leise „ko", „pa" oder „ti". Dann darf und soll Ihr Kind mit der Wasserpistole einen Schuss genau in die Richtung abgeben, aus der es die Stimme gehört zu haben glaubt. Ohne Ihre Stellung zu verändern, geben Sie dem Kind dann eine präzise Treffermeldung aus *seiner* Sicht, also beispielsweise „Treffer genau auf meine Stirn" oder „dreißig Zentimeter rechts von meinem Knie" oder „vierzig Zentimeter schräg links oberhalb meines Mundes".

Besonders wichtig sind die Hoch-tief-Angaben, weil hier die Schwachpunkte vieler LRS-Kinder liegen. Das hängt damit zusammen, dass die zentrale Hörverarbeitung für die Richtungsbestimmung in der Senkrechten nur Klangunterschiede heranziehen kann, die durch die unsymmetrische Fältelung der Ohren ausgelöst werden. Und gerade diese Klangunterschiede sind, wie wir wissen, ja ein Teil der Schwierigkeiten in der zentralen Hörverarbeitung von LRS-Kindern. Deshalb sollten Sie also beim Umkreisen des Kindes auch die Position Ihres Mundes in der Senkrechten immer wieder verändern, das heißt zwischen der tiefsten Position in der Hocke und der höchsten auf Zehenspitzen alle Zwischenstellungen probieren.

Zum Üben im (wasserempfindlichen) Innenbereich sitzt das Kind mit geschlossenen Augen inmitten eines großen Raumes auf einem Stuhl. Ein Elternteil bewegt sich möglichst geräuschlos in wechselndem Abstand um das Kind herum und spricht – auch aus unterschiedlicher Höhe – wiederum kurze, sinnfreie Silben, also zum Beispiel bi-ga-do. Das Kind soll genau dorthin zeigen, von wo es die Silben gehört zu haben glaubt. Unmittelbar danach soll es die Augen wieder kurzzeitig öffnen, um zu erkennen, wie genau es die Schallquelle geortet hat. Das Ziel ist, dass das Kind horizontal auf etwa 5 Grad und vertikal auf etwa 10 Grad genau auf den Mund des Sprechers zeigt.

14. Tonhöhen-Unterscheidungsvermögen (= Tonhöhen-Diskrimination)

Sofern die Tonhöhenunterscheidung des Kindes nicht altersgerecht entwickelt ist, wäre neben dem erwähnten Training mit dem *Sound-Boy* eine ideale Maßnahme das Erlernen eines Musikinstrumentes, bei dem das Kind die Höhe der jeweils erzeugten Töne stufenlos beeinflussen kann und muss, wie es beispielsweise bei allen Streichinstrumenten der Fall ist. Aber hierbei kann man auch ein kleines Glokkenspiel oder ein Keyboard ein bis zwei Minuten pro Tag benutzen, um durch unmittelbar aufeinander folgendes Anschlagen von zwei Tönen zunächst in größerem Tonabstand voneinander und dann – in Abhängigkeit vom Erfolg – in immer kleiner werdendem Abstand das Tonhöhen-Unterscheidungsvermögen des Kindes zu verbessern.

18. Gleichgewichtsprobleme

Wenn LRS-Kinder zwar mit offenen Augen auf einem Bein stehen können, aber sofort höchst unsicher werden und umkippen, wenn sie dabei die Augen schließen sollen, ist – wie zuvor erläutert – das Stehen auf einem Bein noch nicht automatisiert, sondern erfolgt bewusst und unter Zuhilfenahme des Gesichtssinnes. Als Training bieten sich hier – ebenfalls nur ein bis zwei Minuten pro Tag – das Hinken auf einem Bein und das Üben des Balancierens auf einem Bein mit zunächst jeweils nur *einem* zugehaltenen Auge an.

19. Rhythmische Probleme

Wenn LRS-Kinder rhythmische Sequenzen nicht oder nicht genau wiedergeben können, müsste sich dies als Folge einer Beschleunigung der Ordnungsschwelle (Punkt 15) ebenfalls abbauen. Daneben können als Übungen das schon zum Testen benutzte Verfahren der Klopfmuster zunächst parallel zu jeweils einem mehrsilbigen Wort und danach ohne dieses Wort verwendet werden.

20. Auditiv-motorische Probleme

Falls ein LRS-Kind die zuvor beschriebenen Schwierigkeiten beim Umsetzen eines Metronomtaktes in synchrones Fingerklopfen hat, wenn es aufgefordert wird, denselben Finger – zum Beispiel den Zeigefinger – beider Hände *abwechselnd* genau im Takt zum Metronom zu benutzen, können Sie hier grundsätzlich wieder die zum Testen benutzte Metronom-Methode auch zum Trainieren heranziehen: Sie stellen das Metronom mittels seiner Skalierung zunächst auf eine solche Schlagzahl pro Minute, dass das Kind mühelos mitkommt. Dann erhöhen Sie die Schlagzahl in so kleinen Stufen, dass das Kind weiter mitkommt. Das setzen Sie so lange fort, bis die höchste auf dem Metronom einstellbare Schlagzahl pro Minute erreicht ist. Aber es gibt noch eine elegantere Methode, die nicht viel mehr kostet als ein gutes Metronom, nämlich das ebenfalls im *Brain-Boy-Universal* enthaltene Spiel *Sync-Boy*.

Dieses Spiel ist in erster Linie zum Trainieren der auditiv-motorischen Koordination gedacht, kann aber auch als Screening-Gerät zur Erstüberprüfung anstelle des ursprünglich vorgeschlagenen Metronoms benutzt werden. Im angeschlossenen Kopfhörer hört der Benutzer nach dem Einschalten rhythmisch abwechselnd links und rechts kurze Klickgeräusche, zunächst im Abstand von 600 Millisekunden. Genau im Takte dieser Klicks betätigt der Benutzer die zugehörigen Tasten. Trifft er dabei genau genug in das Zeitfenster, so verringert sich der zeitliche Abstand zwischen den beiden Klicks um einen bestimmten Betrag. Nach einer voreingestellten Zeit schaltet dieses Spiel ab und signalisiert im Display, auf welchen End- und damit auch Bestwert dieser Durchlauf gelangt ist. Durch Umstecken des Kopfhörersteckers kann der Benutzer auch auf die visuelle Koordination umstellen; er synchronisiert dann sein Fingerklopfen mit rhythmischen Lichtblitzen. Schließlich kann er auch noch Klicks und Lichtblitze *gemeinsam* als Taktgeber entstehen lassen, um das Training zu intensivieren.

Eine Lanze für die musikalische Früherziehung

Bei den bisherigen Beschreibungen der Trainingsabläufe haben wir – soweit möglich – zwischen solchen Kindern unterschieden, die bereits etwas lesen und deshalb auch die Textbücher hinzuziehen können, und solchen Kindern, bei denen dies noch nicht der Fall ist. Mit der zunehmenden Verbreitung dieser Trainingsmethode und mit der Möglichkeit der LRS-Früherkennung wurde von betroffenen Familien der Wunsch nach speziellen Vorbeugemaßnahmen für Vorschulkinder und Erstklässler laut. Dazu passte die folgende Information:

Die *Deutsche Gesellschaft für Alternative Medizin* hat vor einiger Zeit im Rahmen ihrer Möglichkeiten begonnen die Wirkung musikalischer Früherziehung auf die späteren Lese- und Rechtschreibfähigkeiten von Kindern zu untersuchen. Das geschah durch eine Fragebogenaktion, die sich an die Eltern mehrerer hundert Kinder richtete, die mindestens zwei Jahre an der musikalischen Früherziehung teilgenommen hatten. Ausgewählt wurden dafür die Kurse der Stadt Bargteheide in Schleswig-Holstein. Diese Stadt stellt durch ihre Lage einen guten Querschnitt von städtischer und ländlicher Bevölkerung sicher. Das dort angebotene Programm heißt „Singen und Spielen für Kinder“ und stammt von der bekannten Musikpädagogin Edith Nothdorf.

In dieser Fragebogenaktion wurden konkret zwei Fragen gestellt, nämlich einmal, ob das betreffende Kind, das an der musikalischen Früherziehung teilgenommen hatte, später eine LRS zeigte, und zum anderen, ob irgendwann einmal der Verdacht geäußert wurde, bei diesem Kind könne LRS vorliegen, obwohl eine formale Bestätigung nicht erreicht wurde. Der Erhebungszeitraum umfasste 15 Jahre, so dass die ältesten Befragten zum Zeitpunkt der Befragung 21 Jahre alt waren, während die jüngsten befragten Kinder die 2. oder 3. Grundschulklasse besuchten. Diese fünfzehnjährige Zeitspanne berücksichtigt auch die Tatsache, dass LRS zuweilen erst in späteren Schuljahren wirklich erkannt wird, obwohl sie schon früher vorhanden ist.

Das Ergebnis dieser Umfrage sagt schlicht aus, dass sowohl der Prozentsatz der LRS-Kinder als auch der Prozentsatz der vermuteten LRS-Kinder in dieser Teilgruppe mit musikalischer Früherziehung nur halb so hoch ist wie im Durchschnitt der Gesamtbevölkerung. Welche speziellen Eigenarten musikalischer Früherziehung zu diesem erfreulichen Ergebnis beigetragen haben, ist noch nicht abgeklärt worden. Vorstellbar wären ein Tonhöhen- und ein Rhythmustraining. Aber es dürfte auf diese Weise möglich sein, das LRS-Risiko schon im Vorschulalter um die Hälfte zu verringern und damit vielen Kindern eine unverdient schwere Schulzeit zu ersparen und den Start ins spätere Leben zu erleichtern.

Falls Sie vorsorglich Gebrauch von dieser Möglichkeit machen wollen, könnten Sie mitbedenken, dass musisch vorgebildete Kinder ohnehin häufig kontaktfreudiger, toleranter und aufgeschlossener sind als andere Kinder. Möglichkeiten zur musikalischen Früherziehung werden heute selbst in kleineren Gemeinden geboten. (In den „Gelben Seiten“ der Fernsprechbücher stehen meist unter „Musikunterricht“ geeignete Angebote. Der *Verband Deutscher Musikschulen e. V.* (VdM, Plittersdorfer Straße 93, D-53173 Bonn, Tel. 02 28 – 95 70 60) wird Ihnen auf Wunsch die nächstgelegene Musikschule mit Früherziehung nennen. Die monatlichen Kosten für die Eltern liegen bei etwa 30 Mark pro Kind. Dieser Beitrag deckt natürlich nicht den tatsächlichen Aufwand; mindestens noch einmal etwa der gleiche Betrag wird durch Zuschüsse aus öffentlichen Mitteln und durch Spenden aufgebracht.)

Anknüpfend an die Erkenntnisse von Edith Nothdorf fand im Herbst 1991 in der Dorfkirche zu Mandelsloh mit ihrer großartigen Akustik eine weitere Aufnahmesitzung statt: Wieder stand der Kunstkopf im Mittelpunkt des Geschehens. Zu seiner Linken standen zwölf Solisten des weit über Deutschlands Grenzen hinaus bekannten Knabenchors Hannover unter der Leitung von Professor Heinz Hennig. Mit ihnen hatte Peter Sefzik insgesamt 36 Kinderlieder einstudiert, deren Tonspanne (Ambitus) genau für fünf- bis achtjährige Kinder ausgewählt worden war. Diese Kinderlieder wurden nun in einer besonderen Weise aufgezeichnet: Jeweils einer der Solisten trat auf die rechte Seite des Kunstkopfes und sang die erste Strophe jedes Liedes aus geringem Abstand in das rechte Ohr des Kunstkopfes, während die übrigen elf Solisten die Melodie nur summten. Dann wurde die Melodie noch einmal nur gesummt. Schließlich wurde die erste Strophe mit der gesummten Melodie noch einmal wiederholt. So entstand die schon erwähnte CD *Sing mit.*

Weitere Übungen mit der Balancierstange

Der Hinweis auf die Notwendigkeit und die Trainingsmöglichkeiten mit der Balancierstange ist bereits früher erfolgt. Wie komplex dieser Vorgang selbst von Computerwissenschaftlern bewertet wird, ist aus dem Stolz zu erkennen, mit dem vor einiger Zeit als erster Erfolg der so genannten „Fuzzylogik“ eine *broom balancing machine*, eine Besenstiel-Balanciermaschine, gefeiert wurde: Selbst im Fernsehen wurde das Bild des von einem amerikanischen Computerwissenschaftler entwickelten Gerätes übertragen, das buchstäblich nichts weiter vermochte, als mit Hilfe der „Fuzzylogik“ einen Besenstiel zu balancieren. Also können auch Sie stolz darauf sein, diese Fähigkeit mit einem winzigen Bruchteil Ihrer hundert Milliarden grauen Zellen mühelos zu beherrschen – oder noch erlernen zu können. Hier also zum Abschluss des Elternteils einige ergänzende Übungen zur spannenden und nützlichen Erweiterung der Kompetenz im automatischen Balancieren; denn nur, wenn das eigentliche Balancieren wirklich automatisiert wurde, lassen sich die nachstehenden Kombinationsübungen beherrschen, und zwar sowohl mit dem Balancierstab als auch auf einem Bein stehend:

1. Stab balancieren, eine kurze Geschichte anhören und deren Inhalt wiedergeben

Die Bezugsperson entnimmt die kurze Geschichte einem der Bo-Hefte oder erfindet eine Geschichte mit dem Geschichten-Generator, der das mühelose Erfinden von mehreren Milliarden spannender Geschichten erlaubt.[67] Das Kind soll anschließend den Inhalt wiedergeben.

[67] Bezugsquelle: *Medi*TECH Electronic GmbH, Langer Acker 7, D-30900 Wedemark, Tel.0 51 30 - 9 77 780, Fax 0 51 30 - 9 77 78-22

2. Stab balancieren und eine selbst ausgedachte Geschichte erzählen

Die Bezugsperson entnimmt aus der „Lesetafel für Zwerge“ drei Begriffe oder denkt sich drei wenig zusammenhängende Begriffe aus und lässt das Kind daraus eine kleine Geschichte zusammenstellen.

3. Stab balancieren und sich dabei unterhalten oder Fragen beantworten

Die Bezugsperson befragt das Kind beispielsweise nach seinen heutigen Erlebnissen in der Schule oder auf dem Wege zur Therapiestunde, lässt sich ausführlich darüber unterrichten und stellt auch ergänzende Fragen.

4. Stab balancieren und dabei einen am Stab befestigten Text sinnentnehmend lesen

Die Bezugsperson klebt eine auf das Format DIN A-4 vergrößerte Seite aus Bo im Eis oder den 28 Lachgeschichten mit Tesafilm am Stab (circa 1 m Länge) fest und das Kind soll diesen Text sinnentnehmend lesen.

5. Stab balancieren und dabei Einmaleins-Aufgaben mündlich lösen

Die Bezugsperson stellt dem Kind verschiedene Einmaleins-Aufgaben mit steigendem Schwierigkeitsgrad und steigender Geschwindigkeit.

6. Stab balancieren und von Hundert in Schritten von 3 – 4 – 6 – 7 herunterzählen

Die Bezugsperson probiert in Abhängigkeit vom Alter des Kindes aus, bei welchen Zahlenschritten es für das Kind schwieriger wird, dieses Rückwärtszählen zu beherrschen.

7. Stab balancieren und Wörter altersgerechter Schwierigkeit visuell buchstabieren

Die Bezugsperson probiert in Abhängigkeit vom Alter des Kindes aus, ob es Wörter mit 4 – 5 – 6 Buchstaben visuell buchstabieren kann.

8. Die Übungen 1 ... 7 statt mit dem Balancierstab auf einem Bein stehend ausführen

17. Ausklang

Wer als Therapeut oder als Elternteil interessiert ist, über diesen schriftlichen Bericht hinaus seine Kompetenz durch Teilnahme an einem der jährlich etwa 30 zweitägigen Seminare des Verfassers zu vertiefen, wende sich an das im Anhang genannte Vertriebsunternehmen oder verschaffe sich den aktuellen Stand über das Internet.[68] Von Therapeuten und Eltern, die bereits erfolgreich mit dieser Trainingsmethode arbeiten, würde der Verfasser gern Berichte über deren Erfahrungen erhalten, um sie bei der nächsten Auflage dieses Buches in ähnlicher Weise zu berücksichtigen, wie es auch in dieser Auflage bereits in gehörigem Umfang geschehen ist. Für diesen Zweck folgt hier die Anschrift des Verfassers: Fred Warnke, Im Tannengrund 28, D-30900 Wedemark, Tel. 0 51 30-66 13, Fax 0 51 30-66 51, E-Mail: Fred.Warnke@t-online.de

Ein erfreuliches Beispiel für derartige Anregungen stellt die schon einmal kurz erwähnte „Lesetafel für Zwerge" dar, die von einer Ergotherapeutin vorgeschlagen worden ist: Da bekannt ist, dass LRS-Kinder – und lautsprachlich auffällige Kinder, die später größtenteils auch LRS-Kinder werden – so genannte Wortfindungs- oder Benennungsprobleme haben, zeichnete diese Therapeutin liebevoll 140 Gegenstände des täglichen Lebens auf eine Tafel im Format DIN A-1. Mit ihren Therapiekindern macht sie nun die unterschiedlichsten Spiele. Zum Beispiel deutet sie auf jeweils eines der Felder und fragt das Kind, was das sei. Das Kind spricht seine Antwort in sein Mikrofon. Falls es einen Artikulationsfehler macht, wird dieser spielerisch verbessert. Man kann natürlich auch die Zeit stoppen, die ein Kind für das Benennen einer ganzen Reihe dieser Gegenstände braucht. Diese „Lesetafel für Zwerge" ist inzwischen im Format DIN A-3 auch für den Heimgebrauch verfügbar.

[68] Internet: www.meditech.de. Dort klicken Sie auf „Termine", dann auf „alle" und schließlich auf OK.

Anhang: Bezugsquellennachweis

Die in diesem Buch genannten Erzeugnisse sind im freien Handel nicht erhältlich, sondern nur direkt bei dem einzigen Hersteller zu beziehen, der jedem Leser eine umfassende Beratung anbietet und unabhängig vom Autor dieses Buches tätig ist: *Medi*TECH Electronic GmbH, Langer Acker 7, D-30900 Wedemark, Tel. 05130 – 9 77 78-0, Fax 05130 – 9 77 78-22. In der Tabelle sind die für den *Heim*gebrauch und für den *professionellen* Einsatz bestimmten Erzeugnisse enthalten. Sie wurden in den beiden entsprechenden Spalten dieser Tabelle entweder mit einer **fett** gedruckten Stückzahl = „Im Regelfall erforderlich“ oder mit einer *kursiv* gedruckten Stückzahl = „Bedarfsgerecht erforderlich“ gekennzeichnet. Die beiden Pfeile bedeuten qualitäts- und leistungsabhängige Wahlmöglichkeiten. Bei den mit * gekennzeichneten Preisen handelt es wegen möglicher Typenveränderungen um Circa-Preise.

Bezeichnung und Kurzbeschreibung	DM-Preis pro Stück inkl. MwSt	Bestimmt für Heim	Profi
Audio-Video-Lateral-Trainer AVT 7000 III für den Heimgebrauch	645,00	1	
Lateral-Trainer-Professional LT 3.0 L (mit Lautdiskriminationstrainer)	1.280,00		1
Marken-CD-Spieler zum Anschluss an Lateral-Trainer	298,00	1	1
Spezialkabel zur Verbindung des Lateral-Trainers mit einem CD-Spieler	79,00	1	1
Offene(r) Stereo-Kopfhörer MT-70 (Bezugsperson + Kind[er])	95,00*		
Ohrumschließender Stereo-Kopfhörer MT-301 (Therapeut + Patient[en])	199,00*	2	2-6
Spezial Dynamische(s) Mikrofon[e] MT-DS-50 für Lateral-Trainer	99,00*	2	2-6
Spezial-Verdunklungsbrille zum Lateral-Trainer	228,00	1	1
Leselern-CD mit sechs Leselernheften „Bo-Geschichten“ und andere	55,80	1	1
Leseaufbau-Doppel-CD „28 Lachgeschichten“ von U. Wölfel + Textbuch	68,00	1	1
„Die schönsten Leselöwen-Geschichten“ (Buch + 6 CDs)	198,00	1	1
Doppel-CD Lateraltraining 1+2 „Mein Freund, der Hifino“ mit Textbuch	68,00	1	1
CD-Buch „Der total verrückte Rollmops“	68,00	1	1
CD-Buch „Vollmond – Benedikts Reise durch die Nacht“	68,00	1	1
CD-Buch „Vampi – Maxi besiegt das Fernsehen“	68,00	1	1
Kinderlieder-CD „Sing mit“ (ab 5 Jahren)	29,80	1	1
Geschichten-Generator: 512 Milliarden Fantasie-Geschichten	40,00	1	1
CD „Relax with the Classics“ mit dem Kanon in D von J. Pachelbel	38,00	1	1
Lesetafel für Zwerge mit 140 Abbildungen DIN-A-2	66,00	1	1
Brain-Boy-Universal – Sechs Audio-Games mit verbaler Lobausgabe	298,00	1	1
Ordnungsschwellen-Assistent OSA 3.0 einschl. *Medi*TOOLs-Software	995,00		1
Synchro-Trainer-Professional-C einschl. *Medi*TOOLs-Software	995,00		1
Aktiver Kopfhörer-Verteiler für bis zu 6 Kopfhörer KV-3	159,00		1
CD *Einsicht in das Warnke-Verfahren* mit ETI-EPI-Test (vollständ. überarbeitet)	29,80	1	1
Rauschgenerator RG-2000 für Richtungshörtest	194,00		1
Viertongeber VTG-1000 für Einleitungsübungen	148,00		1
Screening-Kit zum Testen der binokularen Fusion im Fernfeld	94,00		1
Screening-Test der binokularen Fusion im Nahfeld	185,00		1
Therapeuten-Leitfaden „Wir hören nicht nur mit den Ohren“	29,80		1
Sachbuch „Der Takt des Gehirns“ von Fred Warnke	29,80	1	1
CD-ROM „Diktate spielerisch vorbereiten“ mit Begleittextbuch	98,00	1	1
Autris-2, CD-ROM mit dem ersten deutschen Audio-Game	89,00	1	1
			Stand: 06/2001

Über den Autor

Fred Warnke befasst sich seit vier Jahrzehnten mit Hörproblemen verschiedenster Art. 25 Jahre lang war er kaufmännischer Leiter der Sennheiser electronic KG, eines der größten deutschen Hersteller von Mikrofonen, Kopfhörern und drahtlosen Anlagen. Bereits in dieser Zeit beschäftigte er sich intensiv mit Problemen der Psychoakustik und Psycholinguistik. Zahlreiche Patente sind auf seinen Namen erteilt worden. Damals entstand auch die drahtlose Mikroport-Technik, mit deren Hilfe bis heute weltweit mehr als hunderttausend peripher hörbehinderte Kinder in Regelschulen integriert werden konnten. Durch seine Pressekonferenzen machte er sich bei Fach- und Tagespresse einen Namen als Referent, der selbst schwierige Sachverhalte allgemein verständlich und zugleich spannend darbieten kann. Aus jener Zeit stammen auch seine ersten vier Fachbücher.

Seit 1990 ist er als selbständiger Kommunikationsberater tätig. Ein von ihm entwickeltes Verfahren zur nichtmedikamentösen Tinnitus-Therapie findet zunehmend Verbreitung. Vor allem hat er sich den Problemen von Kindern mit verzögertem Aufbau der Laut- und Schriftsprache zugewandt. Seine frühen Hypothesen, dass eine wichtige, wenn nicht sogar die wichtigste Teilursache auch von Dysphasie und Dyslexie in zentralen Hörstörungen liege und dass diese Störungen abtrainierbar seien, wurden inzwischen durch Veröffentlichungen vor allem in den USA und in England weitgehend bestätigt. In jüngster Zeit vertritt er die noch umfassendere Vorstellung, dass Sprachauffälligkeiten nur die sichtbare Spitze eines Eisberges von Automatisierungsdefiziten seien, dessen restliche Teile von den betroffenen Kindern geschickt kompensiert werden. Seine Verfahren sind durch mehrere grundlegende Patente auf seinen Namen abgesichert. In seinen beiden jüngsten Büchern, also in der vorliegenden, vollständig überarbeiteten Neuausgabe von *Was Hänschen nicht hört ...* sowie in *Der Takt des Gehirns* (Dortmund: verlag modernes lernen, 1999) sind das Entstehen seines Systems des Trainings zentraler Automatisierungsstörungen und dessen wesentliche Inhalte allgemein verständlich beschrieben.

Paul E. Dennison, Gail E. Dennison:

BRAIN-GYM®

Besser lernen mit dem ganzen Gehirn – das ist das Ziel der Brain-Gym®-Bewegungsübungen. Diese Bewegungen aktivieren auch solche Teile des Gehirns, die vorher nicht aufnahmefähig waren. Die witzig illustrierte „Gehirngymnastik" ist für jung und alt geeignet; hilft uns, unser (Gehirn-)Potential besser zu nutzen; fördert klares und kreatives Denken; erleichtert jede Art von Lernen.
Brain-Gym® umfaßt eine Reihe einfacher Bewegungen, mit denen man auf spielerische Weise seine Lernfähigkeit steigern kann. Die Übungen sind so angelegt, daß ihre Auswirkungen im Alltag schnell zu spüren sind.

8. Auflage, 1996, 63 Seiten, Spiralheftung (16,5 x 24 cm), durchgehend illustriert, plus sechsseitige Falttafel „Alle 26 Brain-Gym®-Übungen auf einen Blick",
19,80 DM/19,– sFr/145,– öS, ISBN 3-924077-75-4

Christina Buchner:

Brain-Gym® & Co. – kinderleicht ans Kind gebracht

Immer mehr Kinder brauchen gezielte Lernförderung. Immer mehr Lehrer interessieren sich für alternative pädagogische Ansätze, darunter auch für die Kinesiologie. Manche Lehrer, die Brain-Gym® in der Schule einsetzen wollen, machen die frustrierende Erfahrung, daß die Übungen gerade bei denjenigen Schülern nicht „ankommen", die die Übungen am dringendsten bräuchten. Diesen Lehrern zeigt Christina Buchner Wege, wie sie einige zentrale kinesiologische Übungen auf einfache und spielerische Weise in ihren Unterricht einführen können: Freie und unreglementierte Bewegungen lassen die Wirkung von Bewegung überhaupt erst einmal spüren. Langsamer Übungsaufbau vermeidet die Frustration des Nicht-Könnens.

1997, 239 Seiten, zahlreiche Abbildungen, Paperback (18 x 24,5 cm),
39,80 DM/37,– sFr/291,– öS, ISBN 3-932098-01-3

Paul E. Dennison, Gail E. Dennison:

BRAIN-GYM®-Lehrerhandbuch

Diese leicht verständliche Arbeitshilfe für Lehrer, Erzieher und Eltern bringt auf jeder Seite zu jeweils einer BRAIN-GYM®-Übung einige Unterweisungstips. Diese befähigen dazu, die Übung für ein bestimmtes Kind oder eine bestimmte Situation zu erklären, abzuwandeln oder weiterzuentwickeln.
Außerdem finden sich zu jeder Übung übersichtlich angeordnete Informationen zu ihren Wirkungen.

8. Auflage 1997,
54 Seiten , 115 Abbildungen, Spiralheftung (21 x 29,2 cm),
34,– DM/31,50 sFr/248,– öS, ISBN 3-924077-70-3

*Das **IAK Institut für Angewandte Kinesiologie GmbH, Freiburg,** veranstaltet laufend Kurse in Edu-Kinestetik, Brain-Gym®, Touch For Health (Gesund durch Berühren), Applied Physiology, PKP und in vielen anderen Bereichen der Angewandten Kinesiologie. Dank enger persönlicher Kontakte zu den Pionieren der AK ist das Institut in der Lage, ständig die neuesten Entwicklungen auf diesem Gebiet zu präsentieren.*
Außerdem fördert das Institut die Verbreitung der Angewandten Kinesiologie im deutschsprachigen Raum durch Literaturempfehlungen und Adressenvermittlung.
Wer an der Arbeit des Instituts interessiert ist, kann kostenlose Unterlagen anfordern bei (bitte mit 3,– DM frankierten Rückumschlag beilegen):

IAK Institut für Angewandte Kinesiologie GmbH, Freiburg
Eschbachstraße 5, D-79199 Kirchzarten, Telefon 076 61-98 71-0, Telefax 076 61-98 71-49